U0924581

猴 面 包 树

Les

Adèle Van Reeth
Jean-Luc Nancy
Michaël Fœssel
Myriam Revault d'Allonnes
Raphaël Enthoven
Éric Fiat

chemins de la

哲 学  之 路

philosophie

[法]
阿代尔·范·雷斯 等 著

杨华 殷楚薇 译

上海三联书店

自从2007年开始，“知识新程”（“Les Nouveaux Chemins de la connaissance”）更名为“哲学之路”（“Les Chemins de la philosophie”）。这个每天在《法国文化》（*France Culture*）栏目播出的节目想要证明哲学是一场又一场的相遇。首先是和对话者的相遇，对话的唯一目的就是启发思考，邀请人们质疑熟悉的和有待发现的一切。另一方面来说，也是和不同语言的相遇，因为文学、音乐和电影，它们并非对概念的阐释说明，而是哲学以自己的方式所制定的表达问题的方式。如果这些相遇使人惊讶，那是因为它们旨在提醒我们，严密精准的思考也与偏好和感性相关。正是因为如此，哲学中最艰巨的问题只有穿插在谈话、语调、世界观和某种性格中才能展现出来。

据此，这本书首次为您呈现在广播中未曾播出的内容。为了扩大讨论范围，每个话题都衍生出了与该主题相关的系列节目。我们的文本刻意保持了自然的口语特色，以期最终能和您相遇，这些交流中的每一刻每一个字都是面向您的。

前言

对话是一项危险的活动，主人公、读者和对话者都难以平安脱身。在讨论开始之前，不容置疑的确信、坚定的信念以及言之凿凿的论证，一切皆有可能，大家的观点已经十分明晰，交流范围也颇为受限。通过对话，事物变得复杂混乱，信念开始动摇，知识大厦现出了它的本来面目：不仅从未竣工，而且空间将无限扩展。质疑并非显而易见地，而是悄悄地进入每一条定见之中，并将思考带入一趟不归之旅。待到结束之时，所有人都会深受影响。就本质而言，哲学与情感、论据都密切相关。每场对话都是一次冒险，作为主人公的你，必须克服困难，追寻影踪，发掘成果。这是有关节奏、品位、好奇、敏感、私密和轻快的故事，是在我们眼前上映的演出，它让我们每一个人同时成为作者、读者和观众。在一句话的转折处，突然就出现了某种感觉、某种判断，它把握住了我们正在努力表达的东西，这就是这句话的意义吗？不重要。

内容远超其本身，这是胜利的标志。“我”终于看到“我”是由什么组成的，但这种了解已经是多余的了。“我”一直都知道，但在此之前“我”并不知道“我”知道。从今以后，“我”知道了，一切都和从前不同了。

阅读或者开启对话需要前提条件：要准备好交换意见。没有什么比这更加困难，但也没有什么比这更加有益。交换意见并不意味着赞同另一方，但是要信任他者的想法，接受其对自己的反驳。这并不是说要采纳完全相反的观点，而是要开辟一片宝贵的空间，以使得我们能成功面对任何讨论的法宝——“差异”，能在其中蓬勃生长。肯定而不强求，批评而不嘲讽，最重要的是怀疑一切，包括自己，没有悲哀也没有痛苦，心中带着能够轻松看向它处的热忱，这就是对话的伦理学。我希望你手中的这本书做到了这一点。

——阿代尔·范·雷斯

目录

恶毒

固执

势利者

羞耻心

快感

阿代尔·范·雷斯—让·吕克·南希

为何谈论快感（jouissance）？

您在这场访谈中不会看到任何有关如何更好享乐（jouir）的明智建议，也不会有对这个将快感混同为贪婪吞食财富与享受（plaisir）的社会的悲叹，更无意纠正那些早已思考过享乐利弊的人们的观点。

在接下来的讨论中，我们是被共同的好奇以及充满期待但又有些不合时宜的兴趣驱使着的。充满期待，是因为对于当代思想来说，性已不再是禁忌话题（自弗洛伊德和巴塔耶等思想家以来）。不合时宜的地方在于，快感不再是这些思想的主导动机，它们在思考性关系时并没有考虑享乐这一层面。另一重期待在于，“快感”这个词所特别指代的并不是性享受，而是一直被称作“消费”的巅峰体验，也就是说对财产和满足感的占有。不合时宜的地方在于，使用这个词并不是为了批判某种经济和意识形态，而是为了重新审视这种作为个人和集体动力的经验，它交替地——甚至同时——被赞扬和谴责。

我们认为快感提供了一种重要的思考动机。尽管长期以来它并没有活跃在哲学舞台上，但在柏拉图的理论中，它却公然存在着。正如它后来以一种不太明显但很强烈的方式出现在有关爱情、激情和享受的思考中一样——那些哲学的、神秘的、诗意的和文学的思考，在我们的这场对谈中占据了很大分量。我们还会正面谈论由享乐引起的政治利害，因为它一直是追责（无节制地享乐吧！[1]）和集体非难的对象。

那么，“快感”这个词在告诉或暗示我们什么？某种前所未闻甚至难以辨别的东西，并不能成为不去倾听的理由，正是因为这一点，我们开始了访谈。

阿代尔·范·雷斯（Adèle Van Reeth）对谈让·吕克·南希（Jean-Luc Nancy）

开场白

阿代尔·范·雷斯（以下简称“阿”）：“快感”，这是个很难用的词，人们会想到满足、放纵、贪食、痛快……甚至有点不雅或者可疑——令人尴尬。几乎没法用。

让·吕克·南希（以下简称“让”）：不错，确实有点难。要么让人感觉有些猥琐，要么让人想起贪婪的控制……但这也许是必然的。如果它让人感觉不舒服，可能是因为担心它索取太多、要求太多……

阿：至少在今天的语境中，恰恰相反，快感和人们追求的害怕的性体验是联系在一起的。然而快感从词源学上

1 “生活无终点，享乐无节制”，这是1966年11月由法国全国学生联合会向斯特拉斯堡的18 000名学生分发的著名形式主义小册子《论学生的苦难》中的最后一句话。——译者注

来说，大大超过了性的范围。

让：从词源学上来说，“享乐”（拉丁语是*gaudere*）这个词和性没有什么特别的关系。很长时间以来，快感主要具有法律意义，指的是完全占有某物的结果，一种允许充分和无限使用我的东西的占有，即我拥有我的钢笔，如果我想摧毁它，就可以摧毁它。

我们先来看看快感的主要含义是如何并且为什么一点点滑向了性方面。我甚至感觉存在着双重转向：首先是向性或肉体方面的转变，然后是近期以来，秉持批判消费社会的名义，开始朝着消费延伸了。现如今快感被理解为一种消费，但人们忘记了，消费的尽头乃是耗竭，这也就是快感的尽头。我很惊讶地看到，快感常常具备批评和贬义的意味，并且几乎适用于一切，比方说手机就被视为能够带来快感的物品。

其次，快感使人想起两个属于同一语义场的词语：一个是快乐（la joie），一个是欢庆（la réjouissance）。我感觉这两个词并不总是有区别的。行吟诗人的joy就是指爱情带来的肉体快乐，甚至是性快乐，但它恰恰不是指性高潮带来的快感。对于骑士来说，宫廷爱情所必经的考验之一，就是和贵妇人睡觉却不做爱！

有趣的地方就在这里，快乐可以不包括快感。今天，快乐对于我们而言，甚至成了快感的反面：快乐提升了我们的境界，而快感却变成了肉体的、世俗的。

阿：快乐可以“去性化”，快感却被“性化”了。

让：差不多是的。“去性化”，是非常精神化的词。“快乐”这个词差不多让人想起形容词“精神化的”。在日常用语里，当人们说“多么快乐……”时，是和“多么享受！”完全不同的。如果我跟某人说“您的来访使我很快乐”，那么和我说“我很享受见到您”，是完全不同的意思。

阿：我们试着来定义一下为了思考快感而必需的几个词语。您如何区分享受和快乐？

让：对我而言，享受的意思更多的是和一种被康德称为愉悦（l'agréable）的东西对应的，是说“我”成为主体：“我”喜欢享受，这就是说它符合“我”心中的某些东西。然而快乐更多的是朝着其他的东西，将“我”带到自我之外。更精确一点来说，我们可以引用一个在日常语言中不再使用的词“真福”（béatitude）。从用法上来说，“天真的”（béat）是一个批判性的词，它常常和“乐观主义”联系在一起，我们会说“天真的乐观主义”（optimisme béat）。实际上，真福是一种非常幸福的状态，拉丁语是*beatus*。天主教认为，真福是指达到神圣之前的状态。我之所以想到这个词，是因为我们常常在斯宾诺莎那里见到它。快乐对于斯宾诺莎来说非常重要，它是愉快的激情和悲伤的激情之间的根本区别。然而真福在斯宾诺莎那里，首先是一种人们在对上帝的爱中达到的状态，于他而言，这种爱是智慧之爱。如今这个词已经过时了，甚至有些好笑，但是斯宾诺莎在《伦理学》的最后一个命题中以一种我认为值得敬佩的方式这样定义它："真福不是美德的回报，而是美德的践行。"这里不应当从道德层面上来理解美德，它并非对某种道德要求的完美呼应。拉丁语中的*virtus*，是对积极力量的体验，一种趋向上帝之爱，同时也是自然之爱（因为对于斯宾诺莎而言，上帝就是自然），以及世界之爱、一切存在之爱的力量。从斯宾诺莎的观点来看，我们可以说享受首先是向心的、占有的，而快乐是离心的、非占有的，一种主动的、向外的状态。

阿：那么快感是和快乐或者真福相近的吗？

让：以斯宾诺莎的观点来看，我会说它是和快乐相近的，因为它是一种运动，或者说是一种冲力和过渡。但真福［也被称为"极乐"（félicité）］表示一种状态，是对上帝或者自然整体秩序的认知。这种区别如同紧张状态和完成状态，或运动和休息之间的区别一样，然而美德指的是一种积极的力量。按照它的拉丁语意思来看，即为了某物的努力，正如我刚提到的《伦理学》中最后一个命题所表示的那样，因此它也是一种欲望，或者说一种渴望——不是对某物的欲望，而是“坚持自己的存在”的欲望，也就是说，让存在的行动尽可能地坚持更久一些。所以，真福是一种欲望始终在其中更新和重启的状态。斯宾诺莎用动词gaudere（快乐和快感皆由此词而来），而非laetare（他最初把快乐称为laetitia，一个更精神化、不那么激烈或喧闹的术语）来表示“我们感到快乐”。

要注意的是，斯宾诺莎并不是赞美性快感，但他认为存在的欲望处在不断更新的冲力之中，并和“无限”本身以及人们可以从自身发现的放纵相关。这种想法具有明显的性意味，但斯宾诺莎自己可能没有意识到。

阿：您还提到了快感和欢庆的相似性，那您是怎么定义欢庆的呢？

让：现在我们不怎么用“欢庆”这个词了，但是它常常和“大众的”联系在一起，我想到了“百姓的欢庆”这个表达。欢庆的概念指的是节日的放纵、日常活动的暂停，但也指义务和目的。人们正是在这种情况下得到快感，在喜悦的欢呼声中欢迎某位大人物的到来，就和人民在国王到来时的快感一样。我把这个归功于米歇尔·德古伊（Michel Deguy），他写道：“快感是在某人到来时的欢呼的表达之一。来吧！我将思想的经纬缠绕在情色诗歌中。”

阿：所以快乐和欢庆都有着“放纵”这个共同点，

快感也是这样。然而，快感概念的发展变化是和占有（appropriation）的概念相关的，如今快感不再有这种特性了，人们可以享受某种并未拥有的东西。它现在和挪用（expropriation）有关。

让：这无疑是术语在使用方面存在矛盾的地方，也许正指向事物本身内部的矛盾。您刚刚说人们可以享受未拥有的东西，但是法律说的却恰恰相反！按照法律规定，您有权自由享用某件物品。自由——在无限权利的意义上——被包含在快感的概念之中，但只有您是所有者的时候才可以那样做。比方说，我无权随意处置您的麦克风，因为那不属于您。

阿：您有权啊，是道德制止了您，不是法律。

让：啊，不！是法律，如果我摔碎了您的麦克风……

阿：……那我可能要投诉您。

让：您可以投诉我。如果我摔碎了我旁边这个属于我的遥控器，就没人能投诉我了。

阿：法律层面的快感定义的是对物品的占有，并且指向一个所有者，那么非法律意义的快感、作为经验的快感，就和占有无关了。

让：为了知道快感这个词的意思为什么——同样地，我想，这件事也是——会同时走向两个不同的方向，我们需要好好思考一下。比方说，以前人们常常会谈到性占有，现在我感觉比较少了，很快就会见不到了。但我很肯定我们可以轻松地找到一些证明，包括文学性的，它们会让我们想到对女性的某种形式的占有，尽管这对她们来说并不公正，但也并不是说就会拿她们当性玩物对待。不过女性也可以“拥有”男性，这对于男/女同性恋来说也是一样的。这种类型的占有关系被描述（甚至被书写）了成千上万次。如果说今天的我们极其讨厌使用这个词，是因为我们不理解这种拥有，对，正如同某种占有一样，因为我们时代的“拥有”只能被理解成主体对客体的拥有，那么拥有一个人就等于把他当成物品。您会注意到人们从来不谈论“拥有一个男人”（人们不怎么谈不代表这不会成为现实，就像我刚说的那样）。我不知道这种表达在男同性恋的情爱话语中是否存在……恰恰相反的是，以前人们常说男性“被占据”，但是是被某个女人“邪恶地占据”。我们也会说“带走”(prendre)，然而“带走我”不一定是一种束缚性的要求，它有控制、拥有、所属的意思，要远超过法律意义上的支配的占有。在“你属于我”“我属于你”中，“属于”是什么意思？是有什么丧失了自我，还是沉溺于什么，又或是在袒露着自我？

“占有”这个词有“特有的”的意思，从词义上来说，表示对某物的所有。但“某人的特有”是什么意思呢？这个问题只有在我们处于主体性制度的时候才会产生。主体的“特有”指的是“他自己”。但是这个“他自己”并不会像某种东西一样轻松出现，它总是以某种狡猾的、复杂的方式远离。它通过远离自身的方式来靠近自身。与自身的关系是一种与关系的关系，一种与自身中的“自我”的关系，它是一种无限的关系。我们在哪里可以找到这个“自身的特有”？“我”在哪里成为“我自己”？

阿：因为我就是主体，所以我不会成为自己的客体。

让：从这个角度看的话，一定要把主体和所占有的客体区分开来。如果主体和自身无关，那么客体又该属于谁呢？当我说这支钢笔是我的，我就是做了一种很简单的物质标记，这种司法标记明确表示您无权将钢笔从我这里拿走。但这里的“我”是谁？谁都不是，不过是一具可以拿着这支钢笔的躯体而已。由于这个“我”不能被明确定义，它就有可能变成另一种客体。因此，如果我们在“所有者”的层面上谈论性别占有的话，那么我们就可以说，占有者在将被占有者客体化的同时，也将自己客体化了。理解一个主体是如何地对他人而言，同时也对自己而言成了客体，或者相反地，不能成为客体，对于我们关心的快感问题是很重要的。

我们在快感中是孤独的吗？

阿：作为经验的快感暗含了主体的消解，以及占有客体的不可能性。那么，应该如何定义让我们感到享受的一切呢？尤其是，客体问题也指向了主体问题，即谁在享受。

让：这是因为在快感中，这两个有关主客体的问题是相互联系的。快感不仅和快乐相近，它和通常所说的欢庆、洋溢（exubérance）都有关。“洋溢”这个词带有女性特质，指的是乳房（拉丁语为*uber*）的饱满和乳汁的溢出。我们也会想到出神（extase）。海德格尔（Heidegger）和谢林（Schelling）都认为这个词表示“在自我之外”，或者说“冲出自我之外”。对于这种“自我之外”来说，占有是不可能的，因为这里的主体不是东西或物品，而是一个简单的受限的“我”，它可以统一我们的表象。但这种关系在快感中就不起作用了，因为快感意味着我们脱离了表象，于是也脱离了这个不再能够和快感体验相伴的“我”。我认为这才是真正的问题——这种被称为“我”的主体的丧失的问题——所在。

阿：但快感并不是抽象的，它是一种体验，也就是说它只对某人有意义。比方说，如果有人体验着性快感，那么这个人就可以说“我享受着……”，所以这个享受着的“我”是谁呢？

让：萨德（Sade）特别说明过这个关键问题。对他来说，享受者处在一种双重的毁灭关系中。首先，享受者和享受对象之间是一种从拥有到毁灭的关系，享受者享受着在享受之地打开一个无底深渊的风险。但这种毁灭关系也会回到享受者本身，他在竭力接近自己的死亡。在萨德的作品中，我们会看到一些主人公会把自己吊起来，并在仆人看准时机切断绳子后射精。正是在这种情况下，萨德的主人公会说："我好享受。"这也就是说："我被快感征服了。"他一边感叹，往往一边还要加上一句渎神的话："干他妈的上帝！"这也表现了他的迷乱。

阿：但这也就是说快感和痛苦是不可分割的吗？说"我享受"的人同时也在体验痛苦。

让：痛苦总是会以一种逐步的或渐进的方式出现在快感之中。当强度极端到难以忍受时，或者可能人们偏偏享受着这种极限状态，兴奋的巅峰体验就会逐渐变得疲乏，再被拒斥，最终走向衰亡。

萨德式的主人公加强了这种矛盾性，当他感叹"干"的时候，其实是在说"做爱"。他用这个词，是在斥责或侮辱他正在做或经历的事情。现在我们不再怎么说"干"这个词了，或者只是用它来表示射精。萨德的主人公会说："干！去他妈的上帝，我好享受……"这是一种感叹。

我们在很多情色诗歌中会看到这些感叹，比方说阿波利奈尔（Apollinaire）的诗集《致璐的诗》（*Poèmes à Lou*）中。因为这本诗集是献给别人的，就有一句：“你享受着！”我们在前面提过德古伊的“来吧”中也能看到这层意思。另外，在英语中，“享乐”就是come，也就是“来”的意思。

阿：……法语的“快感”中没有这个意思。

让：实际上，“快感”这个词在很多语言中都很难翻译。英语和德语中都没有与它同源的词。因为这个词要么含有性意味，要么可能罕见一点地还含有法律意味。在德语中，Genuss更多的是指“满足”的意思。然而“对某事满足”表示已经得到足够多了，这就恰好和快感的意思相悖了。当然了，快感从“拥有”这个层面上来说是和“满足”相关的：“我想拥有足够多。”但是“拥有足够多”是什么意思呢？这意味着有一个客观的衡量标准——我有很多钱，如果我得到了这些钱能让我拥有一切的话，我会感到满足——可以用它来衡量我的能力。然而我能拥有足够多的但无法衡量的东西吗？这就没什么意义了。如果我的欲望无法衡量，就永远无法满足，永远不会达到尽头。这就是快感所面临的境况——它在所有的衡量标准或尽头之外。这并不是说它永远不会结束，但是很难知道这个终点在哪里。

我还认为快感的含义在不断更新。就人们在艺术作品中得到的审美快感而言，这一点非常明显，我们将说回到这里。为什么艺术永不停歇？为什么人永远在创造？因为在艺术中，就正如在性快感中一样，我们从来不会说“足够”了，这种想法没有意义。如果人在持续地创造和享受，那是因为当欲望采取了某种特别形式的时候，它就永远不会停下脚步；是因为欲望总在不断地更新，导致新的形式不断出现，也就是说对新的感觉敏感。而人之所以有欲望去创造这种新的感觉，并不是因为缺乏某物，也不是因为某种强迫性重复，而是因为真正被欲望着的，其实是意义本身的更新。因此，艺术所表现出来的是我们对于无限创造意义的渴望。

阿：所以您认为快感表达了对意义的渴望？如果是这样的话，那么这种欲望必然从某人身上生发，这也就预设了快感的主体存在。但是您之前说快感的主体已经消解了，这是不是一个悖论呢？

让：我们可以好好想一下，是不是欲望本身才是主体。正如是语言在言说，并让我们言说一样，欲望才是我们的欲望的主体。这种欲望与我们自身无关，它是一种冲动。弗洛伊德（Freud）说：“冲动是我们的神话，冲动学说是我们的神话学。”这句话非常大胆，甚至有些挑衅的意味——它表达了某种非常重要的事情。这里应当从虚构的意义上来理解“神话”，也就是说在这种场域中，阐释是无力的。但它同时也应被视作muthos，即“一种说出来的话语”。柏拉图将神话定义为一个虚假的寓言，而荷马（Homère）的muthos指向话语。逻各斯（Logos）的存在是由于muthos在某个特定时刻率先开辟了一条道路，在柏拉图那里尤其如此。另外，柏拉图创造了属于他自己的神话，也就是哲学。

我们回到弗洛伊德，冲动是什么？这个词指的是，我们只能认为自己是由某种东西驱动着的，可以是神也可以是物质力量（人们可以选择自己的神话）。海德格尔会说，我们是被“存在”驱动、推进着的。而弗洛伊德没有告诉我们是什么在驱动着我们，但我们在快感中会实实在在地感受到这种驱动。

阿：快感不仅没有确定的主体，它还意味着归属于一个群体，也就是说某种超越了主体，并让我们与存在相遇的东西？我们几乎是在谈康德的审美体验了，他认为存在所有人都能体会到的“共通感”（sens commun）。这种共通感，或者说普遍性感受，也会在快感中发生。

让：确切地说，虽然“我”不是快感的主体，但“我”还是可以体验到它，正如尽管我没有“得到”

(retrouver)，但我可以“存在”(être)。与其说主体在快感中消失了，还不如说它“屈服”了，而这正是“主体”的古义，指的是“屈服于君主的臣民”。快感比“我”更为强大，但这种屈服，我知道它来自别处。它从他者或他者们那里来施加在“我”身上，因此快感不会独立存在。我已经听到四起的反对声了：“当然有独立存在的快感了！自慰(plaisir solitaire)不就是嘛！”但是这种享受根本就不是独立存在的，因为如果主体不置身于自身之外，它就不可能发生——这可以有多种形式。首先这种关系总是想象性的、幻觉式的；其次，获得对自己的享受意味着分裂。这有点像梅洛-庞蒂(Merleau-Ponty)那句有名的互文：“当我摸自己的手时，我既是去摸的手，也是被摸的手。”“我”在其中，又在其外。当“我”触摸自己的时候，“我”体验到的这个“我”是在“我”之外的。“我”与“我”相关联。这种体验让我们想起一个经典问题：我拥有我的身体还是我就是我的身体？对这个有趣的问题的回答应该是：“二者兼有。”因为当我说我是我的身体的时候，我不能否认我也拥有它的事实。而当我说我拥有一具身体的时候，我又不得不承认——我就是它。“拥有”身体指向客体，“是”身体指向主体。然而只要我把身体不仅看作一件工具，那么我对自己而言，既是主体，也是客体。如果我触摸自己，或者说我的身体自己触摸自己以获得享受，那么它就是在自身之外。也就是说，自慰与性交并不完全是一码事，正是因为自慰时的他者是在幻想之中的。但在性行为中，另一方并不是幻影，即使某个精神分析学派也声称不存在没有幻想的性关系。

阿：但是人们可以在做爱的时候想象着这个人不太一样，甚至把对方想成另一个人。幻想不是一直都存在的吗？

让：可能吧。但这只是一种可能，而非必然。曾经有位精神分析学家跟我说性关系中必然存在幻想。我反驳他："不！恶心死了！"搞得他暴跳如雷。实际上，我相信，他人的身体总是存在的，它作为一个不属于我的身体，在外部性和特殊性中存在着。快感正是在身体之外被共享着，这种"共享"的意思是，我享受着对方的享受，正如我自己的一样。

布朗肖（Blanchot）在《不可言明的共通体》（*La Communauté inavouable*）中提到了玛格丽特·杜拉斯（Marguerite Duras）的《死亡之病》（*La Maladie de la Mort*）。在这个文本中，一个女人为了钱跟一个男人睡觉。是男人要求付钱的，读者不知道为什么这个女人接受了，或者可能是为了让这个男人得到某种他没有得到的东西，也就是说爱情或者快感。在杜拉斯的文本中我们一直都不知道男人是否得到了他想要的，但是我们知道女人很享受。布朗肖没有节选描写女人正在享受的片段，而是选了男人看到女人在享受时的目光描写，那是一种看到了快感，但既得不到也无法参与的惊奇的目光。我不知道杜拉斯是不是这么想的，但是我注意到她的其他文本也有这种相似性，她似乎在说只有女人能真正得到快感——或者说对于男性或者女性来说，都只能通过女性得到快感。布朗肖因此得出结论说，快感是孤独的，即使它是从和他者的关系中产生的。他写下了这样的句子："享受，从本质上来说，就是正在失去的东西。"我们在这里可以看到一种矛盾：如果享受是正在失去的东西，那么快感就是不可能存在的。但是我觉得布朗肖的意思其实恰恰相反：享受是在失去，但正是在失去中才有了享受。正是这样，人才与他者相逢：失去自我，奔向他者，奔向那个"我"对他说"来吧"并回应"我"的人。

我在想，您刚在问题中提到的"共通感"，是不是就是快感的关键。如果我们能从这个词的广义，而不是仅局限在它的性意义层面来看，因为性快感的"共通感"不一定就是说同时发生的高潮层面的快感，也许我们应当放下过于习惯从性高潮这个角度来看事物的方法，并好好思考一下性到底是从哪里开始，又在哪里结束的。也许它和性行为本身距离得非常非常遥远。

阿：您刚刚举的例子更多的是说性快感是一种彻底的异己性（altérité）体验，而不是一种共通感。在玛格丽特·杜拉斯的例子，以及布朗肖的阅读中，男性快感和女性快感似乎就是这样。

拉康说女性的快感是一种最彻底，同时也是最深不可测的异己性体验。

让：我觉得拉康说的女性快感并不是说只有女性可以享受，如果用我自己的话来说，女性快感并不意味着拥有或占有某物，而更多的是一种向异己性的开放，女性处在拉康所说的“他者”——大他者——的位置上。快感将女性变成了这个大他者，这也就是说处在语言和意义之外，并因此脱离了主体的掌控。关于性关系，拉康说过相同的话，他的名句就是：“性关系并不存在。”至于“男性的快感”（jouissance masculine[1]），只和某种想要满足的欲望相关。这种欲望本身就是虚幻的，是在试图弥补阉割带来的匮乏。这种分析可能太过简单了一点，但它表现出一种我认为非常值得赞扬的努力：试图找到快感的意义，不仅仅是“得到满足”，而是在“自我之外”中，在“洋溢”，还有“出神”中……

1　法语名词和形容词大多有阴阳性之分，此处的masculine为阴性形容词，即下文阿代尔·范·雷斯提问中所指的“阴性形容词”。——译者注阿：但是，为什么会用这个阴性形容词来修饰作为“出神”的快感呢？为什么要借助性别来看一种既普遍又特别的经验？

让：我们还是来看弗洛伊德的话：“每个个体身上都存在着男性和女性，这是社会和生理共同决定的，这种在每个人身上共存的男性和女性，不应当把它看成两个互斥的染色体，而是一种交错，一种永无尽头的复杂体验。”

阿：这里最重要的是快感所必需的一种异己性。您之前说快感永远不是孤立存在的，那么当我享受的时候，我超越了主体，我也享受着异己性。这里的“他者”是谁呢？二者必居其一：要么是从最抽象的意义上来讲的他者，正如那个“我”把自己当作他者一样，或者把他者当作一个幻影；要么这个他者是一具躯体，它是“我”得到快感的工具。我们又回到了占有的话题上来了。在这两种情况中，他者对快感来说确实是必不可少的，但同时也几乎是无关紧要的……我想说的是，我感觉快感还是有某种独立存在的东西，它是一种不能归属于任何他者的体验，具有很强的主观性，不能被分享。我不知道和我共同享受（可能吧）的人是不是和我拥有同样的体验。这是一种被隔绝的无法分享的体验。

让：但在这种隔绝中，您并非孤身一人，因为体验也是要通过话语传达的，不管是这个“来吧”还是“我享受”。此外，别人的身体是存在的，也就是您刚说的它可以成为快感的工具。工具也可以成为其他的东西，因为别人的身体和我的身体融合在一起了。性关系会创造一具身体，它有点像安多南·阿尔托（Antonin Artaud）说的“无器官身体”，也就是说身体不再被视为一个有机体，而是被视为欲望的产物。也许是一具没有个体……没有人的双重身体，快感将异己性体验带到了这里，也就是不再符合功能构造的身体的异己性。另一种完全不同的功能也出现了：我们以不同的方式互相注视，很快，我们不再注视对方了，而是互相触摸。有时候，我们甚至会面临伤害。在《日烦夜烦》（*Trouble Every Day*）这部电影中，克莱尔·丹尼斯（Claire Denis）就用咬伤来隐喻性交。这部电影的开头画面是一位年轻女性的肩部，我们在上面可以看到咬痕。很快我们就会知道她刚嫁给一个得了一种吃人的病的男人，而且是另一个女人（由贝阿特丽斯·达勒［Béatrice Dalle］扮演）传染给他的。我们看到他咬了这个年轻女人一口，并很快离开她，以免吃（字面意义上的吃）掉了她。随后，我们看到贝阿特丽斯·达勒引诱了另一个更年轻的男孩子。当她吻他、抚摸他的时候，他很享受，但是当她深深地咬下去的时候，他大叫了起来。最终，她吃掉了他。性交就像啮咬一样，并不仅仅是个隐喻：爱抚可以变成撕咬。我们在这里达到了危险的终点，因为恋人们可以达到想要杀死对方的地步。这种共赴主动或被迫的死亡欲望是很多爱情故事的背景，不仅仅出现在西方和天主教世界中。中国的、日本的，甚至是盖丘亚的故事里都讲过这种恋人的共同死亡。梅西安（Messiaen）就为他的音乐《阿拉维》（*Harawi*）改编过一则盖丘亚传说，其中就有一对恋人共赴黄泉。这和吃人无关，而是和共同死亡的欲望相关，也就是说，进入绝对的外部。这就是为什么快感得到绝对满足的幻想是危险的，因为这种快感是必死的、致命的。不过，这正和享乐的意义相反！

在这种想要共赴死亡的欲望中，我们可以看到群体的概念，但也有您刚提到的“隔绝”。因为在死亡中，我们必然会团聚，但也会完全分离，包括与自己的分离。所以，如果从“我”和自己的分离这个角度来看的话，我说快感是孤独的。这是一种非常难以把握的孤独，一种和主体或客体等一切都有关的孤独，因此也和“隔绝”本身相关，是一种绝对的孤独（absolitude），如果您同意我这么说的话。

阿：那您是怎么理解拉康的那句“性关系不存在”呢？如果性关系不存在的话，那么性快感也就不存在了。难道我们不更应该说快感不是不可能的，只不过是难以想象的吗？就像“没有性关系”的事实意味着没有可以想象出来的关系，这是一种为作为经验的快感保持特有空间的方式。

让：也许这正是拉康想说的。“性关系不存在”可以有多种意思：不存在比例，没有相称性，也没有结论。[1] 性关系不是被写出来的，言下之意是，没有汇报，没有“报告”。但正是在这种意义上而言，才有真正的关系，它需要不可比性和非结论的形式。关系是需要保持的，它不会结束。而已完成的、结束的关系，要么意味着断裂，要么意味着融合。而在融合中关系就不再存在了，所以更准确地说来，快感是难以想象的，但不是不可能的。

《不可能》（*L'impossible*）是巴塔耶（Bataille）的一本书，他的色情主义陷入了有些矛盾的内部张力之中，以至于对于他而言，真正的欲望是对融合的欲望，但这永远也无法达成。他总结说：“色情主义是一出喜剧。”就像他的另一个总结：“牺牲是一出喜剧。”这是巴塔耶的先天不足，他太过于“天主教”了，太过需要时时刻刻考虑过失（但是我们又说回来，这也是一种感受某种基督教快感或快乐的特有强度的方式）。他最终也没有看到如果融合发生了，就没有什么可以融合了，就没有欲望了。但他对欲望的“过剩”和“无限性”感受很敏锐。

1 法语中的rapport一词有多种含义，除“关系”外，还可表达“比率”“相称”“汇报”“报告”等，与此处的proportion（比例）、commensurabilité（相称性）、conclusion（结论）一一对应。——译者注如果我们把关系本身即在欲望中的距离的这种必要性坚持到底，我们就必须承认，当距离在快感中逐渐消失时，就什么都抓不住，什么都感觉不到了，一切都会消失。这也正是人独自享受的时候。但这种孤独，正好是一种难以想象的，或者说难以企及的孤独：如果不是在意味着“绝对暴露在其他孤独中的孤独”的“绝对孤独”中，我们有可能“独自”吗？巴塔耶说我们做到了，或者说抵达了，但我们抵达的地方被隐蔽起来了，我们抵达的是一个没有入口的地方。

从动物性的冲动到对他者的欲望：享受是如何变成享乐的？

阿：快感的矛盾之处是很有趣的。异己性体验是快感的源泉，包括在自慰时对自己的异己性，但同时快感也是无法分享的。康德在《判断力批判》（*La Critique de la faculté de juger*）中解释说，当我判断一件艺术品或一处风景是美的时候，我从一开始就假定我的判断具有普遍性。对我来说，很难想象有人无法感受到夕阳之美。但是我无法与人分享这种美的体验，以及如果别人感受不到的话，我也不能说服别人来认同夕阳的美。我只能是假定，或者判断说所有人都能够体验到这种美，因为存在着一种对所有人而言的“共通感”。对于快感来说也是一样的，它是一种特别的体验，我无法想象这种体验是不能被分享的。这是否意味着存在一种审美维度的快感？

让：弗洛伊德明确地界定了审美快感与性快感的界限。他甚至用一个解释另一个，而且是两个不同方向的解释。一次是在《诙谐及其与无意识的关系》（*Le Mot d'esprit et sa relation avec l'inconscient*）中，一次是在《性学三论》（*Trois essais sur la théorie de la sexualité*）中。这两本书他是同一时间段、在不同的两张桌子上写的，两本书上都标注着：“关于这一点，我在另一本书里解释过了……”有趣但是值得注意的是，这一点是和“紧张状态的享受”有关的。

我们先从性方面开始说吧。在谈过了婴儿的性欲，以及口欲期、肛欲期和生殖期之后，弗洛伊德从“诱惑”来分析性关系。奇怪的是，他没有说出来，却遵循了一个微妙的分析顺序：他说这种关系先从视觉开始，然后是听觉，再是触觉。这样他就描述了人体的一些能够激发性欲的地带，并说整个身体都可以激发性欲。在这样之后才谈到了性器官。在这个过程中，尽管弗洛伊德没有明说，但我们又一次进入性成熟的分解阶段。他指出，在诱惑的进行过程中，如果在其中某一个阶段停下了，就是性变态。他所说的变态，并不是指一种病态，而是指对目标的偏离，这目标也就是生殖器。对我来说，这是弗洛伊德的第一个弱点：他仍然停留在目的论中，仿佛有一条应该以某种方式结束的道路，就好像这种紧张状态是应该得到释放的。

弗洛伊德提出了一个问题：应当如何理解处于紧张状态的东西会带来享受呢？拉康将借一个悖论重新谈谈这个观点。而弗洛伊德的回答则是，享受的发生是因为主体知道，这种紧张会在最后的满足中得到解决。在我看来，这种说法似乎再次提出了一个问题。在《诙谐及其与无意识的关系》中，弗洛伊德解释说，诙谐——他把这视为一种审美典范——通过令人愉悦的形式释放冲动而带来享受。它由一种乐趣和它所传达的意义（其本身并不愉快）结合而成。但弗洛伊德并没有真正解释享受和紧张之间的这种联系。他首先没有看到，在审美方面，紧张对应着形式的产生，审美动作（想想画家的动作）本身就是一种享受——它是对欲望的享受。欲望满足自己。但为了更好地理解它，我们最好不要完全从目的论的角度来思考欲望问题，也就是说不要为了某个对象或是结果，而是——我回到斯宾诺莎——conatus，即“努力”“动力”，也可以说是“美德”“力量”。当斯宾诺莎说到“坚持自己的存在”时，他指的是什么存在？这种存在，是生存。这不是指坐在椅子上不动弹的人的坚持存在。这是在紧张中的特有的审美享受，这是一种正在形成的努力。在某种程度上，它永远也不会结束。我们在一种审美形式中所享受到的，正是这种形式的运动，哪怕它最后被完成了、结束了。此外，也许一种审美形式是永远不会穷尽的，并且它也不会停止享受自我。

阿：因此，正如美没有配方一样，它无法被还原成元素、颜色和形式的组合，快感也不是一条路的尽头，无论是性快感还是审美快感。在这两种情况下，从享受到享乐，都有一个质的飞跃，也就是说，从享受到享乐的过程既非必要，也不明显。并不是说非得很享受才能得到快乐……

让：当然了。我们想想情色艺术，它来自“好好”享乐的欲望。当它成为守则时，就不知道它到底是要成为“给无从下手的人的建议”，还是要成为所谓“无懈可击的秘方”了。《爱经》[1]（*Kama-sutra*）就是个例子。它一直被西方人深深地误解了，因为它并不是教人如何做爱的，而是一种宗教实践。这个例子和无高潮性交的实践联系紧密。

1　《爱经》是古印度一本关于性爱的经典书籍，相传由一位独身的学者所作，时间大概在1世纪至6世纪之间，很可能在印度文艺复兴的笈多王朝时期。这是一部以经书的形式写成的关于性与爱的哲学和心理学著作。——译者注

这是一种审美快感，正如形成中的形式快感一般。在《形式的形成》(*La Formation des formes*) 一书中，年轻的智利哲学家胡安·曼努埃尔·加里多 (Juan Manuel Garrido) 问道：康德的先验形式是如何产生的？这个问题开辟了广阔的思考空间，这种思考认为形式是“自己形成”而非“被动形成”的。这个文本也回应了福西永 (Focillon) 在《形式的生命》(*La Vie des formes*) 中对形式的定义：“形式自己表示自己，而符号表示其他。”这句话非常重要。因为“自己表示自己”，意味着脱离了符号的标志。

我们可以说快感的主体是自己表示自己的，或者说快感自己表示自己，所以快感是一种纯粹的形式。但是和性快感相区别的是，它没有任何明显的形式，既没有视觉，也没有声音，更没有触觉。

阿：如果美学的特性是玩弄形式，那么在性快感中，任何形式都是变形的。

让：这正是我在谈到身体的时候想说的。快感中的身体几乎失去了形状。这与广告或电影对色情的依赖形成了鲜明的对比，它们总是要借助于美丽的完整的形状，而在色情中或情欲中，这些形状被消解了。

阿：这把我们引向了快感与死亡冲动、毁灭的关系。

让：对，其中是有毁灭的，即便没有啮咬什么的。无论如何我们看不到面前的身体，而且重要的并不是另一个人的身体。这种“毁灭”会带来其他的东西，它不一定会导致死亡，在形式的世界之外有一种突变，这就是为什么可能会对一些并不“标致”的人产生强烈的色情欲望和力量。并且，我感觉只有大卫·休谟（David Hume）理解了这一点，他写下了这样的句子：“一个人的美来自他渴求被欲望的感觉。”真是了不起，太了不起了！

阿：实际上……和一个人的美来自感觉一样，它也会来自确信的力量，这会激发欲望。

让：当我读到这句话的那一天，我明白了如何超越所谓的色情之美的力量。那些图像、文字和淫秽作品，色情或淫秽是两种既定的被定义好的形式制度，然而在关系中，形式被创造出来了——并且它们甚至创造了自身的“过剩”和“僭越”。

但我们还是回到弗洛伊德吧。对于他来说，审美形式只不过是释放冲动的载体，这使得审美形式仍未完成。从性的角度来说，和审美形式相对应的一切都会消失，但是它们有一个用处，就是抵达生殖性，它被弗洛伊德称为Entladung（放空、排空）的东西所控制着，也就是释放（décharge）。这里的例子首先是男性化的，男性的释放是更容易见到的。对于弗洛伊德来说，它是终点，是紧张消失的时刻。

他感兴趣的是我们对紧张的需求，它为我们创造释放。我们可以反驳说：“如果最终目的就是‘释放’的话，那么为什么要创造紧张呢？”弗洛伊德可能会回答说，紧张不是被创造出来的，它一直都在……这个问题其实是想要知道冲动有什么用处：它们的意义是在等待着被解决吗？

阿：除非我们能在冲动中看到继续欲望的最佳方式，因为每一种满足都是短暂的。由于快感是由享受构成的，因此它必然是受限的。正是这一点让它变得迷人：一方面是出神，它超越了所有限制和任何熟悉的享受；另一方面是对一次次回归也就是极端不满足的渴望。

让：享受和满足之间的联系是很复杂的，而且享受有好几个意思。我们就拿“兴奋”（excitation）来说，*exciter*在拉丁语中的意思是寻求离开、寻求外界。这并不是享受最常见的意思要表达的。柏拉图指出，享受不仅仅来自需要的满足，他解释说：“如果我渴了，我可以喝水止渴。当我不渴了，我就满足了。”我们在这里看到的满足非常简单，它意味着我不需要再喝水了。但是如果我继续喝的话，这就是说我在寻求别的东西，是在因为喝水的享受而喝水。这就是酒鬼喝酒的原因。这意味着什么呢？人永远也无法将需求和欲望区分开来。当然，有些是基本需求：一个人在沙漠中的渴，和身边有水的人的渴是不一样的。

不过我认为在最常见的情况中，我们都会感受到需求的满足，即干渴的平息会和额外的一些东西，也就是水的清凉以及水的味道掺杂在一起……我们继续用水来举例子，它和需求很接近。比方说，为什么我们会更偏爱气泡水，包括我们非常渴的时候？因为小气泡的声响会让我们产生兴奋。气泡和香槟就是这么被发明出来的。另外，弗洛伊德也想到了香槟。在一封写给玛丽·波拿巴（Marie Bonaparte）的信中，他在谈到他的小母狗的时候说道："这只小母狗，是多么幸福、多么安静啊！它不问自己任何问题……"正是在这里，他写道："只要你问自己一个关于生命意义的问题，你就是有病。""我想到了，"他说，"唐璜（Don Juan）的香槟之歌。"弗洛伊德在信中的这段话中几乎是在享乐了，他不仅享受着身边的动物性，还巧妙地提到了享乐型的主人公。

阿：当气泡不是必需的时候，它们就是一种奢侈了。正是冗余带来了额外的享受。所以如果从对应着"难以抑制，直至想要吞下另一个人的欲望"这个角度来看的话，快感一方面是某种非常动物性的东西，而与此同时它又是极端的奢侈，可能是人类所独有的。享乐，是不是就是对"拥有享受"的享受呢？

让：对！"拥有享受"的享受……就是这样！萨特

(Sartre)说:“没有不被认为是享受的享受。”我们可以仿照他说一句相反的话:“没有不被认为是痛苦的痛苦。”享受是一种寻求自身延续的状态,而痛苦则寻求自身的停止。但这确实就是不同层面的一码事,除了您刚才提到的这个方面,就是快感也有可能变成痛苦,正是因为人达到了一个极限,而这个极限只能超越,以达到“过剩”。尽管它可能会变得令人难以忍受,但实际上过剩总是会变得令人难以忍受,或者接近于此。这种“放纵”,我们可以通过“痛苦的极端”来更好地理解它,因为这种“极端”,“我”有时似乎可以在机缘巧合下,非常短暂地接近“享受”,因此也就可以理解所谓“气愤”或“恼怒”的双重价值了。

阿:在《所多玛与蛾摩拉》(*Sodome et Gomorrhe*)的开头,《追忆似水年华》(*A la recherche du temps perdu*)的叙述者偷听到夏吕斯(Charlus)男爵和朱庇安(Jupien)在大声地做爱。他比较了他们和自杀的人的叫喊声,并因此总结道:“比痛苦更大声的是享受。”难道享受和痛苦也许在某种强度上而言有共同之处?

让:强烈的痛苦总是会有一些很尖锐的东西的,快感也是这样。从某种程度而言,这种享受或快感都会在某个尖锐的点消失,这个点并没有维度,身体在这个点上脱离了自身。有时候，全身都会变成这个点，人们最终会希望身体的广延消失，就像在死亡中一样。

阿：或者相反，我们可以把它看作一个正在享乐或者痛苦的身体内部生命的迸发。另外，快感也常常孕育着生命，甚至是另一个生命：在某些情况下，性关系带来繁衍……

让：对于我来说，这是一个非常开放的问题。一方面我们可以说人类总是以多种方式看到性快感特殊的、过剩的、旺盛的方面，不管是不是生育性的。我们可以想想那些把性神圣化的形式，比方说从巴比伦到印度教的圣女。想想童贞和割礼吧，并不是一切都和生育挂钩的。不过在我们的文化中，我们曾认为性享受说到底是一种自然的方式，是为了人类的繁衍。然而，康德对这种解释并不满意，他在《人类学》(*Anthropologie*)的一个注释中写道："当哲学家审视性爱系统时，他不得不在一个深渊面前停下脚步。因为他不知道为什么自然要为繁衍选择如此复杂的方式。"

今天，我们来到了另一个方面，我们认为性本身——我会说从法律上——是完全与繁衍无关的，性快感寻求的就是自身。人类一直都知道怎么为自己寻求性快感，即使它一直都不可避免地与生育相关。对控制受精的技术探索比我们想象的要早得多，但直到避孕药出现，它才真正有效。于是，性爱得以摆脱了一直以来对怀孕的恐惧，性自由出现了。不过艾滋病结束了这个迷人的插曲。

性享受以及它过剩性的特点，是和快感紧密相连的，这是一直都存在的。那么，我们应当怎么看待孩子呢？人们会想，孩子是不是他者位置上的，或被视作他者的快感。因为说到底，为什么要生孩子呢？很明显，人们生孩子是为了自己。因为在对孩子的期待中，有对某种形式的异己性的渴望，这种异己性是和自身相关的，但人会把它当作“已脱离了自身”那样去期望。

阿：我们在说快感体验的时候谈到了这个！

让：实际上，有了孩子，这是一种“自身之外”的亲身体验，这种“自身之外”本身就是一个人。这是一种考验，人们在其中发现了快感中的痛苦问题——一种时机性的痛苦，因为孩子从本质上而言是要离开的，正如享受从本质上而言是会消散的一样。但是孩子离开，并成为“他自己”，这是一种快乐。孩子就体现为这种异己性，他实际上是一个他者，这个他者由快感的欲望而来，并且将会把快感带走。

阿：……或者说他延伸了快感，因为他让这种快感的持续时间不再仅仅是高潮那么短暂，而是整整一生。

让：这也会成为他自己的快感。在所有社会中，进入青春期，随后体验快感，总是十分重要的。如今在我们的社会里已经没有真正的“启蒙”了，性行为发生得越来越早。很多父母会想他们的孩子是否已经“睡过了”……我们可以从其中看到好奇、担忧，但也有某种“窥淫癖”的存在，表现出对重拾被孩子带走的快感的某些部分的渴望。而孩子越是长大，成年人就越来越不可能生孩子，也越来越不可能享乐——至少在最直接的意义上是这样。

这种感觉和种族繁衍的观念并不矛盾，所有的种族都在繁衍。但是人类，无论何时都可以做爱。确实，波诺波猿会自慰、鸡奸、搞同性恋……但是它们没有乱伦的禁忌。人类尽管有这种禁忌，但并不妨碍大量乱伦事件的发生，虽然这是违法的，然而乱伦是和外婚制、亲属关系的开放相关的。另外，我们不会或者很少会看到人类在孕期产生性欲望。

当然了，生物繁衍有它的标志：孩子们会带有父母的特点。但是人类的生物繁衍是非常脆弱的，重要的是社会和心理的延续。“我”认为“他们是我的孩子”，在某种程度上，这是具有决定性意义的：他们在很大程度上成为我们所认为的“我们的孩子”。

因此，快感与孩子的关系是真实的，并且不仅仅是将享乐的欲望工具化，以促进人类繁衍的关系。这很好地解释了同性恋尽管不能生孩子，但是也会想要几个孩子，这些孩子也会成为一种快感……

朝着无限和超越：存在享乐的艺术吗？

阿：快感是一种意义非常丰富的体验。除了繁衍，快感的创造性力量也会在创造者的动作之中体现出来，比方说艺术就是这样。从主体的消解到享受的放纵，性快感和审美快感有什么共同点呢？

让：也许任意一部艺术作品在某种程度上都掺杂了直接或间接的快感，并且不是通过升华来体现的。现在的精神分析学家说升华只不过是弗洛伊德的一个经不起推敲的概念罢了。但事实上，这不是欲望的“精神化”，而是性能量的另一种投入。瓦萨里（Vasari）说画家拉斐尔（Raphaël）在为一位王子作画时，常常会放下手头的工作去找他的情妇。王子受不了了，就下令让这位情妇带着仆人搬进宫殿来，把她安置在一间公寓里，以便拉斐尔可以把她带在身边……尼采（Nietzsche）对于瓦萨里的这段话评论道：“没有巨大的性能量，拉斐尔也无能为力。”让人感到惊奇的是，性方面的研究并不是尼采的强项。并不一定要成为性学天才，才能感受到这一点……

艺术和性完全相同的地方在于和“无限”的关系。这种“无限”是从黑格尔所说的“真无限”的意义上来看的“实际的无限”“不可数的无限”，因此“为什么人们一直在创造艺术？”与“为什么人们又开始做爱？”这些问题的答案是相同的、唯一的，可以在静止的、永恒的“无限”中找到它。这个“无限”是属于永恒的，而这种永恒并不是终身。中世纪的人们就已经很会区分“永恒”和“终身”了。永恒的不是终身的，它是在时间之外的，所以它看起来更像是当下而不是永远。快感确实是在当下，尽管它只是一个很短暂的当下……就像“眨眼”对于胡塞尔（Husserl）来说，它是一种瞬时性，而对德里达（Derrida）来说，它是有持续时间的。正是从这个眨眼的持续时间中，他得出了延异[1]（而不是区别）。然而延异是一种关系，它是一种区别于自身的对自身的关系。我想说的是：“延异正是快感，反之也成立。”在快感中，“我”以这样的方式远离自我，但同时也回到了“无法用身份定义的”自我。这时候就出现了与自身的关系问题：“我是谁？我？是谁在提问？”这个问题是属于作家、艺术家的，它让关于作品自

1　法语为“différance”，与“différence”（区别）仅有一个字母之别，是德里达自创的单词。——译者注

主性或生物性的讨论成了徒劳，因为尽管艺术作品总是艺术家的作品，但它并不一定就是对一个人的再现。作品被创作出来后，它“有”或者“是”它自己的“自我”。它并不表现其他人——但它可以引起享受或痛苦。从某种意义上来说，作品本身就是一种享受或者痛苦。

这种抽离自我的欲望有可能对一个人来说是音乐，而对另一个人来说是色彩，但无论如何，都有某种东西向我们指出，我们最渴望的，是离开，是出去。

阿：我们举个例子——亨利·米勒（Henry Miller）的《性爱之旅》（*Sexus*）。在这篇文章中，作者表现出了两种放纵的力量，一种是性，另一种是写作。它们作为一种同样的创造性力量，都处在同一种过剩的动力之中。另外，叙事者一直在运动，他在街上走来走去，想着为什么写不出来。这个时候，他很享受……

环境非常普通，人行道、仓库、猫、树……但正是在这种环境中产生了快感——这种带着幽默和淫秽描写的无限的力量。这个片段的美来自这两者的对比，其中就包括女主人公一直在享受高潮接着高潮这一点。我们在这里看到了把我们带向米勒的无限性，这种重复的“抽离自我”和弗洛伊德理解的满足是相反的。

让：在这篇文章中，女主人公说：“痛就不好了。”还有一个句子吸引了我的注意：“骚（lascive）得不得了。”这和翻译有关，不过“骚”是一个语义很强烈的词，在英语和法语中都是这样。从它的发音来看，这个sc混合了两个擦辅音，它有一种交织、曲错、缠绵的味道。我在其中感到了散漫和品尝快感后的自得。这正是得到享受的享受……我还注意到文中另外一个很抓人的词“子宫”。“子宫”这个词有某种非常强烈的东西，它意味着孕育。米勒用了一个表示母性的词来指定一个解剖学的事实，这很有趣。不管是色情词汇，还是严格的解剖学词汇里其实都不太使用这两个词。“子宫”……和“骚”一样，这个词很重要，有着某种力量……可能是“尖刻的”……

阿：这些术语几乎是富有诗意的。它们把我们引向写作的动作本身，这种文字动作通过词语带来自我和意义的放纵。即便这段文本是非常具有性意味的，作者（以及读者）的快感也是在另一个层次上的。纯粹的性快感和审美快感有什么区别呢？

让：我还是要再说一遍，这种区别并不能从升华的角度来看。艺术行为和性行为的共同点在于超越主体，快感从我身后出发，并超越我。这就是为什么有多少人把作品归于作者，就有多少人否认这一点。因为从某种程度上而言，作者创造的东西已经通过他并超越了他。一个伟大的艺术家应当允许自己被欲望超越。马蒂斯（Matisse）说过，要永远服从于线条，是线条在“欲望”，而不是马蒂斯本人。是线条音韵和旋律节奏的色彩征服了人。画家汉坦（Hantaï）坚持认为，艺术家根本就什么都不是。他趴在画布上用身体来把颜料摊开。我曾经跟他说我也可以这样做，他回答我：“啊不！不！不行！”“为什么不行？”（“因为那是我！”奇怪吗？不，因为在他的工作中，是他完成一切，即使是最微小的动作，那也是他的动作）这并不是说什么“主观性”。性快感和审美快感的共同之处在于，对特殊性的巨大投入，以及一种通过特殊性来超越特殊性并把它带到他处的东西。但两者之间的巨大对立是，在审美方面，一个作品的产生不能与孩子（而不是快感）相提并论，因为它是在“自我之外”的地方产生的。艺术家在自己的工作中行动，并且因“正在工作”而享受。同时他也会感到痛苦，这总是很辛苦的。比方说在绘画中，他总是要从形状的绘制再回到颜色、工具、画布的准备上……他的作品对他而言是在外部的，在身体之外。然而性快感并不创造产物，除非是为了怀孕，但那是另一码事了。快感没有形状，却有形态的变化、展现和变形，所有可感的形态和方式都是这样。我们可以想想“做爱”这个表达。当人们做爱的时候，并不创造什么在自己之外的东西。要知道人们真正在做的是什么……“做”也有一层非常淫秽的意味。

在这一切中，有很多关于“做”的话题：“做爱、高潮、生孩子……”[1]“做”充满了“效率”“完全的实在性”“行动”“在场”的意味。

令人着迷的是这个独立的核心——我更愿意称之为“性”而非“性行为”。说它是“性行为”，那就意味着或多或少对人有一种特定的功能。而“性”并不指代别的，它只是指两性的区别，或者性内部的区别。20世纪70年代人们甚至会说“性征”(sexion)。有些语言学家曾试过找找看“性”是不是从secare（切开）派生过来的——但是没找到……不过“性”这个词确实表示一种分裂。在柏拉图的《会饮篇》中，阿里斯托芬(Aristophane)说人类最初有三种：男人，女人，雌雄同体。所有人都有四只手和四条腿，一个脑袋两张脸。他们非常强大，以至于想要取代诸神。宙斯(Zeus)为了惩罚他们的傲慢，就将他们砍成了两半，然后让阿波罗(Appollon)把切口在肚皮上缝起来，这就是肚脐，性器官则在肚脐的另一面。与另一半分开的男人们一直纠缠在一起，他们思念着原来的结合体，甚至绝食让自己饿死。宙斯并不想人类就此灭亡，于是决定把他

1 在法语中，这些短语都以“做”开头。——译者注

们的性器官放到身体前面来，这样男女之间就可以交配生育了。这样，那一半雌雄同体就保证了人类的繁衍，而爱着同性的男人们尽管不能孕育新生命，但可以延续精神。

这个神话让我们能够把快感行为看作一种“脱离自我、走向他人”以克服分裂的愿望。把分裂当作快感的条件，这是把快感当作超越分离，或跨越、感受分离，而不是取缔分离的欲望。

阿：除了艺术家，因为他们的工作需要一定的孤独。

让：没错，不过艺术家总是在为观众、读者、听众等他者创作的。杜尚（Duchamp）就完美地展现了这种举动的要义：他买了一个小便池，把它做成喷泉，并声称它是艺术品。杜尚的作品其实依赖于一种展示的姿态，而如果没有他所说的“会合”，这种姿态就会变得毫无意义。艺术家在展示作品的时候，其实是在和物品本身“会合”之后，再同观众“会合”。这表示“现成品”[1]（ready-made）并不是说拿件普通物品随便弄一弄就可以了。如果这么做的话，“会合”就永远也不会发生。会合，既是制作，也是召唤。

1　英语，表示“现成品”。——译者注

但是在很多艺术家看来，即便这种会合发生了，并且给观众带来了快感，他们仍然不会满足。他们会一遍又一遍地返工，会试试别的办法，但从来不会得到满足，即便是短暂的满足。在绘画方面我想到了塞尚（Cézanne）。有时候，在音乐方面，比方说对于拉赫亨曼（Lachenmann）而言，这种不满足会导致一种激烈性，以至于无法完成创作。超越分离，其实也是在更新它、强化它。

阿：在《给青年诗人的信》（*Lettres à un jeune poète*）中，里尔克（Rilke）给一位想要当作家的年轻人提供了自己的建议。他的信大部分都非常优美，其中有一封称写作和性行为是唯一的相同的快感。他在回应对方问他对诗人理查德·德梅尔（Richard Dehmel）作品的看法时是这样说的：

比萨（Pise）附近的维亚雷焦（Viarregio，意大利）

1903年4月13日

我有时对他的书（也对他自己，因为我对这个人有一点了解），对他的漂亮的每一页，会产生担忧，怕下一页会破坏一切，使得最好的变成最坏的。您这句话“在发情中生活和创造”对他的定义已经很精准了。事实上，创造性的生活与性生活，及其带来的痛苦和淫乱是如此接近，以至于我们把它们视为同一个需求、同一种快感的两种形式。与其用“发情”这个词，我们不如用“性”这个词，因为它的意义纯粹、高远且广泛，也不会受到教会的怀疑。这样看来，德梅尔的艺术是非常高尚的，来源也是最好的。他的诗性力量宏大，强烈得像一种本能。这种力量是有属于自己的野性节奏的——它如同磐石般涌起。[1]

这种对性和欲望，包括对写作的欲望的完全认同，是很迷人的。

让：当里尔克建议用“性”来代替“发情”或者“欲望”的时候，他是想说“欲望”是一种婉辞，尤其是在他那个时代。不过欲望暗示着性欲，因此也意味着性。里尔克认为，作家的工作包括给事物命名。他想与“性”这个词唤起的显而易见的肉体意义重新联结。米勒也是这样做的，他也没有用婉辞来指代“性”。您还记得马拉把手伸进小水洼来给叙事者的性器官洒水吗？这让叙事者的欲望得以平息下来好重新开始做爱。身体在性爱中的液化是很重要的——如果我可以这么说的话——因为正是这种液化将我们引向无形，即失去形态的东西。许多神话和表述都赋予液体特殊的作用，例如阿弗洛狄忒（Aphrodite）正是从泡沫中诞生的。另外，米勒还用了这样的表达：“湿得像口

---

1 勒内-马利亚·里尔克（Rainer-Maria Rilke），《给一个青年诗人的信》，由贝尔纳·格拉塞（Bernard Grasset）和莱纳·比梅尔（Rainer Biemel）从德文翻译而来，格拉塞出版社，1996年；2002年收录于“红皮系列”丛书。

吐白沫的马儿。”……排出液体不能够或者说不足以平复紧张，液体的流动和喷射才是永远延续的。

里尔克也谈到了写作是朝向未知、没有目的的，对于画家和音乐家来说也是这样。这并不排除计划（projet）——尽管巴塔耶讨厌它，我还是用了这个词——的存在。我们可以有一个“计—划”（pro-jet），但是之后就是“喷射”（jet）了，“专业”（pro）在“喷射”中消失了，这是米勒说的“鲸鱼的喷射”……他可能是想到了梅尔维尔鲸……

阿：里尔克坚持“写作的节奏”，但是别的艺术也可以这么说，比如音韵的节奏、素描的节奏、油画的节奏。有没有哪一种艺术比其他艺术更适用于快感体验呢？

让：这个问题和感官体系的多元性有关。我们与感官的关系原本是多元的，感官的多样性不能按照等级制度来排序，从而得出高级一点的感官什么的，比方说视觉或听觉之类。哲学家们出于形而上学的目的，对感官进行了等级划分。但在艺术中，我们与感官的关系必然是多元的，因为形式和艺术实践是多样化的，这对“形式”的概念本身至关重要，但也因为感官体系在所有艺术之间都是流通的。

艺术媒介常常通过隐喻而被广泛使用：线条、旋律、色彩……里尔克坚持说，节奏很重要是因为它在艺术和性行为中都出现了。比方说，我们可以想一想爱抚的节奏，这种来来回回让我们想起了甘斯伯格 (Gainsbourg) 的歌：“我来来回回，在你的腰间，而我忍住……”爱抚不可能是静止的，它肯定是一种运动。简单的接触是不够的，它其实是一种对爱抚的期待和允诺。爱抚的动作可以触遍全身，并在某些部位停下来，也就是人们所说的情欲地带。在弗洛伊德看来，全身都可以成为情欲地带。但我们说的“地带”是指非功能性、非器质性的部位，因此抚摸是一种双重运动，包括经过和来来回回。这种来来回回表示一种重复，在拉丁语中，这是“再要求”的意思。这个地带，我们经过，逗留，“标记”，返回……

节奏往往来自从不静止、没有安定下来并让我们反复的东西，这就带来了快感。节奏对人是至关重要的，对自然也是如此。我们可以想想星体的节奏，另外性和夜晚总是联系在一起的，也许是为了隐形吧：在米勒的文章里，正因为是夜晚，所以叙事者可以和马拉在人行道上做爱。夜里，我们就进入了另一个空间，它更加模糊而厚重，同时它也是另一种时间。这种时空不会再以同样的方式出现，这就催生了性行为的特别的节奏，即使人们并不只是在夜里做爱。

阿：带来快感的节奏也是可见的、有色的。比方说，我想到了色彩的节奏。

让：没错，绘画中的色彩是有节奏的。一幅画的用色就体现了它和色彩的节奏关系。不过，颜色有一个特别之处：相比自身，它更需要他者才能存在。为了和其他颜色区分开，不管是否乐意，都需要有一处中断，这就是广义上的轮廓，也就是线条，否则所有的颜色都会混在一起。我常常会想象，会不会有一幅画，所有的颜色都在上面流淌，最终变得模糊不清。颜色需要线条而存在，但是从反面说来，没有颜色的话，就什么都看不见了。没有颜色的画不再是画，没有颜色的花不会被人看见。颜色是最直白的表达（expression）："它是来自外部的压力（pression）、外部的召唤。"我们可以从化学意义上来解读它，花朵需要颜色来吸引昆虫或蝴蝶。但是这种解释不能让人感受到这样的红或者那样的绿的强度和厚度，而强烈的诱人之处正是从强度和厚度迸发出来的。如果我们将树叶的绿转移到纸张上，就可以看出这种纹理的重要性。换了一处地方，绿色就改变了外表、光泽和骨肉。

正是在这种意义上，我们可以把颜色看作一种感受，一种事物的快感，对于一些温和的颜色来说也是这样的。Chroma在希腊语中的主要含义指的是肤色，也就是皮肤的颜色，而color在拉丁语中指的是"覆盖在表面，以便区分”的东西，它和corpus（材料）的意思相反。这是一种差异、一种强调。

阿：颜色对身体来说也是一种诱惑，比方说我们会用脂粉、化妆品什么的。

让：它吸引并开启了一种可能的快感。但正是因为这种诱惑本身可以是一种享受，所以它也成了谴责的对象。宗教中的色彩有一段极其复杂的历史……

谴责快感

阿：我们在萨德那里看到快感来自别人或自己引发的痛苦，恶于是成了享受的根源。而这种根源又引来了宗教或社会的谴责，他们认为快感是应该被禁止的，是有罪的。基督教的开端就是对享受的谴责，他们把享受视为对上帝的违逆，因为夏娃咬了禁果，于是人类生来就是有原罪的。这里的关键部分不再是美学的，而是道德的，快感为什么会被谴责呢？

让：基督教标志着人类历史上的一个伟大突破。为什么基督教能够胜利？我问过好几个历史学家这个问题。保罗·韦恩（Paul Veyne）在他的书《当我们的世界成为基督教时》（*Quand notre monde est devenu chrétien*）中解释说，和人们想的恰恰相反，罗马帝国在康斯坦丁的推动下皈依基督教，并不是为了政治利益，因为那时候的基督徒还没有形成一股真正的力量。相反，康斯坦丁的周围有很多杰出的智者，他们从基督徒的话语中看到了对当时民众深陷的焦虑和不安的平静回应。那是一个非常动荡的年代。我想到了弗洛伊德在《摩西与一神教》（*Moïse et le Monothéisme*）中引用的一个德国历史学家的话，大体上是这样说的："在基督教出现前的两个世纪，似乎有一种巨大的悲伤笼罩着地中海人民。"这几个世纪对应着斯多葛主义的到来，它是主流，但是伊壁鸠鲁主义和犬儒主义也出现了。这些观念其实是在寻找福柯（Foucault）所说的"关注自我"，它就像一个堡垒，抵御着一个堕落、徘徊和焦虑的世界的敌意。伟大的神权统治终结了，随之而来的是农业崇拜的消失，那么要如何重建一个被剥夺了自己的神圣秩序的世界呢？正是在这个时候，"应当如何生活"的经典问题出现了，不再有既定的规范了。人类需要在面对面目全非的世界时开辟出一条道路来，而它已经完全无序化了，宇宙世界和人类世界都是如此。后者已经成为权力和暴力的场所，但也是马克思所说的"前资本主义"的财富的场所。它不再是耀武扬威的、神圣的，而是展现出了财富积累的一面。

同样，世界的变形也催生了科技发明的大爆炸，从写字到枪支，还有航海技术的发明，同时出现的还有政治和哲学，它们也同样经历了危机，正如罗马帝国所表现出来的那样。帝国的出现标志着理想国的衰落，因为它将一个人神化，并让他成了皇帝。在这种情况下，基督教似乎是一种可能的、解决政治问题的方案：当罗马将君主神化的时候，基督教则恰恰相反，将上帝人性化了。这显然导致人与世界之间产生了完全不同的关系。基督教带来的是人类生活的新定义，它将人世生命视为在地球上的一段经过，认为本质在其他地方，在另一个世界，即神灵的世界。

我在历史这一点上说得有点多，但是我相信对于我们的主题来说，了解两个世界的分隔是很重要的，它不是一场意外，而是从我们的历史内部产生的。

阿：生命是一场经过，但也是一种痛苦，从基督受难到所有的《圣经》文本都表明了这一点。

让：基督受难中出现了“痛苦的快感”的源头，它贯穿了整个绘画史，仿佛在这种残酷的杀戮中存在着一种非比寻常的双重性。这种杀戮是上帝的旨意，但同时神化了上帝之子。而上帝的神性则消失了，他成了凡人。这种死亡既被视为上帝本身的死亡，正如路德后来所歌颂的那样，也被视为人的生命的神化。人类的真理从此被分为两端，要通过痛苦才能得到救赎。痛苦和现世相连，从某种意义上来说，肉体只能是有罪的。要注意，罪恶感并不是基督教首创的，在斯多葛派甚至伊壁鸠鲁派的氛围中，也有很多有关“性”的戒律。这对于思考快感问题是很重要的。因为从某种程度上而言，从那时开始，所有的世俗快感都变成了邪恶的，不仅仅是性快感，权力的快感也是这样。

世俗快感变得邪恶，同时也很强大。因为事实上，原罪与其说是过错（违反了律条），不如说是两个世界（肉体和精神）之间的斗争，这场斗争是很激烈的。天堂的快乐和欢欣，与人类的快乐和快感展开了竞争，也许这里面有一种额外的享受……

阿：是从libido sentiendi（肉体的欲望），到libido dominandi（控制的欲望）……

让：后者比我们想象的更为关键。此外，对今天的我们来说，权力的含义是负面的。我们认为它无权成为权力，但是当前的政治舞台越来越显示出与libido dominandi重新关联的紧迫性——没有对权力的渴望，就不可能有政治家。现如今这种欲望以一种赤裸裸的、几乎是淫秽的状态表现出来，比方说贝卢斯科尼（Berlusconi）。控制欲无疑是快感的一部分，但它更多的是被过剩所操控。问题是，性的一般形象让人觉得权力本质上是男性化的。另一方面，权力不一定就是无所不能的，它可以表现为能量的变化，可以成为吸纳和释放能量的节奏游戏。

要知道的是，对肉欲的谴责——同时出现的还有基督教将快感视为罪恶——是神灵所统治的有序世界消失导致的。性在之前的这个有序世界中十分受限，但并不是有罪的。在《忧郁的热带》（*Tristes Tropiques*）中，列维·斯特劳斯（Lévi-Strauss）描述了南比克瓦拉（Nambikwara）的夫妇。在一天结束时，大家一起吃完饭后，他们就去树丛后面做爱。不过他们去树丛后边不是为了把自己藏起来，而是为了和大家隔开。正是在这种情况下，列维·斯特劳斯谈到了幸福的笑声，也就是说一种坦然体验欲望的笑声。

阿：尽管基督教认为性是邪恶的、和罪孽相关的，但这并不是说他们就因此放弃了所有的快感。快乐在基督教中经常出现，尽管它主要是通过神秘的、和上帝共融（communion）[1]的方式，并与彼世相关。

让：没错。共融是一个基督教词语，不过在爱情用语和情色用语中也常常会有这个词：情人们在爱情中共融。这个词是巴塔耶和布朗肖在思考群体问题时争论的一个焦

1　Communion原意为领受圣体，是一个宗教词语。——译者注

点。我自己那时候也写过，人们试图回避“共融”，但其实每个人都在围着它转。人们之所以想要回避它，不仅因为它是基督教的，也因为它暗示了某种不可能性——如果共融是在一具身体中的结合，那么这个身体就会成“唯一”，也就消解了“共同”，还有必要的“相伴”，但只有它们才会让我们想到这是两个生命体。然而基督教的“共融”指的是基督徒领受圣体，意味着进入所谓神秘的耶稣的身体，并成为这具身体的一部分；与此同时，基督徒也保持了自己完整的身体，他仍是一个主体。基督的神秘躯体让人想起霍布斯（Hobbes）的《利维坦》（*Léviathan*）中一具接一具的身体组成的硕大群体。

为了估量基督教对我们快感观念的影响，可以想一想快感在非基督教文化中是什么样的，可以读一读埃及和美索不达米亚的爱情诗，还有中国的艳情诗……有一件事是肯定的：在任何地方，性都不会被视为简单的需要，它总是具有神圣的特性，尤其是在“分离”这层意义上。然而，这种神圣性似乎没有那么多的禁止和恐惧。我想到了一本伟大的小说[1]，主要讲一个男人发现公狗的阴茎插入母狗身体后还会不断膨胀，并且不能抽出来——所以人们看

1　李渔，《肉蒲团》（*La chair comme tapis de prière*），普维尔（Pauvert）出版社，1989年。

到狗在交配的时候，没办法把它们分开。于是，这个男人就将公狗的部分阴茎移植到了自己的阳物上，这个人通过给自己增加新特点来获得额外的阳刚之气。

阿：但是您提到的非基督教文本对性的描写比较自由，那我们就可以因此说它和快感的联系更密切吗？一个代表不了另外一个……

让：日本的版画也是这种情况。这些版画中的许多作品都是通过夸张的手法来描绘快感、展示性器官，有时还通过某些姿势，将其畸形地放大。这一行为往往通过一个在屏风后偷看的人物而被充分地表现出来，这就增加了一个偷窥的层面。

在古代西方，我觉得尽管性的地位很神圣，但是并没有准确的关于享受的禁忌（只消看看柏拉图的《斐多篇》就知道了）。然而基督教明确地提出了这项禁令，并让它看起来很特别——只有为了生孩子的交媾才是被允许的。有一个例外就是男人们可以为了释放（自己）而交配，因为保罗说，结婚比就地烧死要好！他并没有提到女人的享受。很久以后，人们甚至发明了在阴部有洞的睡衣，以便在做爱时不必脱掉……我所说的斗争出现了激烈的逆转：基督教的欢乐变得黑暗、邪恶……它开始害怕自己。

在基督教之外，快感也会被描述成一种颤动，这并不仅仅出现在文学中。在《斐多篇》中，柏拉图把恋人描述成“竖起羽毛，最后射精”的鸟儿……从某种程度来说，这太淫秽了！我常常在想柏拉图的这篇文章是怎么在那时候的文学中留下来的。因为在接下来的《会饮篇》中，快感就变得高尚了，成了精神化的。怎么解释这种变化呢？也许柏拉图意识到了古代文明的不足，它没有成功地重塑神圣的秩序，而是成了一个民间宗教。而苏格拉底因为不尊重城邦的诸神，所以没有陷入民间宗教中去。可能正是从柏拉图开始，精神享受与身体享受有了区别。帕斯卡（Pascal）说，柏拉图为基督教做了准备……

阿：当身体的快感被禁止或被斥责时，它就会立即被转移到其他东西上，上帝或者权力什么的。就好像不能从人身上夺走享受的欲望，它不再像是一种渴望，而是成为一种必需品……

让：正是这样。而且毫无疑问，在所有时代、所有社会都是这样的。

阿：那该如何理解这种谴责呢？您刚说过权力欲对政治的良好运转来说很重要。所以权力的快感是和人类文明相伴相生的，它是有用的。快感因而构成了人的一部分，但是好像人不能接受自己是一个享受者，好像当他知道自己在享受时还得阻止自己去享受！这不仅仅是一个道德问题，更是一个人类学问题了。

让：确实，对快感的谴责不仅仅来自道德层面。不过，也许禁令对于快感来说也是必要的。在柏拉图有关性诱惑和享受，以及在《会饮篇》中有关饮酒之乐的文章里，没有任何人谴责快感。但是人们谈论的真的是快感吗？确实是有颤动、有混乱，它们从美中绽放出来。这种阵痛不完全是海明威（Hemingway）书中提到的“小死亡”，除非这里的“小”指的是“死亡”的一种美感……

谴责的出现是为了维持道德，它要让人知道什么是恶，这种恶还要被视为一种危险。这是一种恶性循环：因为这是恶的，所以危险；因为它危险，所以是恶的。就某种程度而言，不应该从一开始就赋予饮酒之乐，而应看到美丽躯体之乐之审美价值，甚至是精神价值，因为最好要从美丽的躯体过渡到美丽的灵魂。这种过渡给了享受以意义和美德。基督教所做的则恰恰相反，它以“死后无法得到救赎的危险”的名义谴责享受，因而让享受进入了道德层面，但是这种行为仿佛正好点明了快感的核心。“过剩”这一点是快感的特性，它既迷人又危险。如果我们把快乐和欢欣从快感中分离出来，剩下的就是让人颤栗的东西了。柏拉图笔下的恋人也把握住了这种颤栗和震动。快感其实就是，一旦到达一个极端，就会以收缩和爆炸的形式发生痉挛。不过最后再说一句，人们并不能把混乱和震颤分开，也不能忽视羞耻心的界限。

对于柏拉图来说，可以从这一点深入。可以像苏格拉底一样，饮酒但不醉倒……其他人都倒下了，在桌边打鼾，只有他已经走出去干自己的活了，尽管他和其他人喝得一样多。在这个故事中，谁在享受呢？要么苏格拉底对酒没有感觉，那我们就不理解他为什么还继续喝了；要么他喜欢喝酒，这样就要理解成酒让他得到了另一种迷醉，一种没有变成堕落的精神的迷醉。

我们在这里谈到了“堕落”，它在原罪中也出现了。从柏拉图到基督教最大的变化，是快感的主体化。在基督教中，快感是在主体身上发生的，而在柏拉图那里不是这样。当然了，肯定会有某个人会被快感的力量攫住并体验它的，但这更准确地说来，他感受到的其实是一种处在“欢庆”和“快乐”之间的体验，而不是只能用第一人称来说的快感“我很享受……”，柏拉图式的恋人不会说“我很享受”，而且柏拉图并不觉得童贞有什么特别之处。然而在基督教出现之后，杜尚说他的“新娘”：“快感会让她堕落……”

阿：但如果这人自视为快感的罪人，他能这么说吗？他没这个权利啊！

让：萨德是一个“好”基督徒。如果萨德的主人公亵渎神明，那是因为他知道自己触犯了禁忌。而柏拉图式的恋人，并不知道这一点。关于主体意识和禁忌意识的同时性这一点，圣奥古斯丁（Saint Augustin）在提到“内心深处”（intimité）的时候早已思考过了。您还记得他的名句吗？“Interior intimo meo superior summo meo”，也就是说“你在我内心深处的更深处，在我峰顶的更高峰”。这句话是献给上帝的，所以也是一种感叹。《忏悔录》（*Confessions*）完完全全是“我”给上帝的献词：“我忏悔，我同你说话，过去我不知道你是谁，但如今我认识你了，当我认识你后，我会说：你在我内心深处的更深处。”

阿：《忏悔录》表明了“我”在文学中的诞生，就好像随着基督教的来临，对快感的谴责是和主体即这个无权享受的“我”同时产生的。

让：当奥古斯丁说“在我内心深处的更深处”和“我峰顶的更高峰”的时候，我们可以想到他正处在快感之中，就像这个我们刚刚谈到的被超越的主体一样。他让自己归属于上帝，同时享受自己对恶的胜利，他享受着自己的皈依和他在《忏悔录》的开头对自己的谴责，也就是说还在享受着他作为雄辩家的才华。讽刺的地方在于，他大力谴责自己，但这种懊悔于他而言正是展示自己雄辩才能的大好时机！

雄辩是一种虚荣之罪、矫饰之罪，因为它过于享受对话语的操纵。在奥古斯丁谴责自己的其他罪恶中，最重要的一条是“爱爱情甚于爱上帝”。这是一句总结基督教道德的箴言，但是我们难道在其中不能看出快感的箴言吗？“爱爱情”意味着爱的不是一个人，而是爱情本身，甚至还可以说是喜欢做爱……或者爱是乐于被创造的。

唯一值得被爱的，是上帝。如果人爱其他的什么，那它应当与上帝相关。奥古斯丁说爱他的母亲，因为她是位圣女，但自不待言的是，乱伦是绝对禁止的。

奥古斯丁要告诉我们的是什么？快感必然是一个主体的快感，而这个主体并不是快感的源头。主体所拥有的是一种“失去自我、不再存在于己身”的体验。这就是为什么奥古斯丁的箴言“Interior intimo meo（上帝比我最内在的部分更内在）”指的是内心深处和高远（supériorité）这两种方式的快感。实际上，两者都在同一个地方。因为如果我们把“内心深处”看作身体的内部（想想私密之处），那么内心深处的最里面，必然是外部了。这就是奥古斯丁的雄辩鬼才！这解释了为什么我们会因为宏伟、因为峰顶之外的高地而倾倒。这种勃勃生力（exubérance）让我想起巴塔耶把耶稣比作一座爆发的火山，就像维苏威（Vésuve）火山一样，他称之为“耶苏威”。

这两者其实都是一种狂欢的形象。不要忘记在快感的历史中反复出现的人物是狄俄尼索斯（Dionysos）——酒神节的主人公，是他带来了“高潮”这个词。在内心深处的最深处，在顶峰，人会为之倾倒。

另外，“快感”这个名词相对于动词“享乐”和主体在其中迷失的感叹句“我好享受！”来说，显得有些力量不足。主体在感叹句中会变得极其愉快，就像孩子第一次说“我”的时候，那是一种非常欣快的形式。

适用于快感的东西也同样适用于巨大的痛苦。多少个世纪以来，历经所有快乐和痛苦的人们都以同样的方式感受着这种过剩。但最大的不同是，说“它发生在某人身上”和简单地说“它发生了”是不一样的，这一点很难想象。要把快感和痛苦看作涉及整个社会的现象：要么社会群体分享这种情感，疏导它，抒发它；要么则相反，社会把这种情感交回给个体，把它埋藏在每个人的内心深处。也许在某个特定的时刻，人们会说：“是别人这样对我的！”

从利益到消费：我们可以享受一切吗？

阿：您刚刚谈到了在一个更大的整体中的“我”的位置，这个“我”不仅是其中的一部分，还远远超越了它。

这是西方人由于主体与集体的距离而会产生的一种体验。但对快感的集体重拾会把它变成一个口号，一种似乎完全脱离了快感体验的诉求。比方说我想到了1968年的时候，墙上到处都是“享乐无节制”的标语，这里涉及的集体层面就和您刚刚提到的基督教相去甚远。

让：当然不是了！和犹太教同时出现的“集体”，或者说“群体”的观念，被古代文明完全抛弃了。柏拉图对它不怎么感兴趣，亚里士多德只是稍微有点兴趣，但是那时候的“集体”仅限于政治，所以是和城邦的组织问题相关的。然而基督教一开始就建立在“群体”的概念基础之上，1968年的“五月风暴”是在很长时间之后才出现的，这场运动的爆发根源是社会性的，但它也来自大学教育与当时社会的经济技术发展之间的差距。除此之外，我认为，尤其是还有对伟大的共产主义计划的厌倦。“共产主义”是一个来自基督教的词语。从18世纪末开始，这个词开始表达一种需要，一种因基督教作为社会组织崩塌而产生的需求。基督教徒曾是一个共同体，它是很明确地在封建形式中诞生的。随后，君主制和现代国家的出现将个体分成不同等级，直到资本主义的出现将个体带入新的快感之中。这种新快感不再是“过剩”的快感，而是积累和投资的快感。这是一种不配再拥有这个名字的“快感”。

阿：为什么呢？是什么变了呢？

让：很简单。当财富被囤积起来时，它就会堆聚在被认为最有价值的人手中，并转化为光荣的精神力量。看看斯特拉斯堡大教堂，想想人数有多少吧，有多少石头被运过莱茵河，有多少工作，需要多少钱……当然，这可以看作对教会的投资，但它的摊销是无法计算的啊！

这种财富形式与用于投资的资本积累形式之间存在着巨大的差别，后者因银行和信用货币的发明而成为可能。资本主义的诞生，要多亏了遍及欧洲的伦巴第银行家。它不仅是一种经济，而且是一种生活方式。在这个社会中，生产是最重要的：生产是为了创造消费，生产得更多是为了创造更多的消费。这就是为什么曾经的奢侈品如今大量出现，并成为某种社会的行为和欲望准则（王室的荣耀并非资产阶级需要的奢侈品，而国王和共和国总统的快感也不一样……）在《判断力批判》这本书中，康德认为他那个时代的人的工作越来越多地被看成生产奢侈品，他为有如此多的人花力气和生命去生产一些只有很少人能够享受到的东西而叹惜。

阿：但难道不应该把快感和利益区分开来吗？这两者可以是对立的。

让：没错，但是如今的快感有时候会在一定程度上和利益混淆起来。在这个全新的社会中，快感一方面和利益相关，另一方面和所有物相关。这实际上是与被理解为“过剩”的快感相对立的，因为所有物给自身带来了“过剩”——以便“结束过剩”，如果可以这么说的话。“极端”的意思变了，从“旺盛”变成了“合理”。我们可以谈谈过剩的主观化，它同时消解了过剩和主体，也就是“享受”和“享受的人”。

阿：在这种情况下，人可以作为所有者享受吗？

让：在这种情况下，“所有物”不再和“过剩”保持对立，它变成了“过剩”，因此也抹去了“过剩”的意思，这就是真无限变成假无限的过程了。过剩有了一层数字化的意义，即要尽可能地拥有最大数量。在快感历史上，这是很重要的。我们这个时代是从快感的首要含义来理解它的，也就是说司法的，而不是性方面的，它不再飘在天上，也与快乐无关，而是重新回到了地面。

这对于理解“五月风暴”中“享乐无节制”这个口号是很重要的：“快感”这个词并不像我们今天理解的那样，指“狂喜”或者“狂热的性”，它指的是对物的消费，并且打上了基督教历史上一些非常重要的观念和词汇的标记。贪婪、贪心、欲念……所有这些词都指向了“恶”，快感则必然地被“节制”了。“五月风暴”试图摆脱资产阶级的吝啬之罪，而不是在指过度消费。

要知道，在1968年，严格的法律意义上的“快感”是只有法学家才会说的，而且也没有暗示无度消费的意思。因此，“享乐无节制”的口号只是简单地暗示着是社会阻止了享乐。人们认为社会通过生产和消费来奴役个体，并感到长此以往是没有出路的。对于马克思还有很多之后的人来说，共产主义被视为所有人的巨大快感，因为产品可以回到生产者的手中，这里的快感被视为消费。我在拉卡纳尔（Lakanal）文科预备班的德国老师皮埃尔·鞠官（Pierre Juquin），曾经是一位共产党员，在“五月风暴”前的七八年，他写了一首以“为所有人提供比所有更多”结尾的诗，是对共产主义的伟大赞歌。但这首诗就像某种没人相信的东西一样苟延残喘，而且特别含糊。是享乐还是消费？是阵痛还是丰裕？

阿：如果说共产主义是“所有人共享一切”的快感，那么在1968年的“五月风暴”中，提出了一种新的享乐方式，就是号召性自由。这标志着与无法享乐的一代人的决裂。

让：对。这就好像一开始的苏联战时共产主义政策一样。在先锋美学那一派，也就是画家、诗人和音乐家中，涌现了无数歌颂“自由地爱”的人，那其实和列宁（Lénine）的观念千差万别！而西欧其实早已出现了震荡，美学和道德都受到了冲击——美学实践和道德实践都变得混乱，从波德莱尔（Baudelaire）到兰波（Rimbaud）都是这样。这是一个致力于生产和消费的社会的开端，所以“享乐无节制”其实想说的是：“完全自由地享受。”它在当时主要指的是性，人们想要彻底摆脱家庭和社会活动，但不包括其他的快感。巨大的含混——性和毒品——再次出现了。

那个时候出现了一些东西，大大增加了我们社会中的成瘾现象。如今“成瘾”是精神分析和精神病学的专业词语。这个词来源于英语，但是它在拉丁语*adictum*中指的是“偏好”和“倾向”。正是从19世纪开始，随着鸦片的出现，它开始有了现代的“控制”的意思。于是，这个词就从“偏好”“意向”（tendance）转向了“依赖”（dépendance）的意思，从意向到依赖！简直可以当个口号了！于是，一切都发生了。我也曾是1968年的年轻人们中的一员，我们根本不考虑上瘾的问题。而到了如今，如果说有个问题值得思考的话，那就是为什么我们的社会成了一个前所未有的成瘾社会。成瘾是一种颠覆性的、毁灭性的快感。

阿：您不觉得这种从“意向”到“依赖”的转变是对道德，甚至是对国家的谴责导致的吗？从这种意义上来说的话，我们越是指责有害物的使用者，就越是把他变成一个不可救药的瘾君子。如今“享乐无节制”没什么意义了，因为通过伤害自己来获得的快感——比方说烟民——

被整个社会视为公敌。如今的养生和说教的话语是不是导致了依赖于“依赖”的快感的消失呢？

让：这是个好问题，它和其他难解的问题一起，指出了马克思的错误。因为他说“人只会思考能解决的问题”，除非从长期来看他是正确的……因为公共保健问题是和国家以及一整套公共保健机制同时出现的，但是被福柯称为“生命政治学”的东西，其实只是说政治的或者说行政的技术变得无比复杂，它得处理各个领域的问题，如今的世界只有一个，它是个唯一的、网状的、四处扩展的复合体。

比方说，从汽车开始衍生出了无数的问题：我们要考虑它用什么汽油，它是不是污染太大了，是不是用电动车会更好一些，它在高速上应该用什么速度，它能承载多少人，安全带是不是系好了……我知道强制要求系安全带的规定是从什么时候开始的。我以前出过一次很严重的车祸，撞断了胯骨。那时还没有这个规定，如果我当时系好了安全带，就不会这么严重了。但是那会儿很多人都反对使用安全带，它妨碍了我们自由地享受驾驶……我清楚地记得那阵子，我们开始在电影里看到人们有序地上车并系好安全带……

阿：那您是怎么看的呢？对于健康和安全的执念会成为快感的新敌人吗？

让：无论如何，这些执念会影响到我们的快感理念。但是也许快感的敌人也来自想要享受“更多更好”的东西的欲望。汽车就是这样，人们一直想要它更大、更快。然而汽车一开始的出现是因为人们想要比马儿跑得更快一些、更轻松一些。在汽车之前，出现了火车，公共交通由此开启了，那时候的想法是让更多人走得更快一些、更远一些。

阿：这也就是说，我们可以享受速度，想要走得更远和更快，不一定是和快感相悖的。

让：是的，但是享受速度的前提是拥有加速的可能。弗朗索瓦兹·萨冈（Françoise Sagan）就描绘过踩下油门、手搭在变速器上的快乐……当然，这也需要一定的财力。我感兴趣的是，为什么我们想要更快。首先是经济需求，交通工具的加速是和货品的流通挂钩的。我们可以看到资本主义的原动力，也就是希望财富能够创造出更多的财富，从而发展出为了“生产更多”而生产的活动。我们还要考虑到另一个问题，也就是消费——要想产品能够创造财富，那么它就得被消费掉。要想它被消费掉，那么它就得迎合某种需求。要想这种需求存在……就得创造需求，就像我们今天这样。

阿：所以资本主义是一种创造需求的机制？

让：而且这些需求是被回应它们的系统创造出来的。一旦进入生产系统，就没有理由不渴望面前这唾手可得的一切了。过去我们想要更多和更快的欲望是由想要航行得更远的需求引起的，当时需要尽可能大且结实的船来载货和远行。美洲因此得以被发现，而且这个过程比我们想的要早得多。路易十四时期法国的皇家工场已经是大工厂了。工厂就是工人和建筑物的大型集合体，生产巨大的缆绳什么的。现代社会的逻辑已经出现了，即劳动与生产的统一。然后就出现了蒸汽机，它是由于科学的好奇心而诞生的，很快也就创造了新的需求，因为它让船行驶得更快了。这个进程直到19世纪末，都让社会自认为“创造了一个新的美学世界”。透纳（Turner）画了很多蒸汽船，他乐此不疲地把金色的光芒和船上升起的烟雾混合在一起。但是一点一点地，现代社会似乎对享受自己感到厌烦了……

阿：您觉得快感这个概念如今没有意义了吗？

让：我认为这只对那些能够从正确角度看待利益的人有意义，也就是那些在大量积累财富的同时，还能保持资本主义的积极进取的精神的人，他们在攒钱的同时继续冒险，计算利润。其中有些人真的是这方面的天才，比方说比尔·盖茨（Bill Gates）。但是金融技术的发展是和中产阶级的诞生同时出现的，这让人很难去想到什么伟大的阶级斗争。与之相反的是，一方面出现了无数依靠可怜巴巴的积蓄勉强度日的中产阶级，另一方面还有一些更有余力的、可以把积蓄投入股市的人。这就是人们所说的市场的开端，它从此被一些大型的金融和经济组织操控着。

阿：这正是新快感，如冒险、挑战、速度等的发生地。

让：就是这样！对于那些处在积累和风险的最顶端的人来说，情况就是如此。我很肯定谷歌有很多团队会对自己正在做的事情感到自豪和幸福。电子游戏也是这样，这如今已是一个非常重要的市场了。当我第一次接触到电子游戏的时候，我的小儿子还非常小，我迫不及待地把他带到电脑前教他玩。现在我会想，他对电子游戏的依赖，我是不是应该负责。因为对于某些人来说，电子游戏是一种社会弊病。但这并不是普遍适用的准则，再说一次，玩耍和享受，这两个词没有任何关系……尽管它们总是相伴相生的。不过谋利的快感是不会找乐子的，它身处对满足的焦虑之中，已经上瘾了。

阿：但是电子游戏产业真的应当对此负责吗？在它出现之前，就已经有很多种把自己封闭在虚拟世界中的方式了。您所痛惜的局面也许不是社会发展所带来的，而是人类的常态。对玩耍的需求也是一种必要性，有时候要远离现实，或者创造另一个现实。

让：的确，不过也许到了今天，要把自己封闭在另一个世界里要更容易一些了。我感觉，自从1968年“五月风暴”以来，很多年轻人都不想走入社会，都试图逃离社会。

阿：也许是因为社会不再是一个能让人得到快感的地方，或者可以说是对一般意义上的快感的厌倦，这种观点似乎与批评“对非快感的东西丧失兴趣”的论调有点相悖。

让：大部分的精神分析学家都说，我们处在一个快感社会中，他们喜欢称之为“自恋的社会”。我不得不承认，在我看来，上瘾标志着快感更加具有破坏性了。烟草、酒精、电子游戏和“证券”游戏都激发了一系列的行为，其中已经没有创造性的快感了。大概是在20年前或30年前，你还可以通过从事哲学或者音乐而感到有所作为。从20世纪70年代直到80年代初，社会都自认为取得了很大的进步，人们甚至认为在“进步”这个观念上，我们都已经取得了很大的进步！人们相信自己所做的一切可以改变生活，至少能够改变社会。“改变生活”也是1968年的一个标语，想要改变的欲望是很明确地和想要更多的快感同时发展的，而这个“更多”的意思是表示更精致、更细腻、更振奋人心。

这也就是说，我很不信任那些迫不及待地说“看电视意味着自我封闭”的精神分析学家。上次我在一个访谈中称赞手机的时候，别人以为我疯了！我们的文明确实有不足之处，但这种不足并非快感的过剩，而是快感的缺乏。

阿：过去也经常这样。

让：不同的是，今天的我们不知道该去向哪里。如今谁能够承担过去由宗教、政治和科技所扮演的角色呢？我们缺乏动力，美学领域也是这样。

阿：这样吗？但是您看看法国和世界上的电影行业，从来没有这么发达过！漫画也发展得很好，至于现代艺术、音乐和文学则要复杂一些，因为在评判一个作家是否有才华之前，需要一代人的时间。

让：您抓住了问题的要害——我们很难从“未来有可能变得积极”这个角度来思考现在。在20世纪50年代和60年代，还有一个现在已经不怎么用的词“瞻望”。这甚至曾是一本期刊的名字！我想到了伯特兰·德·茹弗内尔（Bertrand de Jouvenel）和泰亚尔·德·夏尔丹（Teilhard de Chardin）……在他们的观点中，我们可以看到某种天真……这里的“天真”曾是一种仍然相信理想的方式。

您觉得说“当下和当代的美学产物是失败的”这种论调太随意了一些，我很赞同。即使是在电子游戏中，也一定会有某种我深信不疑的价值和创造性。20年来，电影确实改变了我们和世界的关系，它不再——至少很少——展示美梦和传奇，而是开始呈现充满魅力的现实。

为什么“快感”这个词会变得“声名狼藉”？也许是因为快感成了“自恋”“自满”的近义词。

阿：也许是因为我们很难从当下、即时性和自发性这些角度来思考快感问题，而且批评当代，总比赞美它容易得多。

让：我们很难去思考现在，也就是当下所发生的一切。然而快感正需要对于当下的关注，它隐匿在当下之物身后，同时保留了开放性。很多哲学家都思考过“当下”的问题：克尔凯郭尔（Kierkegaard）和尼采试图深化它。克尔凯郭尔从“绝对”来思考“瞬间”，而尼采从“永恒的回归”和“我爱你啊，永恒”的角度来思考这个问题。这两种想法都是对伟大的“历史成就观”的冲击，也是一种鞭策，人们总是会回到这种鞭策上。福柯、德勒兹（Deleuze）、德里达和拉康都带着同样的难题，以及各自的发现和各自的享受方式，试着思考过“当下”。

我们应当通过人们的行动和行为方式来把握人们的“当下观”，正是它们塑造了社会。我在想，我们究竟有没有成功掌握资本主义的主导思想，是它导致了全球性的文明改观。为什么西方社会会在特定时刻转向了鼓吹商品的一般等价性的思想？如果我们掌握了这一点，我们就可以更好地面对当下，而不是觉得自己被关在一个不停转啊转的机器里……这其实是一种“掌控”的幻想。要学会享受“放弃掌控”的感觉——对当下的思考要求我们做到这一点。对当下的关注应当是一种没有忧虑的紧张状态，一种不带贪欲的渴望……

阿：这难道不是和性格有关吗？加缪在《阿尔及利亚的夏天》（*L'Eté à Alger*）中写道：“要成为一个享受者，需要罕见的天分。”另外在哲学中，我们常常低估了性格和脾气的影响。从“人类存在的荒诞”中可以催生出喜剧（伍迪·艾伦，Woody Allen），也可以衍生出悲剧（卡夫卡，Kafka）。

让：我是第一个认为人们低估了这个问题的人。很长时间以来，我都是个坚定的乐观主义者，有时候甚至为此挨批评。但在遭遇了那么多丑恶的现实之后，我今天不能再说同样的话了。想想快感的反面吧，或者无论如何已经朝着彻底相反的道路前进的事情——发达国家贫困人口的激增，更不用说其他地方了——吧；或者是世界上的战乱四起。当然了，穷人和富人之间的差距是一直都存在的，但是之前，穷人埋着头一声不吭，想着领主比他拥有得多是正常的。然而到了今天，所有人看到企业老板们那么有钱都会忿忿不平。于是为了解决这些问题，我们创造了法律，还做了很多政治上的滑稽动作，但是没有任何方式能够真正地阻止老板们继续越挣越多，而其他人越来越穷。

您有没有注意到社会很喜欢揭发自己？我在其中看到了一种有点反常的快感。只要随便打开一本杂志、随便听或者看哪个“社会”节目：我们攻击老生常谈的论调，指责游客穿着短裤在圣母院前打电话的行为，说那是一种绝对的邪恶……关于这一点，我认为我们哲学家有责任点明所发生的一切。我们不能仅仅只是说：“你们弄错啦！享受当下吧！一切都会好起来的！”要点明就要有光，要点亮光，需要的不是某种能量，而是“要有光！”（*fiat lux !*）的艺术。这种艺术和您刚谈到的“性格”息息相关，它可以表现为一种语调、一种方式，甚至是一个口头禅……并不止有一种光。

阿：但是，很少会有哲学家直接谈论快感。

让：这确实让人挺惊讶的。我列举几个吧。海德格尔在《阿那克西曼德之箴言》（*La Parole d'Anaximandre*）中提到了他对当下的思考，其中就强调了快感，至少是欢庆的价值，在他的作品中相当少见了。黑格尔在结束他的整个体系时谈到“自在自为的永恒理念变得活跃，作为‘绝对精神’永恒地生发和享受自我”。德里达会说：“每当‘快感’出现的时候……就会存在‘毁灭’。”

关于哲学家对快感的讨论当然不只有这些［要更完整一些

的话，还要谈到列维纳斯（Levinas）、马里翁（Marion）等其他人。不过快感的“特点”——如果可以这样说的话——仍然是悬而未决的]。但哲学确实好像在快感面前停下了——这有两个特别不同的原因：首先是在思考“满足”“充实”的问题时，很难不暴露在对“无限”的沉重和忘却中（这一点上，萨特、列维纳斯、德勒兹和拉康都有一个——只有这一个——共同之处）。其次是因为无法形成一个概念来命名一种迸发出来的、去往他处的东西——这种他处比意识、自我、身体本身和世界要更难以捉摸。它也并不在彼世，它就好好地在这里，但是它逃匿着、流动着、消散着。然而快感打开的——并在自身关闭的——正是这种他处。我们需要脱离概念来思考……

因为这种限制而出现的一个变体是：出于对痛苦的恐惧而去抵抗这种逃逸。可以读一读康德，他在《人类学》的第61段中写道：“感受生活，体验快感，无非是感到自己不断地被推离现在的状态（每次都会带来痛苦的回归）。”

您刚提到了加缪对享受者的赞美。我们通常说的“享受者”指的是喜欢囤积的人、贪婪的人，但加缪想到的却是有能力感受快感的人。

是限制还是抵抗？享受是一种很难想象、很难言说——甚至是很难体验到——的东西。享受是无法评价的，它是一种感受生活的方式。

恶毒

阿代尔·范·雷斯—米歇尔·福塞尔

开场白

阿："恶毒"这个词在现代话语体系中似乎消失了，我们更愿意简单地说一个残忍的、变态的、暴虐的人"坏"……

米歇尔·福塞尔[1]：从语义上来看，"恶毒"的命运或多或少地和"善良"差不多。当我们说一个人很善良的时候，一般多少带点嘲弄的口吻，暗示着这个人有点天真和愚蠢。同样地，"坏"这个词现在也有了那么一点嘲讽的意思。"坏！"是一种很温和的指责，仿佛面前的这个人还不是完完全全地邪恶……

这种情况是很多种原因造成的。首先，我们越来越难以从道德上评判个体的行为了。根据心理学或法律标准对他们进行定义要更容易一些，因为有所谓的客观标准和条约。相反，要想对行为进行道德评判，就需要一个与"恶"相对的外部地位。称某人"恶毒"，就意味着对立面的人是无辜的，或者至少是站在"善"这边的。现在进行道德定性越来越难了，因为我们不再拥有足够有说服力的、坚固的、像宗教那样的道德准则了，恶已经不再那么明显了。

1 以下简称"米"。——译者注

另一方面来说，说某人恶毒——或者说谈论恶毒——那是对个体的性格，而不是简单地对当时的行为进行评价。恶毒不是“意图”“欲望”或“行为”的特征，恶毒是把人视作一个整体，每个动作都是一种特别的表达。

恶毒，就是已经形成了“恶”的习惯。我们打破的不是“性格”，而是“道德性格”的观念。如今我们更愿意说某个个体的“危险性”，也就是由精神病学家或者犯罪学家来判断和界定的危险。这种准则既是医学式的，也是社会性的，说是这样可以定义一个人会如何对整个社会造成危害。与之相反的是，恶毒并不属于法律法规的范畴，它是一种道德属性，从定义上来说，超越了所有的可鉴定、可量化的范围。恶毒方面的专家，正是神父，如果可以这么说的话。然而这种人物形象的力量在社会上已经被削弱了。我们没有理由对此抱怨，但也没有理由为医生取代了神父而欢欣鼓舞……

我认为要以一种比较平衡的方式来解释“恶毒”这个词的边缘化。如果从这个方面来看的话，它是一件好事：我们越来越不会言之凿凿地从道德上去定义一个个体，因为这种做法从某种意义上而言，就是把他禁锢在他的恶毒里。然而，用“变态”或“危险性”这种术语来取代这个道德术语，也没有什么好处。用医学术语来替代道德术语，不一定是种胜利。从另一方面看，“恶毒”这个概念已经失去了它的深度，通过对这个词的语义消解和语言抹杀，恶的问题被掩盖了。

这让我们想到了哲学的历史，因为有些哲学学说，包括很古老的一些，都很肯定地认为恶毒是不存在的。我们这些现代人，并不是第一批不相信人的意志中有什么深层的负面东西的人。

阿：我们试着定义一下您刚提到的一些术语，以更好地把握“恶毒”的特殊性。是什么把“坏的行为”同“暴虐和残忍的行为”区分开呢？

米：违法或犯罪行为并不是靠动机来评判的，而是要看它触犯了哪条既定的法律，这意味着具体罪行（比方说谋杀）和刑法典之间的交锋。而变态或暴虐的行为指的是一系列心理决定，这些决定当然表现在行为中，但首先是决定了欲望的形式。法官惩罚行为，临床精神分析学家批评冲动，这两种情况下我们都会进行评价，但不做道德判断。

恶毒是这两种评判方式的综合：说一个人“恶毒”，是从行为到意图，再从意图到性格。同时，恶毒也是主体背后的内在性的一个构成要素。跟揭露一个秘密差不多，我突然意识到我身边的一个人是恶毒的……

从行为到意图，再从意图到性格，这当然比根据法条来评判一种行为，或者通过医学法则来诊断心理结构要冒险得多。首先，因为我们不知道这个人是根据什么意图行事的。我们只能对他的深层动机进行调查、推论和猜想，另外还要假设这个人清楚地知道自己的行为意图。

而且就算我们知道了这种意图，也就是他的行动是“为了什么”或者说他的目的，我们还要以某种方式来区分好的意图和坏的意图。然而，现代社会已经不知道按照什么标准来区分了。我们不再认为“善”和信仰有关，而“恶”和罪孽有关，所以我们不得不依赖于理性和内在的标准，它们考虑到了道德风俗的多样性。这就是为什么帕斯卡（Pascal）会说，审判的定义在比利牛斯山脉的两边就大相径庭。

由于“恶毒”是一个结合了道德和人类学的复杂概念，因此它部分地被抛弃了。我想在哲学中也是这样。恶毒暗示存在着一系列的道德预设，关于自由、性格、罪恶、错误等。我们将不得不试着整理所有这些层面，它们是指对人性的定义，而不是简单的道德判断。当代社会（包括哲学家们）可能并没有准备好去接受这样的关于人性的定论。

阿：所以恶毒的起源是矛盾的。一方面，它与道德关系密切，以便区分善恶——还要假设恶人是那种可以行善但是选择了恶的。但从另一方面来看，恶毒被视为某种性格的表现，而性格又被看成是由生物性或者社会性决定的。这两种假说是对立的……

米：现代的“性格”概念从19世纪的性格学开始，随着遗传学的发展，变得越来越科学化和决定论了。那么说“恶毒的性格”当然就是一种悖论了，可以有偏执的性格、狂妄的性格、贪婪的或者野心勃勃的性格，这一系列心理学或者社会学的定义都和某种东西相关。它让我们觉得，如果这是一种性格，那么它就是与生俱来的，或者至少是被童年的或最初的社会环境所塑造的。

但是性格的概念要比这久远得多，至少它是要和一个古希腊概念“êthos”有关的。它指的是个体的存在方式，通过行为呈现出来，表现了个体的习惯和伦理情操。这里的关键概念是“habitus”。这种意义上的性格是意志的一种习惯，正如某个人掌握了一门新技术的时候，我们会说他“习惯成自然”。这当然是在经验中获得的习惯，但主体对它不再行使任何真正的自由。我不可能先验地和我的性格分开，因为它已经成为我的社会性的一部分，也是我已经内化的行为方式的一部分。在古希腊时期，人们就已经发现了高尚的品格是良好行为的前提条件。个体的倾向只有通过习惯得到实践后才会成为道德，也就是仿佛已经将良好的行为内化成了第二天性。

阿：所以性格既和天生倾向有关，也和后天习得有关。

米：道德品格是人选择的偏好，这一点是至关重要的。换句话说，每当一个坏人做坏事，因而产生坏的结果，都是在强化他的性格，也就是对恶习的偏好。“habitus”是一种灵魂的偏好，它在于重复同样的推理，产生同样的思考。因此，一个人越是做坏事，就会越坏。

比方说，恶行的习惯可以表现为吝啬。如果说吝啬是一种恶习，那么不仅仅是因为它是一种“守财”的毛病，还因为它激发了很多糟糕的行为：拒绝帮助他人，不肯乐善好施……吝啬是一种典型的社会恶习，吝啬鬼不断地去这样做，吝啬就成了第二天性。以至于我们最终忘记了吝啬鬼是在对“什么是公正和有价值的生活”进行了若干次选择之后才变成这样的。所以，性格其实是对“什么是好的生活”的判断导致的，吝啬鬼的“幸福生活”是建立在财富积攒和堆聚之上的，甚至为了自己的利益而剥削他人。悖论就是，这种最初的选择最终成了他的身份。

这就是为什么很难去说一个人恶毒：首先，这样可能过于草率地把行为都归结于性格了。这是一个传统的哲学问题，也就是说不要把表象归结于本质。其次，这是暗示一个人的先天倾向和后天品性可以综合。因此，我们需要对恶毒的根源进行哲学思考。我们会看到，最终我们总是要面对恶的根源问题。这种为了恶而选择恶的问题，它既不能用性格或偏好来解释，更不能用遗传学来解释。

阿：这可能解释了为什么哲学家们常常从“恶毒”这个问题出发，提出性格问题。

米：没错，在《理想国》(*République*) 结尾的埃尔神话中，柏拉图就说灵魂在来到人世之前，就已经选择了一种好的或者坏的生活方式。在这个重要选择的基础上，随之而来的是灵魂在人世的一系列行为，因此就出现了两种完全矛盾的意义体系：一方面是自由（灵魂可以选择自己想要的生活方式），另一方面是命运（个体只能按照他之前的选择来行事）。性格正是处在自由和必须之间。“我”之所以这样，是之前的一个决定导致的，但我好像已经没有能力回去了，好像我必须重复最初做出的某种生活选择。

埃尔神话是柏拉图想象的，是为了让人更多地意识到“恶毒”而不是“仁慈”的存在。对于哲学来说，恶人是一个值得指责的形象：尽管善更为优越，但他还是要坚持恶，他违逆了理性的权威。为了解释恶人的存在，柏拉图想象着是因为有些灵魂在做了一个糟糕的选择之后，就无力摆脱这种命运了，他一旦选择了一次恶之后，就会一直选择恶。我们在“万事开头难”这个句子里能看到这种流行理念的影子。比方说人一旦选择了自私或残忍，一旦避开了善的吸引，恶毒就会成为一种性格，一种习惯性的倾向。

叔本华（Schopenhauer）对这个主题有过非常精彩的分析。他经常从引发哗然的问题出发：“应当如何解释这个世界上有那么多的残忍行为呢？其中有一些还是完全无动机的？”“如何理解，”就像叔本华写的那样，“有些人杀人只是为了获取尸油来擦皮鞋？”

对于叔本华来说，恶毒是人类最普遍的特征，尽管它有时候可以被怜悯所抵消。这是因为驱动人（和所有事物）的是“贪得无厌”这种意志。它不满足于身体、空间和时间的限制，总之，不满足于一切个体化的东西的限制。人类始终在追求欲望，这导致他想要他人的不幸，也就是说通过施加给他人的痛苦，来证明自己力量的强大。重要的是，这里的恶毒具备了命运的特性，它不是为了某种特定行为的特别选择，而是不受控制的意志的自发倾向。

恶毒有一种重复的不可阻挡的东西，这让它在文学中成了绝佳的人物主题。当我们说某人有性格的时候，一般想到的会是一种糟糕的性格……就好像不顾及他人的习惯是最容易养成的。我们甚至会绝望地不知道某个个体从什么时候和为什么开始对别人行恶。相反地，仁慈有一种突然发生的意味，它在各种宗教中，总是以皈依的形式被表现出来：一种全新的重塑道德习惯和让人洗心革面的行为。恶毒是有惯性的，而仁慈却要主动创造。

我们可以故意成为坏人吗？

阿：恶毒意味着存在先于行动的意图：根据邪恶意图行动的人是坏人。扬科列维奇（Jankélévitch）在他的著作《无辜与恶毒》（*L'Innocence et la Méchanceté*）中就区分了“是”（是坏人）和“做”（做坏事）。关于恶毒的思考要考虑到人的本质——如果人有本质的话——以及人所做的事。换句话说，只要想作恶就是坏人了吗？这无疑是一个哲学问题。

米：没错，这个问题是想知道“我是”和“我做”之间是否有必然的联系。最简单的方案就是根据已被证实的东西来判断。司法程序就是这样，它会尽可能地把被告人的良心深度放到一边，而根据事实说话。

道德哲学不会接受这种对行为的极其客观和表面化的描述。这就是为什么关于恶毒的问题一下子就和哲学一起出现了，而不是仅仅局限在伦理学中。柏拉图的哲学理论通过苏格拉底之口，提出了这样一个宏大的问题：“我们可以故意成为坏人吗？”

在引用苏格拉底的回答之前，首先要知道为什么这个问题会和哲学同时出现。这让我们回到您说过的，在形而上学中，尤其是在柏拉图那里，存在是趋向善的。柏拉图告诉我们，最高尚的观念也就是一切观念的源头，是善。形而上学和柏拉图哲学在很大程度上是反对悲剧的，也就是反对邪恶的神，反对“存在”有可能是消极的，换句话说是冰冷无情的、与人敌对的。这就是为什么在《理想国》中——柏拉图在这个对话中提出了正义的理想城邦的基础——他说要驱逐这个城邦的悲剧诗人，也就是荷马、埃斯库罗斯（Eschyle）、索福克勒斯（Sophocle）等悲剧演员被视为将恶引入神性和存在的人，于是他们就成为哲学的绝佳抗辩者，甚至尤甚于诡辩派。因为说“存在”是“邪恶”的，这就意味着恶是现实的本质，悲剧因此违逆了对智慧的爱。

为什么哲学如此激烈地反对这个观点呢？因为如果上帝是邪恶的，或者说诸神是邪恶的，如果存在是糟糕的，那么理性就无法把握上帝，也就不能真正地谈论上帝或事物。我们就会因此陷入悲剧诗歌之中，也就是说陷入哀叹、抱怨之中，从而导致正义者的痛苦和恶人的胜利。相反的是，柏拉图和亚里士多德一致认为，诸神不会“嫉妒”，他们愿意与人类分享他们所拥有的知识和一切东西。如果他们舍不得分享这种知识，那么任何哲学话语都是不可能存在的。

从苏格拉底的对话到亚里士多德，再到斯多葛派，“我们可以故意成为坏人吗？”这个问题有着很长的历史。所以，这不仅是一个思考人类是否可以自由选择变得邪恶的道德问题，而且是形而上学的重要追问：人的性格是天生恶毒的吗？我们可以把邪恶和本性混为一谈吗？

我们可以预料到，苏格拉底和很多人的回答都会是否定的：“人不能故意成为坏人，不能为了恶而选择恶，否则就会意味着恶是真实存在的。”说坏人故意选择恶，这就是把它置于和智慧相同的地位，并赋予恶可取之处。如果恶是现实的，它就会成为善的客观对立面，就需要一个与之相对应的理念。柏拉图不能接受恶中的存在与善中的存在一样多，这个结论对于像苏格拉底这样的理智派的哲学家来说是根本无法想象的。对于他们来说，存在和善是一致的，而恶只能被视为：本质，真正的存在和在道德和形而上学上积极的东西，即“善”的短暂的挫败、转向和疏忽。

阿：确实，苏格拉底在《泰阿泰德篇》（*Théétète*）中说过，“没有什么是故意或者‘自愿地’成为恶的”。这是翻译过来的。应该指出的是，“恶”这个词虽然指的是意图邪恶的行为，但也有一个比较弱的含义。从词源学上来看，“恶”首先指的是“méchoit”，即不凑巧的，也就是说

“运气不好的”。推而广之，它可能意味着在错误的时间或以错误的方式出现的东西：我们说一件衣服“恶”，其实是说它不合适，就像苏格拉底称腐败或变态的习惯是“恶”一样，这大大削弱了这个词的道德意义。

另外，如果我们沿着这个“没有什么是故意成为恶的”观念追溯下去，那么就是说只要知道什么是善，就不会作恶了。这种知识分子的乐观主义在当今很难不受怀疑。

米：这样通过苏格拉底（或者说柏拉图作品中的苏格拉底）之口表述的哲学是乐观的，因为它是理智主义的。救赎来自认知，正如“德尔斐神谕”中说的那样：“认识你自己。”它的关键在于实践而非理论。一直以来的观点都认为，智慧得到良好启蒙可以引起意志的巨大转向。这就是说，如果我的智慧或我的理性向我指出了善——或者正义之所在——我很难不追随它。所以，在存在和人类的深处有着对善的倾向，这意味着恶不过是“不知善”。所以，恶人首先是（任何人都是）一个在寻找善但无法认出善的无知者。

这并不是说不存在邪恶的行为。在希腊人，包括柏拉图和亚里士多德的哲学中，“恶”的伟大的守护者形象是暴君。在柏拉图的解读中，暴君是反对理性，因此也反对自己的人。这是因为他偏爱恶吗？是因为他对恶有着真正的迷恋和欲望吗？就像加缪的《卡里古拉》（*Caligula*）一样吗？要知道，这部剧中的卡里古拉和古罗马的卡里古拉完全不同。因为在古希腊和古罗马的解读中——不管怎么说，那时候罗马还没有基督教化，暴君首先迫害的是自己，他因自己的盲目而受害。他渴望善，但他混淆了善和幸福，以及幸福和他自己的享受。这就像一个技艺不精的弓箭手，他知道如何瞄准靶子，但在射箭的时候，也就是说在行动的时候，他失手了。所以，问题不在于暴君的意图是否邪恶，而在于他混淆了一般意义上的善和他自己的即时享受。

另外，柏拉图认为暴君不仅仅是一个政治上的称谓，当“我”看不到真正的幸福是在智慧和认知之中时，我也可以成为自己的暴君。在寻找幸福的时候，“我”完完全全地弄错了目标，“我”努力满足我的感官欲望或者财富欲望，而不是维持我的本质欲望（但我并不知道），也就是对真理的欲望。暴君最根本的特征在于孤独：他无法掌控自己和他人，他是自己的激情的奴隶，他的恶毒来自误判。

因此，柏拉图所构想的哲学目的在于，让欲望朝着最高尚的东西——真理，重新锚定方向。在这种意义上，哲学有一种重要的道德功能：它让我们知道不存在本质的恶毒，如果我们都能够真正地、理性地追随我们的灵魂，那么我们就能够成为哲学家和正义者。这当然不是说所有人都能够成为哲学家，这也是一个贵族化的论题了……

对于希腊人来说最根本的一点就是，人不会故意作恶。因为如果有恶魔般的人，那也就是说为了恶而选择恶的人，他不会根据眼前的利益行事，那么摆在哲学家面前的，就是一个无法战胜的彻底的对手了。一个极度堕落的人不会接受哲学的先决条件，即选择有利于理性，也就是善的东西。

换句话说，在柏拉图哲学（也许是任意一种哲学）的基础上有一种预期理由，也就是说：人类寻找真和善是自然而然的，是哲学把我们带上通往它们的道路。“所有人都在寻找幸福”和“所有人都在寻找真理”这两句话有相似之处。亚里士多德在《形而上学》（*Métaphysique*）中的第一句话就精彩地阐述了这一点：“每一个人在本性上都想求知。”如果我们接受这一点，就会赋予哲学以权利和责任来指引这种渴望，以避免人类失手脱靶。真和善（以幸福的形式）是相关的。人对它们的寻求是自然而然的。如果人没有得到它们，就是因为找错了方向，是因为他们把幸福置于错误的东西之上，以至于有了错误的行动。我们在这里看不到基督教的那种“人类本性因原罪而堕落”的理念，希腊哲学家们完全不会接受这种观点。对他们来说，所有的自然（人类或宇宙）在本质上都是好的。

阿：但是这个在哲学上对思考恶毒问题至关重要的观点，难道从历史的角度来看，不是有些过时吗？声称善的存在，以及坚持哲学对于引导人趋向善的必要性，这只能在一个没有恶魔存在且人们彼此信任的社会中才会发生。对于苏格拉底而言，恶并不存在，而且只有在这种前提下，他才能主张人渴望善。所以，这不仅是一种“前基督教”的观念，也就是说没有根本的恶，也就没有原罪的存在，而且还有点“前灾难主义”。您刚用“永远孤独的暴君”来举过例子，恶毒不在对他人的恶之中，归根结底，它只是在伤害自己的欲望或意志之中。

米：首先，恶（正如善一样）在古希腊人那里，并不只有道德意味；“美德”这个词对他们而言意义十分广泛。“美德”是“卓越”的近义词。一个人如果可以实现他存在的目的，就是有德行的。比方说，锤子的美德就在于可以敲下钉子，所以如果它坏了，就要修复它。更准确地说，对于希腊人而言，哲学是治疗灵魂的手段。错误、恶毒和暴政不是意志的偏差，而是理性的偏差，而且只有哲学才能够重新指引我们的本性欲望朝着合适的目标前进。

另外一个观点就是——它始终没有脱离西方观念：恶毒和不幸息息相关。作恶的人——再一次援引古希腊人的观点，确实有些个体是会作恶的——他首先是对自己作恶，导致自己的不幸。这里要指出的是，在“恶”这个概念中，有“错误”“不公”，还有“痛苦”的意思。

因此，为了劝导暴君不要再做暴君，或者享乐主义者不要再做享乐主义者，苏格拉底或柏拉图式的做法就是向这个人展示：在他寻找他所理解的善的时候，他恰好悖论式地导致自己的不幸。最有名的论证就是，暴君无法完全满足自己的欲望，因为他梦想着对他人拥有完全的权力。这样，从一种权力到另一种权力，他就陷入了永远无法满足的无度（希腊语是hubris）之中。这就像达那伊得斯（Danaïdes）的酒桶：人们越是往桶里倒酒、越是满足自己的欲望，欲望就会越发增加。

因此，这个策略告诉人们：从每个寻找幸福的人为自己设定的目标来看，不作恶，或者不痴迷权力并不仅仅是一种责任，也是一种必需。

显而易见，这是假设“存在”和“善良”、“幸福”和“美好”相互依存。而这因为犹太-基督教中的一个对于希腊人来说难以想象的约伯（Job）这个人物而被打破了。他品行高尚，但从个人的幸福而言，他没有得到什么回报，而是忍受了非常不公正的待遇。柏拉图哲学是为了避免我们受到坏榜样的影响，就此来看，受苦的正义者或未受惩罚的恶人都是虚幻的人物，他们并不足以质疑世界的美好。

根据这个观点，犯下不公比忍受不公要更糟糕。在第一种情况下，人已经堕落了，而在第二种情况下，他继续在一个暂时的不怀好意的世界中坚持自己的美德。

所以我认为，在基督教出现之前，“恶毒是一个简单的弱点”这个观念是绝对占主要地位的。因为从道德的角度来看，这种观念具有不可否认的意义。在当代精神分析哲学中还可以找到关于意志的弱点的表述，我们举几个例子。坏人，就是一直在享乐、私通、为了自己的利益而利用他人的人。他们为什么这么做，又是怎么做的呢？我们可以解释说，他们只是犯了错误，而不是他们的意图在本质上就是坏的、邪恶的。这种心理机制很容易证明。我知道从理论上来说偷东西是不好的，但是在特殊情况下也是有情可原的……恶毒于是只是推理中的一个错误：我没有把普遍的“好”用于特殊的“好”。我知道推理的大前提是什么（“偷东西是不好的”），但我认为我的行为（我偷了一个苹果，因为我饿）并不属于这个大前提，所以不应被视为一个坏人。

所以我们可以说，犯错的人只是违背了普遍原则，并且想着：“我认为每一种享受都是一种善，这就是我的生活原则。”如果我的享受来自残忍，来自让别人受苦，来自支配别人，那么我作恶就只是因为错误，因为我的错误是相信每种享受都是善。但是理智主义哲学家会告诉我们，在善之中，所有的享受相互并不等同，善并不是享受，善比感官享受高得多。

在这两种情况下，我们都会看到苏格拉底的观点，也就是人是因为无知才作恶的。但是，这种“没有人故意作恶”的论调在历史上（甚至在基督教开始之前）逐渐变弱的原因是，它没有说清楚一种通常与恶毒相关的现象：累犯。如何对待那些持续作恶的人？尽管这种作恶会给他们自己带来不幸，尽管已经有人向他们解释过，甚至展示过，他们是由于理性的错误而偏离了自己的目标。这种累犯，或对恶的顽念，是坚持人性本善的形而上学乐观主义的悲剧性反例。

我们都是坏人吗?

阿：苏格拉底这种“没有人会故意作恶”的观点很快就表现出了它的局限性，如果恶毒是由误判或者是推论的失误所导致的，那么在这种情况下，恶毒就不再是一个问题了——作恶也不是什么很严重的事情，因为很容易就可以纠正，尤其是，作恶的人对自己的伤害比对别人的伤害要更大。问题是，这样我们就无法思考“为了恶而作恶”这个观点了，也无法解释人对他者的破坏性态度。然而恰恰是因为这些行为的存在，它们危及了哲学思考和反思的力量，才揭示了哲学直面“邪恶”和“恶毒”问题的必要性。1961年，汉娜·阿伦特（Hannah Arendt）为《纽约客》（*New Yorker*）报道的纳粹战犯阿道夫·艾希曼（Adolf Eichmann）的审判就展示了这一点。阿道夫·艾希曼因为参与屠杀了成千上万的犹太人而被提起诉讼。当问及他的行为动机时，他无法回答。这种恶的程度让我们觉得苏格拉底的“推理错误”论调显得十分无力，并让我们反思恶毒的本体论现实。

米：关于艾希曼，阿伦特曾提出了一个引起轩然大波的观点，而且在我看来，它有可能导致人们错误地转向苏格拉底的观念。那就是著名的“平庸之恶”。在艾希曼受审时，汉娜·阿伦特在耶路撒冷进行了报道，当时的背景是非常犹太－基督教式的，人们期待着在现场看到一个“罪恶的化身”（如果可以这么说的话）。阿伦特解释说，出现的并不是一个魔鬼，而是一个非常普通的人，一个二等官员，精神没有任何错乱，他诚实地承认了自己犯下的罪行，甚至愿意为此承担责任。但也有矛盾的地方，就是在灭绝犹太人这个方面，艾希曼似乎在逃避责任，与其说他是在弱化自己当时的罪行，还不如说是他在力图减轻自己在这个方面的重要性。正是在这里出现了“平庸之恶”的概念。这引起大众哗然，不仅仅是因为它似乎弱化了艾希曼的罪恶程度（据此而指责阿伦特也是很不合理的），还因为它让恶毒变得没那么浪漫主义了，要我说的话，没那么特别了。

如果说恶是平庸的，那么这就意味着人一直都有作恶的可能。犯罪不再是“为了恶而作恶”“为了毁灭而毁灭”的意图问题，而是成了意志力和精神的先天不足。是因为根本没有判断力，或者如阿伦特所说，是一种极度的愚蠢，如果我们所说的“愚蠢”指的是没有能力看到现实，没有能力与我们周围的人（这里指的是种族灭绝的受害者们）建立起人性和同情的关系的话。这种愚蠢是不道德的，尽管它不是妖魔化的，但它意味着那些人只通过职责标准和所接收的命令来看待这个世界。在极端情况下，正如艾希曼一样，这种态度会让人们无法把握自己的犯罪行为。这是想法和判断的一种错乱：大规模犯罪者无法想象受害者们的痛苦，他已经把他们变成了无名的物体。

为了解释这一点，阿伦特提出了一个精妙的见解：她没有说“推理的错误”，而是说“想象的无能”（在她眼里，想象力是一种美德）。坏人是那种满足于执行命令的人，就像艾希曼一直坚持说，他不知道自己那些公文案卷和因他的命令而受苦受难的血肉之躯有什么关系。由于缺乏想象力，他失去了和感性世界的所有联系。

所以，平庸之恶并不仅仅象征着苏格拉底那种把恶视为错误或者卑贱的观念，而是揭露了一种更令人担心的恶毒的形象。当我们停止判断和想象我们行为的感性意义之后，恶可以占据我们每一个人。那是一种官僚主义的“无意识”“不敏感”的形象。而苏格拉底很难想到这一点，因为这从本质上是和现代，也就是当代形势，以及政治与国家联系在一起的。

阿：阿伦特认为艾希曼没有任何的同情心，他完全（从病理学上看也是这样）不能站在其他人的位置上思考。艾希曼的行为显得好像世界上就只有他一个人，就好像只有他的存在是重要的，这解释了为什么他不能衡量自己的行为对他人的影响。

米：他的世界确实只有他自己，他被封闭在一个意识形态和官僚主义（这两者是相关的）的系统里。这让他无法看到周围的现实。大规模犯罪者符合阿伦特所说的“极权主义的荒凉”（désolation totalitaire），即他不再拥有一个世界，他把世界与所接受的命令和官僚职位的工具理性混淆起来了。极权主义导致荒凉，因为它剥夺了个体与他人分享体验的意识。荒凉比孤独更加可怕，因为它甚至让人无法保持对自我的批判性关系。

在《道德考量》（*Considérations morales*）中，阿伦特再次提到艾希曼，并引用了苏格拉底的观念。她在这里提到的苏格拉底和我们刚说过的苏格拉底完全不同。她写道：对于一个像艾希曼这样的罪犯（很明显她从来都不否认艾希曼的罪恶），最缺乏的是苏格拉底式的“一分为二”的能力。“一分为二”指的是自我的双重性，主体可以通过它观察自己的行为，和自己保持距离。这是和自我的一种对话，它让个体具备评判自我行为的能力。当这种双重性消失以后，当主体对自我的行为不加辨别地赞同以后，罪恶就会以令人难以想象的规模发生。

不管在什么时候，不管是在他的证词中还是在耶路撒冷的辩护中，艾希曼对自己的行为都没有表现出一丁点的距离（那时候距离大屠杀已经过去二十年了）。就好像他一直都是那个纳粹系统里的中级官员，只满足于服从命令，不管在任何时刻，都没有用“苏格拉底式的距离”来检视自己的生活。阿伦特认为，一种不经过检视的生活不值得过。这也是苏格拉底的重要指令：不关心自身价值的生活是没有意义的。

这里所说的“检视自己的生活”指的是什么？用批判性的目光看待自己的行为，从自己所处的历史环境中退后一步，而这些是办公室罪犯绝对做不到的。他们并不是“魔鬼式的恶人”形象，而是一种有错误的或罪恶的弱点的坏人形象。他们似乎忘记了自己还有思考的能力，更准确地说来就是一分为二的能力，所以也就失去了评判自我的能力。从这个角度来看艾希曼的话，他没有别的什么能力，并且混淆了“善”和“希特勒的意志”，后者也就是“元首”的意志。正如他曾经提到的一句格言，这句话扭曲了康德式的绝对命令：“永远服从元首的意志以行事……”在这种恶毒中，出现了一种主动将世界脱离现实的方式，它和这种思考的无能——设身处地的无能——相联系。

阿：那么这里就出现了恶人的责任问题。艾希曼说他只是服从命令，他做的都是别人要求他做的工作，它们过于乏味以至于让人懒得去想。这解释了“良知的沉睡”和阿伦特所说的“想象的无能”。那么应如何看待这些似乎能消除罪魁祸首责任的外部环境？恶人应当在什么程度上为自己的恶毒担责呢？

米：“工作”这个词用得很好。艾希曼和很多纳粹战犯在提到自己的行为时用的都是这个词。在这里可以是一个精心盘算的、用来挽救“不负责任”的理由：“我只是在做我的工作。”但是我们可以思考这个问题：仅仅从语义上来讲，谈论为“大规模犯罪”而做的工作，是否已经是语言错乱的结果？艾希曼在辩护词中说他的工作和任何一个分管道路或者税收的德国官员都是一样的。实际上，所有人都有可能——在犯罪的极端情况下，也可以是在更普通不过的情况下——用一个具有社会共识的词语来定义自己的行为，以此来弱化它的罪恶。加缪说过，错误地命名事物，就是不公的开始。艾希曼所用的“工作”这个词，说的是日耳曼式的清规戒律之下的“好好工作”，全身心投入的“工作”，但最终是难以继续的。对于这项“工作”的意图、目的或性质已经不再有任何疑问了，它在这里是纯粹地、简单地等同于犯罪。

从阿伦特拒绝接受错乱系统的语义学和术语这一点可以看出来，“责任感”仍是在她的观点中的。比方说，这个系统认为服从命令是军人的荣誉，尽管这些命令是让他们屠杀平民。当然了，极权主义制度推动和胁迫了这种措辞体制，但是历史学家已经证明了，极少数党卫军或德国士兵能够做到拒绝种族灭绝行为，并且不受惩罚地被调走。所以，认为制度胁迫了刽子手们做下了这一切，只是一种空想而已。

但是，更深刻的是，我想说，完全遵守一种术语体系或社会价值体系，而不与之保持必要的距离，是选择了一种不负责任的形式。这意味着放弃阿伦特所定义的政治意义上的世界——人与人的“空间”，它既把人们分开，也将他们重新联结。换句话说，当一些大规模群体（种族、政党）

声称要取代社会多样性时，大规模犯罪就在否定人类多元性的基础上成为可能。那样的话，个体就成了自己无法掌控的机制中的一个小小齿轮。但是，还是要坚持的是，人对自己的不负责任是要负责的。那些理解了这种语言与机制错乱的人的例子就很好地说明了这一点，他们拒绝将荣耀与无条件服从混为一谈。他们的例子足以让人相信，即使是在愿意服从的人们中，责任心也是存在的。但是，在这个极端的案例和其他许多案例中，面对绝大多数人服从的事实，可以做些什么呢？这样我们就说到了这个重要的问题，也就是知道我们到底是不是都是恶人，以及说到底，恶毒是不是一种普遍拥有的特征。

阿：艾希曼案给我们展示了其恶毒是确凿无疑的畸形的个体。您提到了“我们是不是都是恶人”这个问题。为了考量恶毒的普遍性，我们举个没那么夸张的例子，比方说无害的偷盗行为。在《忏悔录》中，奥古斯丁描述了他少年时曾偷偷进入一片果园偷梨。为了坚持说这种行为是无害的，他说这些梨子“又丑又难吃”。奥古斯丁思考道：“这种明知故犯的欲望从何而来呢？对善行的认知不一定会导致良好的行为，那么行恶的意图又是从何开始的呢？”

米：这个著名的偷梨案属于“恶毒”的现象学，也就是说，对“过失”的含义进行心理和精神描述。确实在我们刚提到过的苏格拉底式的环境中，是很难看到奥古斯丁的这句话的：“我的恶毒只源自我的恶毒本身。”所以既不是因为贪吃，也不是因为果腹，奥古斯丁明确地说出了他在当时所享受的东西，也就是自己的堕落。他享受着这种温和的叛逆，享受着逾越偷盗的禁忌。但这并不是最主要的问题，因为奥古斯丁并没有把他的恶毒定位在行为本身（他知道这是一种无害的行为），而是定位在他作为一个孩子的状态下——我们将回到这一点上来，这个孩子根本不是他后来成为的那个纯真的形象。这里有一种享受“无害过失”的快感，这种快感和随之而来的不受责罚也是相关的。

阿：这里的恶人是享受自己的作恶的人。

米：是以恶为乐的人。在这个意义上，他做了他知道是越轨的事。柏拉图虚构过一个“裘格斯（Gygès）的戒指”的故事，只要戴上这枚戒指就可以隐形。那么拥有了这枚戒指的人会怎么做呢？有了戒指，他就可以逃脱所有的社会评判，不会受到惩罚。很明显，在犹太和基督教传统中，即便有了这枚戒指，上帝也还是看得见的。即使是在坟墓里，也有一只眼睛注视着该隐（Caïn）……上帝的全知全能有助于巩固道德良知，它确凿地见证了我们的每一个意图。

奥古斯丁关于恶的观念复杂且深刻，十分重要，因为正是从这里提出了原罪学说，同时出现了在西方流传至今的犯罪心理学。奥古斯丁不仅仅创造了教会学，是一位神学家，同时他也是一位作家，他在《忏悔录》中向我们展示了“罪恶意识”的文学化描述。

首先讨论的是“原罪”。这是一个基督教的观点，其历史非常复杂，并且彻底改变了人们关于“恶毒”的观念。并非所有的基督教神学家都赞同这一点，但奥古斯丁的观点最终占了上风。根据这个观点，恶毒是我们所有人的主题，如果恶毒指的是一种“我”没有选择过的性格倾向，和“我”犯下的行为的话。于是，关于恶毒的悖论就出现了，因为原罪教义说人生来就是有罪的，由于他是亚当的后代，所以继承了亚当之罪。这是一种与责任无关的罪过：我是有罪的，尽管我什么也没做。

奥古斯丁正是由此在《上帝之城》(*La Cité de Dieu*)中谈到了这个问题：那些尚未受洗的早夭婴儿会怎样？没有受洗，他们就会下地狱，然而他们什么也没做。他的回答是他们生来就沾染上了原罪，也就是亚当之罪。因此，他们是有罪的，尽管他们不应该对任何事负责。这就是奥古斯丁的冷酷之处：他们下地狱是完全合法的，因为他们没有接受洗礼，于是不在救赎的群体中。

原罪是亚当和夏娃犯下的传给全人类的罪过。从“命定的”角度来看，这是关于恶毒的某种意义上的生物学概念。也就是说，某种“我”没有选择的东西来自一个选择（这就是原罪的悖论），即“选择违抗上帝”——这是亚当的选择，而他代表着“人类”。因此，这个选择就被视为全人类，包括新生儿的选择。“我”在人世间中所犯下的一切过错都是这个初始选择的反映或结果。再说一遍，做出这个选择的，不是作为个体的人类，而是堕落的群体的一员。

既然我们谈到了恶毒，我还想再说一下，原罪最初并不是一个道德问题，而是宗教问题。罪到底是什么？它不是违反法律或忤逆上帝这样的过错，而是离弃上帝。

在《创世纪》中，亚当和夏娃吃下智慧之果之后，上帝的第一个问题是：“亚当，你在哪？”但我们知道上帝肯定很清楚亚当在哪……这个“你在哪？”并不是说上帝无知，而是意味着，当吃下禁果之后，人就远离了上帝。从此，亚当就在上帝不在的地方了。那么最初的错误就是：人类走上了一条偏离上帝的路（诱惑之蛇是这条路的化身），违背了与上帝的盟约，因为上帝只要求一件事，就是不要吃智慧（辨别善恶的智慧）树上的果实。人类最根本的过错在于，试图通过辨别善恶来与上帝比肩，随之而来的一切过错都是由它产生的。

这种关于罪的宗教观点显然会带来一些道德后果。这个“人类因一个人的过错而被集体谴责”的问题，时不时地会引发——甚至在基督教内部——更不必说将要同基督教对立的哲学家们——将“原罪”与“个体恶毒”分开的尝试。这也就是说，把个体的恶毒归咎于个体自己的意志。

为什么这种“个人过错”和“集体过错”的区分在严格的基督教环境中就不起作用了呢？原因很简单：基督教需要“罪”，因为它是一个普世拯救的理论，必须拯救点什么……所以，如果基督教许诺拯救众生，那么我们众生就必须迷失。于是，就出现了这个问题：上帝既然知道亚当将要违抗他的禁令，为什么还要创造他呢？答案就是，只有人类堕落，才能体现神的仁慈。

阿：仿佛上帝在通过创造机会来表现自己的善良，以此来证明自己。如果人类是有罪的，那么上帝就可以插手拯救人类，上帝因此也就变得举足轻重了。说到底，与其说这是上帝和人类的事情，还不如说是上帝和上帝之间的事情。

米：没错。罪越丰富，恩典就越丰富。恶人形象与苏格拉底的理论是直接对立的，因为得彰显上帝的无限慈爱。尼采颇带嘲弄地说过，要想有一个无限的拯救者，就必须有无限的罪发生，这样人类就会永远背负罪债，永远也不能偿清自己的过错。

水果里有虫子吗?

阿：奥古斯丁的伟大之处在于，他既考虑到了上帝的观点，也就是他自己内心深处的这个无限性，也考虑到了违逆的、有罪的人类的观点。真的非常厉害！但是这不足以解释恶是从何而来的。确实，夏娃的罪过在于摘下禁果（这也让人想到了奥古斯丁的偷梨案），而亚当的罪过在于怂恿了夏娃，但是首要的责任人难道不应该是诱惑的化身——当时在场的蛇——吗？魔鬼从一开始就在，它把我们刚刚提到的人类责任的问题大大复杂化了。到底是人犯了罪，还是魔鬼胜利了？换句话说，人要对自己的恶毒负责，还是其实恶一直都在，人只是受害者？

米：恶从何而来？在基督教或者是更大的一神教的背景中，这个问题是很可怕的。因为上帝是善的，他创造了一切，并且是万能的，所以可以说现实的一切都来自上帝。那么，恶怎么能来自一个万能的、公正的上帝呢？问题在于恶的概念所汇聚的三个层面：不公、痛苦和与我们这里的论题更为相关的“过错”。

我们从《创世纪》中的“蛇”说起，它象征着魔鬼，即恶的本原。和希腊人的观点不同的是，我们这里要面对的是恶的强度和深度，因为它表现为现实的力量。但是别忘了，人类堕落的悲剧首先是在天使身上上演的：魔鬼是堕落的天使。人一直在思考的问题“为什么人类会堕落？”是紧跟着这些问题的：“天使为什么会有第一次堕落？天使为什么会成为恶魔？”神学家们会回答说：“因为选择了虚无。”这也就是说，有个天使没有选择上帝。由于上帝是现实的一切、善的一切，那么没有选择上帝，就是选择了虚无，因此也就反常地选择了“空”。

您说得对，恶是以“诱惑”的形式在恶毒之前出现的。这种“诱惑”总是以“骄傲”的形式呈现出来……骄傲会使人对“伟大”产生错误的评判。认为自己比实际更伟大是一种骄傲，想要变得和上帝一样伟大，这是一种对于“伟大”的错误的乃至错乱的判断，这是严格意义上的神学方面的罪。

但是如果从道德视角来看这个问题，我们就必须提到一个非常重要的词“意志”。对于奥古斯丁来说，人是会“想要恶”的存在。但是这个“想要恶”是什么意思？希腊人是不考虑这个问题的，因为对他们而言，没有人会故意作恶。我要回到水果的问题上了。您刚说《忏悔录》中的梨对应了禁果，确实是这样。但是亚当想要的是这个苹果吗？奥古斯丁想要的是这个梨吗？水果本身是好的，就像奥古斯丁说的那样，因为它们都是上帝创造的。这里要说的就是，恶并不在这个苹果之中，也不在梨子中，而是在人类的意志中。意识之外的一切，如苹果、梨子，或者是普通的人类身体、快感、金钱、一切物质的东西等等，这些从本质上来说都是好的。真正坏的，是“想要它们”，所以恶并不是一种物质。

阿：因此，正是把恶放在人的内心，人才会去思考它，从而对自己的行为负责。虫子不在水果中，而是在人的心中……

米：是的，这种将恶和过错内化的方式是基督教道德或基督教人类学的典型特征。我们在一些现代的东西中也能见到这一点。但是要注意，意志并不是因为想要苹果而变成了错的、恶的，而是因为它想要某种它知道它不能要的东西。这就是圣保罗的著名悖论：“我看到了善，但是我作了恶。我能做的我不想做，而我想做的我不能做……”过错实际上是“选择”和“无力”的结合。

所以，在恶毒中有一种“远离善”的意志，它脱离了事物的善，转向了人很清楚地知道是消极的东西，也就是“自我享受”。梨子就是一个很好的例子，再说一遍：“恶”并不是梨子本身，而是想要得到不属于我们的，但是我们可以用它来违抗既定规则的东西，如果涉及的是附近的梨园，那么我们反对的就是私有财产制。这个东西不属于我们。而正是因为它不属于“我”，所以“我”才会享受“占有它”。“我”享受的不是物品本身，而是“我”对于他人财产权的否认。

阿：或者“我”享受的是自己的人性，因为通过这种否认，“我”摆脱了上帝的意志，可以通过“我”自己的欲望行事。

米：是的。当“我”享受着堕落的人性的时候，是在想要上帝不想要的东西，然而想要“空”比什么都不想要更糟糕。想要“空”意味着在某种程度上想要反对上帝，也就是反对存在。

这里要记住的是，我们身处的是“恶毒”的人类学层面。堕落和原罪带来的第一个结果是人类意识到自己是赤裸的。他们面临的第一个惩罚，就是出现了羞耻感，于是他们失去了“纯真”，字面意义上的“纯真”，也就是说不知道如何区分善与恶。

为什么恶首先表现为“赤裸”？奥古斯丁曾体验过纵欲的诱惑，所以他对这一点谙熟于心。他解释说，在不陷入他强烈反对的摩尼教的前提下，人身上有两种意志：服从上帝和背离上帝。按照奥古斯丁的说法，原罪在生理上的表现就是勃起。这就是为什么在原罪之后出现的是对赤裸的羞耻，也就是说对从我身体里脱离出来的一切的羞耻感。勃起就像是一种错乱的、被强加给人的力比多。人因此体验到了一种器官不再受控的意志，但确确实实地是他自己在表达欲望……而这种欲望，它逃逸着，并催生了羞耻感，这种欲望就像是“反常意志战胜良好意志”在生理上的表现，而良好意志其实就是控制自己身体的意志。

阿：那么相较于女人来说，男人为此受的惩罚要更重一些了。

米：女性欲望也是会有一些生理表现的。不过我也承认，它们不如男性那么明显。但是别忘了，女性所受到的第一重惩罚，正是在痛苦中分娩。我们可以看到同样的信念，也就是恶毒的具体化，它在身体之中，在骨肉之中。很常见的说法是基督教（或者说一般的一神教）惩罚“性”，但是真正被视为恶的，是力比多战胜了意志。

阿：“勃起表现了意志的失控”，这一点是很有启发性的。这是一种将恶在人身上具体化的方式，而且不是形而上学的那种，是生理式的。我们可以深入探讨一下这种将“欲望”和“恶”混同的后果，即恶人因为玩弄他人的欲望而更加可怕。很多文学人物都表现出了这种双重性。

米：一点不错，即使很少有小说的主题就是恶毒。在麦尔维尔（Melville）的《比利·巴德》（*Billy Budd*）中可以找到最迷人的文学反派人物之一。比利·巴德是一个年轻的水手，也是美和善的化身，18世纪末在一艘英国船上工作。他是恶的反面，他自然流露的善良熠熠生辉，吸引着其他人，就像他的美一样。他很快就成了整船人喜爱的对象。而这激怒了克拉盖特（Claggart），他负责维持船上的秩序（那时候商船和军舰经常发生兵变）。克拉盖特是恶的化身，他不愿意接受比利·巴德，因为他在比利身上看到了对自己权力的一种形而上学的挑战。

阿：然而其实他也暗暗地被比利·巴德吸引着……

米：对，正是如此。因为恶毒的一个特性就在于，它指责善良驱逐了自己，因此出现了一系列克拉盖特想要在众人面前证明比利·巴德是个恶人的情节。

比利是善的诱惑，我们常常会谈到恶的诱惑，但是在恶毒面前，也就是说在一个总是会选择权力而非纯真、选择自己而非他人的人面前，是会出现善的诱惑的。这种诱惑在克拉盖特和比利·巴德之间呈现出明显的感性特征，这是反派无法忍受的。他试着让比利堕落，没能成功，直到他当着船长的面指控比利鼓动兵变，这可是航海时最严重的罪了。这个举动引发了一个名场面：针对指控，比利试图为自己辩护，但是他说不出话来，变得结结巴巴的。

阿：好像“善良”的表达能力总是要落后于“恶毒”。

米：善良的一个特点正是沉默。想想《卡拉马佐夫兄弟》(*Frères Karamazov*) 中“大审讯官”一幕中作为善的化身回归的耶稣吧。主人公一直保持着沉默，只是最后吻了一下宣判他死刑的人。

在这场侮辱性极强的指控中，比利·巴德根本无法辩解，也无法回答。然而只要他说一句话，就能够自证清白，因为船长完全相信他是无辜的……代替他说话的是他的身体，这个身体对指控的反应过于激烈，以至于给了克拉盖特一拳，导致克拉盖特当场死亡。因此，善良的力量是难以衡量的，是不自知的。所有人在后来的审判中都承认比利·巴德的善良，但是船长不得不遵从严格的法律判处他绞刑。

然而您会看到，我们并没有离题。在后来的绞刑场上，船上的人惊讶地看到，和一般这种情况下不一样的是，受刑者的性器官并没有在绞刑的时候勃起。水手们想着是不是比利的意志可以控制一切。医生回答说，不，意志和生理反应没有任何关系……

麦尔维尔是一位深受基督教影响的作家。我们可以想到他假设比利·巴德摆脱了堕落，这也就解释了为什么恶人也就是克拉盖特认为比利是令人难以忍受的、不能宽恕的。善良是向外延伸的，而恶毒（它让一切都围绕着自己）是一种朝向自身、排除他者的意志。《比利·巴德》是少见的几部谈到了二者的对立却没有陷入善恶争斗论中去的小说之一：不管是极端的恶毒还是极度的善良，最后都死了。留下来的是船长，他是中立的、人性化的，并与这两个几乎是神话般的善恶的代表人物都保持着距离。

童年或纯真的神话

阿：比利·巴德是没有作恶的孩子的典型形象。即便是在最后杀了人，他的纯真也没有被玷污。认为孩子是善良的、纯真的，这个非常现代的观点到底从何而来呢？

米：把童年等同于纯真这种观点是相对较晚些时候才出现的。很长时间以来，儿童都代表着无知者，甚至还象征着判断的错乱。我们在笛卡儿那里可以看到这个观点："我所有的恶行都来自我还没有成年的时候……"从18世纪开始（通过卢梭［Rousseau］的《爱弥儿》［*Emile*］），再到19世纪，"童年等于纯真"这个观点才得到了肯定。这种观念深入人心，以至于当弗洛伊德说儿童是"多态倒错"的时候（这并不是说儿童是恶人，而是说他们的性向尚未固定在某个对象上），引起了轩然大波。

要注意，“恶人”这个词本身就有一层“幼稚的”意思。儿童一直因为他们的自恋而被视为自私的。童年有一种以自我为中心的形式：想想婴儿吧，他们什么都往嘴里塞，想把整个世界带到自己的身体里……我并不想说孩子是恶人，但他们的行为确实体现了一种被我们抽象地视为“恶毒”的形象，也就是说把外在的东西都带给自己，只通过自己的视角看世界，而不是接受异己性的存在，不知道异己性不只是一种满足自己的手段。

阿：这里您是从“不考虑他人”这个角度来定义恶的行为的。从这个角度来看，儿童确实是恶的……

米：在恶毒中，有一个“以自我为中心”的概念，即脱离他者，不尊重法律。自我既被排除又被放大。所以可以说孩子并没有意识到，哪怕是空间上的，其他身体的异己性，或者没有意识到人类身体——比方说母亲的乳房——和一件物品的区别，他会把周围的环境视为吞噬的对象。关于这一点，我们可以读一读梅兰妮·克莱恩(Melanie Klein)。

那么，我们可以因此说“婴儿的恶毒”吗？很明显不行。至少从道德意义上看不行。但是这种行为也隐喻地告诉我们一些东西，也就是什么是“恶毒的意志”。它是一种想要摆脱异己性的意志——不管这种异己性是世界、上帝还是其他人，它只想着自己，它排斥他者，并只有当他者成为自己的手段时，才会想到他者。

阿：儿童模糊了善与恶、纯真与罪恶的界限。我们可以举个例子：在好些年前的乌托罗案中，有十几个孩子控诉大人性侵他们。这件丑闻引来了媒体铺天盖地的报道，直到最后出现了让人始料不及的反转，因为大部分的孩子都在撒谎。在这件事中引起热议的，是公众舆论不知道到底哪个才是最骇人听闻的：是大规模的恋童癖，还是这些不再纯真、因为撒谎而被判刑的孩子们？这是“童年等于纯真”这个观点最好的反例，并且另外它提到了恶毒的根源问题，即这些孩子年纪还很小，就知道公开污蔑大人，是因为他们生来就有“恶”和“恶毒”的倾向，还是后来被社会教会的呢？

米：与其说是乌托罗案，不如说是对此案的反应和后来的司法程序更具有启示性，尤其是有些天真的、对“儿童撒谎”这件事的惊讶。自从18世纪出现了“人性本善，它是逐渐变坏的”（还是要思考一下为什么会这样）这种观点开始，“童年和诚实相关”这个观点到现在已经有些年头了。从那之后，童年就和纯真等同起来了——从字面意义上说，也就是处在一种不分善恶的状态下，在一种“前世阶段”（在人的堕落之前）。这个孩子是纯洁的，但也仍有待观察其原因。卢梭所要回应的正是这个问题。

卢梭的整个哲学体系都和我们之前提到的原罪学说相对立。他不承认在人性中存在由第一个人的选择而传承下来的堕落原则。

根据卢梭的观点，人生来是善的，但他慢慢地堕落了，而他堕落的根源不是神学化的，而是来自腐化的社会关系。卢梭只能是现代的教育思想家，因为他首先是支持人性本善的思想家。教育是一种保护儿童免受邪恶诱惑的艺术，这种诱惑存在于一个崇尚不平等、有无数恶行机会的社会里。在《爱弥儿》中，卢梭想象着会不会有一种“消极教育”，它尽量地把爱弥儿进入社会的时间推迟，因为人正是在社会中堕落的。支持贪婪、野心和自私的社会机制要对恶的倾向负责，其中心论点就是：社会让作恶的机会成倍增加，同时它赋予恶毒一种深度，而这种深度是自然状态下相互疏离的人们所不知道的。

阿：说人是纯真的，并不意味着他生来就是善良的，卢梭也是这样认为的。对于他来说，人要对自己的不幸负责……

米：我们也许可以在卢梭的《忏悔录》（*Confessions*）中，以及对卢梭的心理学分析阅读中看到一些“罪恶感”的痕迹，但是在他的人类学观点中看不到这些。根据他对自然状态的描述，人生来就是善良的，因为他没有欲望，也没有犯错的机会。在第一种自然状态下，人类是孤独的、远离社会的、相互疏离的，因此恶的前提条件（也就是说在欲望的形态下和他人相遇）是不完整的。这种前提条件只存在于这样的社会中：在与他者的关系出现的同时，也生发了各种有利于“恶毒”发展的激情。卢梭把这个从纯真向恶毒过渡的阶段比喻成从“自爱”（amour de soi）到“爱己”（amour-propre）的阶段。“自爱”是一种个体“保护自我”和“满足自我基本欲望”的关怀。就其本身而言，它是完全积极的，因为这种爱不会超越个体的利益，其他人也不会以任何方式插手这种对自我的关系。然而自爱并不是排他性的，因为它可以因为怜悯而改变，即我有想为自己争取的利益，我也能够为其他受苦的人，我认为我是为我的同胞争取。这种原始的利己主义，从表面上看是恶的原型，但从根本上来看是好的，因为它从不涉及比较。“自然的人”没有什么嫉妒、骄傲甚至是斤斤计较的想法，而正是它们总是会带来恶毒。

只有当“自然的人”让位于“人的人”的时候，恶才会出现。而“人的人”正是被社会关系所塑造的。换句话说，“自爱”变成了“爱己”。“爱己”是一种比较之爱，它的信条不再是“我独立地爱自己，不受他人影响”，而是“我爱自己甚过爱他人”，于是我们就从“自尊自爱”转向了因社会而起，并在社会中才会出现各种糟糕的开端。这里的“恶毒”类似于一种加强自我延续和个人幸福的欲望。按照卢梭的观点，社会性的欲望和它们所处的社会一样堕落：由于人们之间的不平等，他们会通过否定别人来确认自己的社会优越性。对于卢梭来说，大恶人的代表形象，与儿童、人民对立的形象，就是富人。他们积累着无尽的金钱和象征性的权力。在不公正的社会中（在卢梭眼里所有现存的社会都是这样），这种积累只会以牺牲他人的利益为代价，甚至所有权也是建立在偷盗的基础上的。因此，从这个角度来看，富人不可能是纯真的。因为在一个腐败的社会中，富人只有拥护它的腐败，才能取得成功。富人并不是因为他们的生活状态，而是因为他们的财富才受到谴责。在卢梭看来，这证明了他们的不人道。

阿：这是想说人因为他者而成为恶人，而恶总是在人的外部。但是卢梭也不认为恶就在事物之中，他感兴趣的是社会生活，是人与人之间的互动。

米：对于卢梭来说，恶既不在事物之中，也不在人心之中，恶是在不平等的社会关系，以及这种社会关系所鼓励的竞争的想象之中。在《社会契约论》（*Du contrat social*）中，卢梭试图构建一个政权公正的国家，他说现存的社会是建立在最低级的激情如嫉羡、贪婪、野心之上的。霍布斯认为这些恶的激情是在自然状态中产生的，而卢梭却认为它们来自社会。这也让我们看到了人类学、恶毒的定义和国家理论之间的联系。

根据霍布斯的观点，人如果不是天生邪恶，至少也是生来就被对他人的敌意这种激情所驱使的。这就是著名的“人对人，犹如狼对狼”，它解释了为什么霍布斯总是能在自然状态下的人们中看到战争。因此，需要建立一个能够“让所有人服从”的国家。在这个国家中，法律的力量与必须加以引导的人的潜在恶毒程度成正比。而一些自由主义思想家（比如洛克［Locke］）则与之相反地认为人在自然状态下是好的，所以政权国家应当最小化，它的唯一目的是让自然道德站稳脚跟，没有必要独占无限的主权。卢梭与这两种观点都保持着同样的距离：人确实生来就是好的，但他被社会激情腐化了，因此要建立一个用一般意志来代替个别意志的共和制国家。这个国家是至高无上的，就和霍布斯的国家一样，但是这种至高无上属于人民，也就是说它要尊重个体的自由，正如洛克的理论一样。

一般来说，人类学越是悲观，就越会关注人的恶毒，越会赋予国家权力，以保护公民免受同胞的伤害。马基雅维利（Machiavel）说过，我们不知道人是不是恶毒的，但如果想要认真地看待政治，就必须假设人是恶毒的。从这个观点来看，自由主义者过分天真了一些：他们关于人的乐观主义导致他们低估了政治暴力和战争的影响。这并不是说国家的目的就是让人变好（这从某个角度来说是卢梭的观点：共和政体应当在堕落的社会中重建失去的美好），这是说国家必须为自己想各种办法，包括一些强制手段，以引导在人们中间不断出现的恶毒的情绪。

从这个角度来看，像马基雅维利或霍布斯这些悲观人类学能够更好地考虑政治在社会关系中的重要性，然而与之相反的乐观派人类学家却信任市场和公民社会的自我调节，有些人会认为这种信任是很天真的。在这两种情况下（市场或公民社会），法律、国家特别是政府，都不被看作个人道德的矫正者。基于自然之善的政策的关键词是“信任”，而“怀疑”更多地被用在政治机构身上——这就是孟德斯鸠（Montesquieu）的著名观点：“权力之所以腐败，是因为它想要不断扩张。”因为他们相信制度的恶毒，而不是人的恶毒，自由主义者将法律视为对政治权力范围的极大限制。然而悲观派的人类学家会说政治首先是为了限制“社会恶毒”或者“道德恶毒”的影响，这些恶毒不断地从人性中浮现出来。

只有恶人是孤独的

阿：说恶毒是和社会的出现同时发生的，那也就是在反对关于暴君的经典论述，这个观点认为暴君的恶毒是和社会隔离开的。一方面是恶人的孤独，另一方面，恶和社会同时出现……那么，这两种观点是相互对立的吗？即使人是因为他者而成为恶人的，他也构建了一个只属于他的思想和行为制度，这让他与他人隔离开来。这也是狄德罗（Diderot）在对卢梭说这句著名的话的时候想说的："只有恶人是孤独的。"

米：狄德罗确实写了这句反对卢梭的话。这句话表示狄德罗要比卢梭更古典一些。狄德罗认为，人天生就是惯于交际、被他人吸引的，所以社会完全是好的。由于人性是面向他人的，那么恶人就是违背自己的本性的。狄德罗继承了天赋人权的观点，即相信人类固有的权利和义务。这也就是为什么恶人是拒绝了作为人类的职责的人，他的孤独是因为他对他者和社会的拒斥，然而正是他者和社会代表着我们今天所说的"共同生活"。与作为道德标准体系的世界脱节的人只为自己而活，他因此也就远离了人类最高尚的目标——平静的社会生活。

与人们有时候说的不一样的是，卢梭其实是反对这种天赋人权理论的。对于他来说，从人性中推导不出任何规范，因为规范来自意志，而不是本性。因此，按照他的说法，真正的孤独——最初是在自然状态下发现的，或者也有可能是在森林中独处的倾向中发现的，为了重获人性而与社会分离的卢梭主义倾向——是彻底地独立于他人。换句话说，如果“我”面对他者，尤其是他者有可能会妨碍“我”的欲望的实现的时候，恶的发生可能因为“真正的孤独”而消失。然而在狄德罗代表的传统派眼中，恶毒正是在想要脱离社会的愿望之中产生的。卢梭可能会回答狄德罗说实际上独居者的恶毒是一种虚假的孤独，这种孤独仍然是社会性的。他承认“恶人是孤独的”这一点，但是要从这种意义上来看，恶人想超越他人，而不是想生活在社会的庇护中。对于卢梭来说，恶毒来自不幸，并不是什么原始的不幸，而是社会的不幸，也就是说，来自与我们的社会欲望相关的怨恨和不满。因此，一个恶毒的独居者有可能还是很社会化的，他无法成功地摆脱社交活动或者社会琐事，以找到卢梭在《一个孤独漫步者的遐想》（*Les Rêveries du promeneur solitaire*）中呈现出来的那些田园诗般的东西，也就是与自然的联系，这也是“第二个天真”。我们已经因为社会而失去了与自然的第一种联结，而卢梭的所有的文学化和政治化的目标都在于尝试重新找回第二个天真、第二个童年，这也就是在一个逐渐堕落和不平等的世界中的新的纯真。

阿：我们可以回到狄德罗的句子上来，理解得更深入一些。恶人是无法独自待着的人，他无法平静地待在孤独之中，所以他会把气撒在别人身上。恶毒于是成了怨恨的一种表达。

米：没错。对于卢梭来说，真正的幸福的孤独是和理想的自给自足相近的，这种将所有需求暂且搁置的方式，使人能够达到任何东西都无法干扰的内心平静，尽管这种自足会因为“怜悯”而受到限制。怜悯是一种自然的情绪，它使得人可以看见和想象同胞的痛苦。卢梭主义的思想原则是认为每一种恶毒都来自不和，或者差距，也就是“我要”和“我能”之间的差距。比方说，《爱弥儿》就是建立在“如何发展爱弥儿的才能”这个问题的基础之上的，也就是基于他的身体和精神，构建一种发展才能的教学方式。如果对爱弥儿的要求比他能做到的更多，那么就会让爱弥儿变得不幸，恶毒就来自这种不幸。

如果社会是堕落的，那么是因为我们想要的，比我们能做的更多，比我们拥有的更多。“想象”和“比较”在这里很关键：恶毒和不幸一样，来自虚幻的评判。人们想着自己没能拥有值得自己拥有的东西，因此就想到别人所有的东西，并且把别人的所有与自己的所有做对比。换句话说，从字面意义上来看，恶人从来都不是孤独的，这种孤独指的是脱离了竞争的社会想象。他一直忍受着自己的欲望和能力之间的不协调，以至于把他人视为自己发展的障碍，从而厌恶他人。

关于“恶人的孤独”问题的争议点在于：恶人是不是仅仅为了自己而活着，或者是通过别人来为了自己而活。自尊是一种畸形的自恋，但是自恋需要一面反映主体形象的镜子。卢梭认为，这面镜子是由社会构建的，并且不断地传递给个体一个变形的形象：他越是堕落，就越是符合社会的成功标准。从这个角度来看，社会欲望的逻辑是致命的，因为这种欲望的满足是要通过消灭别人的欲望来实现的。因此，卢梭在“得到承认的欲望”中只看到了“社会的堕落”。

阿：陀思妥耶夫斯基（Dostoïevski）的《地下室手记》（*Carnets du sous-sol*）的叙述者就是一个独居者，他将自己的恶毒归咎于他人，却从社交空间退了出来。他远离世界，从字面意义上来看，是在世界的“下面”，因为他住在地下室里。他的怨恨是无止境的，当他单独说话时，他会更加自由地表达对其他人的怨恨：他的对话者是想象出来的。因此，他颠覆了卢梭主义的观点，展示了不幸的孤独的煎熬。他的世界是完全内在化的，并且他一直认为别人是罪魁祸首。那么，这个恶人形象在多大程度上不是恶意的呢？

米：陀思妥耶夫斯基的这个人物身份没有任何积极特征，他从一开始就自认为既病态又恶毒。他的立场是极其模糊的，一方面他居高临下地评判社会、评判其他人，另一方面也承认自己的堕落。他想把全人类拖入不幸之中，这大概是对“怨恨”的一个很好的定义。这个地下室人物是一个完全反卢梭的形象。陀思妥耶夫斯基笔下的大部分人物都是这样的，除了“白痴”。[1]尼采将会发扬这个观点，也就是说与世界的分离来自怨恨，也来自生理上的无能（他是病态的），以及道德的无能（他是恶毒的），所以这个人只能以玩世不恭和仇恨的态度来迎接世界。

怨恨是当代恶毒最有效的载体之一，它可以被视为一种矛盾的态度：一方面凌驾于众人之上，另一方面又对众人的苦难感同身受，并沉湎于这种泥潭或平庸之中。我觉得地下室的男人（正如他的名字表现出来的那样）并不是住在下面，而是在社会底层，尽管如此，他还是声称他了解人类。他的批判功能在于揭露社会的巨大谎言，斥责社会的良好价

1 《白痴》是陀思妥耶夫斯基创作的长篇小说，于1868年出版。作品表达了世界本就是无法用理性去量化的，甚至是超越人的想象的。人无可探知、无法实现的事物都是不需要去思考的，去思考且去实践的人都是“白痴”。——译者注

值观和礼仪背后是虚伪（这是他唯一一处卢梭主义的地方）。但这个人物的举止并不纯粹，他对人性的观点是完完全全悲观的，甚至是虚无主义的。而且，如果他生病了，那是他因生而为人而感到痛苦。要想理解这一点，我们可以回想一下陀思妥耶夫斯基的观点，他认为现代性只保留了基督教中没有得到救赎的罪恶。这是通向怨恨的最好的道路：恶提供了通向世界的钥匙，但是它却无法提供一个救赎或治愈的设想。因此，就出现了这种虽然生病了但是不想被治愈，虽然很坏但不想变好的人。而且从这个角度来看，我们只能把他视为一个彻底虚无主义的存在。

阿：这个因自己的人性而变得病态的人，在多大程度上代表了当代的恶毒形象？

米：这种形象其实比卢梭式的美丽灵魂形象要常见得多、现实得多。可以说这种关于怨恨的主体开启了关于恶毒的全新理解，它不再是宗教的、道德的，而是心理的。

出现在我们面前的宏大问题是：是什么让我们成为恶人？卢梭会说，是社会。通过这个满心怨恨的男人，我们可以更加轻易地回答说让我们成为恶人的，是生活中的不幸，是找不到道德满足的无能，这使得恶毒像是失败的生活，或是没有达到自己期望的生活带来的道德（多数情况下是不道德）概括。

怨恨是和报复心理深刻联结的。尼采明确表示过，这是一种被提升为权力的无能。由于绝望，意志变得活跃并具有破坏性。举个例子，人不能让已经过去的事情不发生，怨恨于是就变成了对时间的报复，人会拒绝变化。对时间的流逝和对错过的机会的愤怒可以解释许多仇恨的行为，就好像巨大的悲伤才是我们最值得谴责的行为的根源。

阿：恶毒不再被看作从邪恶的行为出发，而是从痛苦的内心开始的。这里通过《地下室手记》的叙事者，显露出了一个关于“恶毒”的秘密——主人公在对伤害的敏感和阻止他宣称自己恶毒的保守主义中进退两难，这种糟糕的信念让恶毒反过来对准了恶人，并且给不幸增加了无能的层面。

米：是的，另外陀思妥耶夫斯基笔下的这个人讲述了他想要将恶毒付诸实践的尝试，以给那些自以为是他朋友的人重重一击。但是他并不能从这种糟糕的行动中得到满足。他真正需要的，就是真正地生活在世界最隐蔽的地方。在一个内在腐败的社会里，恶人是没有位置的，因为恶毒从定义上来讲，只会出现在一个相对无辜的社会里。真正的恶人会想要玷污、破坏、摧毁，但是如果没有了善和纯真，他还能摧毁什么呢？我们在这里可以看到克拉盖特的形象，他需要比利·巴德的纯真和善良，才能让自己成为恶人。

相反地，在一个人们认为是恶习、错误或者恶毒在定义普通的社会关系中，在虚假的友谊，或者生活中看起来高尚的行为的源头其实是虚伪的大环境中，恶人压根做不了什么，说到底，恶毒就会什么都不做，撤回到地下，玩世不恭地从所谓“社会知识或清醒头脑”中获利。《地下室手记》中的这个人就这么说过：“绝望中暗含着最激烈的快感。”他用行动换取虚无主义的清醒。这表明，只有在一个赞美“善良”和“免费”的世界里，恶毒才能具有浪漫的意义。我们可以想一想，在一个把追求私人利益合法化的资本主义世界，是否还有魔鬼的位置……魔鬼在消费社会中能做些什么？

问题是，我们的社会——至少陀思妥耶夫斯基描述的虚无主义社会——是否被虚伪或虚无所破坏，以至于没有留下肯定（恶与善）的余地。这就是梅菲斯特（Méphistophélès）的结局，从某种意义上说，他是一个崇高的魔鬼，他反对社会上既定的人文价值观，主张野心、权力、骄傲或感官的优越性。当这些情绪变得社会化并成为一个正常人的情绪的时候，它们就失去了自己的僭越的特征。

一种糟糕的相遇?

阿：我们假定坏人总是错的，他在道德上或心理上有缺陷。但我们是不是也可以设想一种积极的恶毒呢？会不会有一个恶人，他之所以成为恶人是有理由的，比方说他的经历，或别人给他带来的痛苦等，并且在他看来，复仇比正义更有价值？

米：我认为恶毒永远是消极的，即使只是因为它被定义为善良的反义词。不过，您的问题的关键点在于对恶的报复。很明显，刑罚（就像这个词表达的那样）比方说坐牢，就是建立在痛苦的基础上的。正如福柯所说的那样，无论如何努力使刑罚人性化，刑罚始终都暗含着“惩罚底质”（fonds suppliciant），我们用恶来回应恶，反对法律或政治过错，声称另一种形式的恶是合法的、由法律规定的，最重要的是表达了大多数人的制裁愿望，与罪犯的倒错欲望相对立。

关于只能用一些并不纯真的方式来回应恶毒这个悖论是很有意思的，并且激发了我们关于政治本性的思考。地下室的人的立场最终在于揭露：政治从本质上而言是糟糕的，而只要共和制国家不存在，卢梭就会说同样的话，因为政治通过恶来对付恶，并把我们幽禁在一种报复的逻辑里，这种逻辑非但没有打破恶毒的逻辑，还把它刻进了社会主体本身。

阿：但是恶毒的特点不就在于它是无动机的吗？也就是说除了作恶，就没有别的欲望了？如果一个行为是以一个原则或更高利益的名义来理解的，我们还能说是恶毒吗？

米：我们能不能故意作恶？如果从积极的角度来回应的话，恶人变成了以作恶为目的而行动的人，从而产生了一种无端但是反常的行为。这个主题是和“自由意志”相关的。人类的自由会带来对于行动个体来说没有任何意义、没有任何目的也没有任何利益的事情吗？“我”的自由的最佳证明在于，当“我”知道什么是善的时候，“我”还会作恶吗？或者相反，恶人总是在根据一些他自认为是合理的，即使实际上他在按自欺欺人的动机行事吗？这是康德的立场。在他关于“彻底的恶”的理论中，纯粹的恶毒是不存在的，绝对的恶也不存在，真正存在的是虚伪，是对自我的欺骗，在于——首先是对自己，然后是对他人——在一个高贵的外表下，或者在各种情况下，为自己的恶行找到正当理由。我们会想到因为饥饿而偷面包的冉·阿让（Jean Valjean）。犯罪者打着必要性的幌子，提出属于行动自由和行动者责任范围内的东西。

阿：所以我们又回到了关于恶人首先是自己的受害者这个观念上，他只能通过虚伪这个滤镜或者是错误的信念来看待自己。如果我们超越道德角度，探索“恶人”的心理学维度，那么我们可以为不愉快的经历假想出一种补偿性恶毒的机制。这是最现实的视角，“我”之所以作恶，是为了应付“我”的不幸和痛苦，而不是出于对恶的迷恋。

米：恶毒并不总是表现为一种涉及主观自由的、深思熟虑的选择。恶毒可以被视为一种激情—— 一种悲伤的激情，就像您刚刚说的，也就是一种失望的情感的结果。在某种程度上而言，恶毒是一种失望的爱，它使得我们成为恶人。我们可以找到很多例子来佐证。

毕竟，民族主义可以被看成对邻国的失望的爱。这是一种充满了悲伤和忧郁，甚至愤怒和怨恨的方式。就根本而言，它是一种朝向他者的运动、一种积极的运动，在对同类的爱和异己的排斥之间有一段距离，它将幸福的爱和悲伤的爱分开来。有时候是按照时间顺序的，从一个主体的悲伤或失望的经历中可以推导出一种恶毒的心理谱系。

这是一位哲学家的观点，他从根本上挑战了“人是坏的，甚至恶是存在的”这个观念，这位哲学家就是斯宾诺莎。对于他来说，所谓的恶毒实际上是通过糟糕的相遇和失望的爱表现出来的。这是一种激情机制，绝不是深思熟虑的选择的结果。主体把自己的期待置于一些不能满足他的客体之上，导致产生一系列不理性的行为。比方说混淆了“幸福”和“财富”的个体会变得吝啬，认为至善就是性快感的人会沉湎于情欲，只能在权力中看到自由的人会热衷于野心。对于斯宾诺莎来说，这与其说是恶习的问题，不如说是将“部分性”的体验（金钱、快乐、权力）极为荒谬地提升为“绝对”的问题。这种对单一欲望的绝对化必然会损害他者，不仅会损害其他欲望，而且会损害其他个体，因为他们现在只被视为满足激情的障碍或机会。

恶毒的根源是斯宾诺莎所谓“conatus”的贫乏，它指的是“行动能力可悲的变化”。这种行动能力一直是肯定性的：人尽可能地坚持自己的存在，即使是守财奴、放荡者和野心家也会通过支配他们的激情来肯定自己的个性。所以对于斯宾诺莎而言，人的身上不存在通过糟糕的期盼自我毁灭的意志表现出来的内心错乱，在一个主体身上不会有任何消极的地方。与之相反的是，会有一些悲伤的激情，它们会影响行动的能力，把主体和他所能做的事情分开。守财奴的错误在于认为他只有积累财富的能力，然而作为一个人，他其实具有发展与自己，以及与他人的多种关系的能力。

这种观点的力量在于超越道德来看待恶毒，它与自由无关，而是来自糟糕的遭遇。所谓“恶人”，我们保留使用这个词，就是把本应迎接世界的激情变成反对世界的激情的人。比方说放荡者，他首先是愉快地遇到了一个身体，从这个身体上得到了难以忘怀的快乐。他的错误，有时候是他的疯狂，在于要无限地更新这种享受，在最初带来这种享受的环境之外不断重温它。当对享受的追求失去了目标（快乐），变成了疯狂的竞赛，总想体验曾经体验过的东西时，就变成了悲哀。因此，由糟糕的遭遇导致的失望是不可避免的。失望有时候会导致对某些客体和某些人的仇恨，我们错误地认为他们本可以满足我们，但他们似乎拒绝了满足我们的欲望，然而实际上他们是没有能力满足我们的。所以，斯宾诺莎对恶人提出了一个非常宽容的观点。

阿：而这种观点暗含了人的不负责任——这不是我的错，我只是有了糟糕的遭遇，是这种遭遇让我变坏的。

米：就是这样！但是当我们面对个体的过度赋权时，这种不负责任是值得一提的。这里的个体被认为有绝对的自由意志，使他对自己的所有行为负责任。我们今天谈到的责任问题正是建立在否定社会和心理决定论的基础上的，并且部分地涉及了反对堕落的层面。这并不妨碍一些人通过寻找恶毒的遗传因素来重新定义性格的概念……不管怎么样，斯宾诺莎的观点让我们更加宽容一些，它用解释代替了评判。每当我们有机会（这时常会发生，包括面向我们自己）

去评判一种令人愤慨的行为或话语时，与其指责做出了这样那样的行为，或者是说出了这样那样的话的人，不如去追溯一下它们的根源：是怎样失望的爱才导致了这样的恶毒或自私，这种与世界的消极关系是由什么样的特别的故事导致的。

当代社会倾向于将个人故事和个人历史的独特性相对化，并说这种独特性会威胁到“责任”的概念。这就是为什么有必要重新理解恶毒的这个“非道德”的层面。非道德，意味着不受任何一种有关评判的观点的影响，它不再把恶毒视为自由选择的结果，而看作一系列的遭遇导致有些个体对别人表现得自私、暴力、残忍。

这种方式的特殊之处在于把话语权交给了恶人。这和精神分析的做法有点像：让病人说话。但是，就像接受治疗的病人一样，我们常常会感到自己有罪。这两点在很多方面是重叠的。面对一个即使是“恶人”的主体，首先他是一个病人，也就是说，一个在生活中遇到了很多偶然的事，这些事让他变成了一个对自己和对别人，甚至对整个社会来说都很危险的人。这种类型的出现让我们可以想到，恶毒属于某种激情和心理体系，它对关怀比对评判要更为敏感。

斯宾诺莎在《伦理学》中提出的是一种救赎计划，但并不是基督教的那种救赎，而是通过释放并非评判来得到的救赎。人可以“治愈”一些悲伤的情绪，但不是通过药物或者行为疗法……而是通过回想、自我反思、分析。如果愿意的话，人也可以着手处理情绪，因为斯宾诺莎说，要想打败一种糟糕的情绪，就要用一种更强烈、更快乐的情绪来取代它。在他看来，这总是比激情与普遍而抽象的道德法则之间的对立更可取。

这也就是说，要想与嫉妒、吝啬或恶毒这些“爱的悲哀”来抗争的话，就需要其他的一些积极的情感，自我和世界需要肯定性的关系，而不是回到评判的逻辑中去：他是坏人，所以要惩罚他。

阿：说恶毒是糟糕的遭遇或者失望的爱的后果，这就不再把恶毒视为一种错乱或者是弱点了，而是把它看作与“漠然”相对的一种情绪。这也就是著名的“爱之深，责之切”：只有对那些对我们来说足够重要的东西或人的恶毒才会引发我们的情绪，包括斯宾诺莎所说的悲伤的情绪。这可以让我们用一种更为积极的方式来看待恶毒，把它看作“重要的事情正在起作用”的标志。恶毒也许是失去了分寸的，它处在身体和情绪中的一种致命的运动之中，这种运动没有朝着提升存在力量的方向发展，但仍然是非常有生命力的。

米：您说得对，但这要有两个前提。第一，恶毒不是天生的，而是后天习得的，人不是因为继承、传递（也就是原罪），或者就像我们今天所说的那样，因为基因遗传而成为恶人，后面这种情况更糟糕。要承认人是逐渐变成恶人的。第二，我们不要用一种恶魔化的观点，来把恶毒看作为了恶而作恶。这种观点的好处在于让普通人和作恶的可能保持距离。

从这个角度来看，我们要做的更多的是重新指引主体的目光、情绪和感觉，而不是让恶人失去作恶的能力。斯宾诺莎说，当一条疯狗威胁到我们的时候，我们不会去告它，不会思考这条狗是不是有道理，它有没有咬我的权力，因为它注定要这么做。这里判断责任什么的就毫无必要，因为这条疯狗的本性就是要咬我们，指责疯狗就显得很荒谬。但是斯宾诺莎也马上补充说要让这条狗失去伤害他人的能力，包括把它杀掉。很明显，斯宾诺莎感兴趣的并不是疯狗本身，而是适用于疯狗的道理其实也适用于人。他要告诉我们的是，如果有人因为生活中种种糟糕的遭遇而“发疯”，如果我们还把他们的恶毒当作自由选择，就是很荒谬的了。实际上，这种恶毒来自某个特别的故事——这个故事肯定是不幸的，但绝对是存在的。所以首先是让他们失去伤害他人的能力（这并不是要处决他们，尽管对于斯宾诺莎来说这也不是不可以……），然后就是试着治愈他们。但是您刚刚说，要想这一切成为可能的或者是可实现的，就要假设在恶毒或者与人敌对的行动中，总是有一种对别人的兴趣—— 一种变态的兴趣，一种变态的爱，但无论如何都是一种兴趣……恶人从来都不是在简单纯粹的毁灭逻辑中的。从一种几乎是治疗学的角度来看，我们不得不假设在所有的病人身上都有着被治愈的意志和欲望，而恶毒本身也是灵魂生病的一种表现。

恶毒应该并可以被治愈吗？

阿：说恶毒是一种病，这也就是说人不用对自己的恶毒负责，并且这种恶毒是可以被治愈的。但是如果我们换个角度，从更政治化一点的层面来看的话，那么面对一个恶人的时候，我们应该怎么做呢？是因为他潜在的危险（这一点很难判断）来驱逐他，还是让他融入社会，拥有一席之地？这个问题其实反映了一种伦理学层面的思考：是要接受人的缺点和卑劣，原谅他的恶行，还是要试着以普遍的善的名义来治愈他？

米：确实，如果我们把恶毒理解为一种违背法律的倾向，那么它就是一个政治问题。恶毒在政治上的形式，被人们称为“腐败”，也就是说社会组织中的一些个体把自己排除在法律之外，只为自己谋利益。政治上的恶毒通常表现为“例外”，这种“例外”表示了和法律的某种关系。暴君把自己排除在他制定的法律之外，贪污者认为自己可以凌驾于法律之上。法律会带来一定的义务，通过逃避这种义务，人就一定会获利。其他人都是一直按照义务来行事的，而“我”摆脱了它们，“我”就可以说“我”利用了法律来损害它所代表的普遍性。

阿：我们想到了2013年卡于扎克（Cahuzac）的案子，它震惊了全法国。他不仅是一个部长，更是一个国家的代表人，居然凌驾于他本应遵守的法律之上。作为预算部部长，他在国外拥有多个秘密账户。

米：一个应该打击腐败的部长，却利用他对控制系统的了解来滥用这些系统，这的确是个很有教育意义的例子。这里就出现了机构的意义问题，因为我们正在思考的就是，在政治和社会的大环境中，我们应当怎样应对官员的腐败。政治哲学，乃至政治史本身带来的应对方式是，与其指望官员的美德，或公民自发的美德，不如建立制度来规范个体行为。再说一遍，我们这里所理解的恶毒指的是那种将自己排除在支配众人行为的法律之外的腐败。我们触及了恶的体制层面，并且要记住两件事：第一，有些体制支持恶毒，这在极权制度中就可以看到。第二，这就是政治悖论，反腐斗争只能是制度性的。关键在于用一系列法律程序来取代个体的选择自由、意志或者意愿，个体在任何情况下都不能摆脱这些程序，而它们的目的就在于控制用个人利益取代集体利益的倾向。

这里事情就变得很有意思了。就像我们看到的那样，我们赋予公共机构的地位，是取决于基本的人类学的。如果我们真的愿意好好思考一下政治、权力的联系包括掌控的影响，就要假设人是恶的。这也就是说，当我们想要思考政治时，我们不能让自己沉沦于乌托邦式的纯洁主义之中，以为人生来就是好的，然而我们眼中所看到的一切都是与之相反的：结党营私、社会腐败等。

但这并不是一种马基雅维利式的从贬义层面来看的观点。我谈到的更多的是一种具有启发性的假设：如果想要理解机制的必要性，就要假设人是恶的，因为如果人是恶的，那么他生来就不是严守法规的，生来就不是服从法律的。我们在思考法律的同时，还必须思考实施法律的手段。法律，既是天平也是双刃剑。

阿：这个观点也是一把双刃剑。如果它和卢梭所说的正好相反，认为社会，也就是政治可以限制恶，那么危险就在于，国家可以用干预恶毒的名义无限地介入。

米：这更多地涉及一种政治理论，也就是把国家和教会混淆了，并希望国家起到根除人性之恶的作用。事实上，说国家、教会或者整个群体有着一个道德目标的观点是非常危险的——康德早已看到了这一点。政治和道德的混淆有着极大的风险，因为道德专制的破坏力在历史上已经屡次得到了验证。

康德只是简单地说了下面这件事来表示这一点：恶是“根本的”，这意味着人有一种将自己排除在道德法律的普遍性之外，却认为它仍适用于其他人的倾向。我们可以想想说谎的人，他只能在一个其他人都尊重真相的世界里说谎。撒谎者假设其他人都相信真相，若非如此，他的谎言也就没有任何用了。将自己排除在普遍之外，又把普遍作为一个手段，按照康德的观点来看，这是恶的特性。

说这种恶是“根本的”，这就是认为恶在人性之根中。然而这种根源其实就是自由。这里出现了一个悖论：康德用了一些从自然中借过来的词语（“根”“倾向”[1]）来解释自由导致的选择。做出行动的这个人，即使是糟糕的遭遇导致他变成这样的，即使是由于社会地位而被迫变成这样的，即使他是因为一个腐败的社会而变成这样的……

1 法语为penchant，古义为“坡”。——译者注归根结底，他也是按照康德的“永恒的选择”行事的。我们无法追溯其历史，这导致主体把自己的利益置于普遍利益之上，把自己的欲望凌驾于法律之上。所以他认为，恶的根源是自由。

要想更好地理解恶毒，就要追问人类自由的本质。根据康德的观念，有两种自由的概念：首先是作为自治的自由，即选择有利于理性所规定的道德法则——也就是说，它的准则是服从于绝对命令。只有当一种意图可以普遍化的时候，它才是道德的——就像我们刚刚提到的谎言则是相反的。

但是除了这个作为“自治”的自由概念以外，还有作为“选择”或者“意志”的自由。自治是无法选择的，它服从道德法则，而意志则代表了一种可以选择服从或者不服从道德法则的能力。根本的恶在于人习惯选择个人利益，而非责任。它是“根本的”，因为这种违背法则的选择不是根据时间来做出的（时间对于自由来说没有意义），而是类似于一个原始和永恒的决定，这有点像我们刚提到的埃尔神话。这里的关键点是要看到恶是通过“自由”来否定“自由”的，而且只有当“自由”这个词在这两处意思完全相同的时候，这句话才有意义。但是如果人们能够理解恶毒是由于“意志的自由”违背了“自治的自由”而产生的，这句话就更加具有启迪性了。违背道德目标的意志是一种糟糕的意志。这就是“奴隶意志”(serf arbitre)这个宗教标志所表达的：如果我们承认只有善才能解放人，那么选择恶已经是被奴役。

康德得出的结论是，想要完全地从人性中根除恶，就要完全地根除自由。一个没有恶毒的世界也不会有善良存在，因为只有木头人的世界才永远不会有选择。因此，我们永远也根除不了——唉，我们可能还是要从道德观点来看——我们用恶的方式来行事的倾向，因为这种倾向已经被铭刻在自由之中了。

另外，说要根除恶的可能是极其危险的，因为这立马就引发了一个康德认为是迷信且专制的观点，也就是说：各种机构，或多或少是宗教的或者政治的，实际上是宗派的，有权搜查人心和思想。政治和道德的混淆会让法律失效，而我们已经看到了，法律并不能根据个体内心的恶毒来评判人，而只能通过人的行为和法律的关系来裁定。但是，美德的政治、善的政治忽略了恶和恶毒是建立在自由之上的。因此，我们要想彻底摆脱“恶的可能”的唯一方式，就是完全摒除个体的自由。

正因如此，我们要听一听康德的警告：“想通过强制手段为道德目的建立宪法的立法者有祸了，因为他不仅会因此与该宪法背道而驰，还会破坏他的政治宪法，使其失去所有的稳固性。”仁慈的政治带着最美好的意图，说要一直统治世界，这意味着它混淆了（对善的胜利的）期待和（与恶作斗争的）义务。政治不同于道德和宗教的地方在于，政治不打算完全根除恶，而只是想要与它斗争，并且尊重恶的根源，也就是人的自由。这并不意味着政治要把恶最小化，也不是说它不得适应社会发展的要求；相反，这意味着社会发展在人的皈依这件事上是有局限性的，因为人的皈依并不是一个政治问题，而是一个宗教问题。换句话说，政治的目的是公正，而不是善。

阿：这里是说选择一个没有恶、没有恶毒的社会，那就是选择了一个没有自由的社会。要想作恶，就必须存在善恶之间的选择。

米：这可以追溯到我们之前所说的，可以建立制度来阻止暴力的发生。法律一直反对赤裸裸的武力。换句话说，法律引导行为、鼓励行动、限制冲动，因为法律是拥有一些强制措施的（法官和警察）。它和恶毒是对立的，如果我们把恶毒视作一系列损害公众利益的行为的话。但是，在“阻止人的行为”和“转变人的意识”这两者之间是有很大距离的。所以，根据康德的“准则”，对于法律或者是负责实施法律的政治机构而言，公民为什么会缴税、为什么遵守法纪、为什么不犯罪这些问题都不重要。只要公民不将自己置于他所参与制定的法律的共同领域之外，这些就都不重要。相反的是，公民为什么遵守法律，是因为投机还是真的尊重法律？国家是不知道这些原因的，当然人自己也不知道……无论如何，在这个世界上建立或者想要建立一个良知法庭，尤其是还想这个法庭能够实施惩罚，或者是在道德领域做些决定，那么就形成了专制的源头。

公民需要美德，但这种美德是一种外在的美德，所以有别于那种道德上的美德。它涉及的是公共行为，而不是意识的个人内在性。这就是为什么康德说了这样一句有些怪异的话："即使是'恶魔民族'也可以给自己制定法律。"要想在一个国家中生活，遵守公共法规，那么只要一点简单的利益计算就足够了。重要的不是公民的善良，而是他的智慧让他得出的结论：制度下的生活比欲望的混乱状态要更有益。"恶魔民族"这个形象对于康德来说完全是具有隐喻意义的。人不会和恶魔一起生活，因为他不会想要为了恶而作恶，但他总是会为了自己的个人利益行事。这个形象旨在表明道德意图领域与政治无关。从法律角度来看，个人的恶毒并不是公民义务的障碍。

阿：但是法律对故意行为和非故意行为进行了区分。根据有无预谋，对罪行的判决是不一样的。

米：确实是这样，但是要区分法律上的意图和道德上的意图。从法律意义上来看，意图是一个几乎是经验论的概念，它被定义为一个主体的计划，是否偷盗或杀戮等。这就是“预谋”这个词的含义。法官会根据确凿的事实来判定一个人是否故意或者有意犯罪。如果有证据表明罪犯为了行动而做了准备，或者留下了一些计划的痕迹，那么预谋就是成立的。我说意图是“经验论”的，是因为它可以在事后根据确凿的事实和调查结果重建。这个调查的目的是衡量被告人的恶毒吗？不是的，因为法律已经规定犯罪（如果是犯罪）是应受谴责的。预谋加重了罪行，因为它涉及罪犯的算计意志：本来在任何时候，他都可以结束导致他犯罪的一系列准备和行动。这不同于因为一时冲动而犯罪和不知道自己触犯了法律的情况。所以，从法律的层面来看，意图是和预判联系在一起的。

现在我们可以思考一下犯罪调查是不是为了重建罪犯的意图。这里，重要的不再是搞清楚主体是否为自己的行动做了准备，而是要确定他的行为所反映的深层原因和精神状态。不再是“我为我的行动做了准备吗？”，而是“我是根据什么道德准则行事的？”，这种意图是康德唯一关心的。它不再是经验论的，所以也不能通过它留下的痕迹而被重建。它涉及的是主体的道德自由问题，也就是面对理性制定的道德法则时所采取的立场，只有在这个层面才会出现恶的问题。所以，这不再是法律是否同意的问题，这里涉及的是行为的深层因素。康德的主要观点是说，出于主体的自由，这些因素变成了动机、行为理由。但这属于超感觉的领域：没有法官能发现它们的起源，否则它们将不再是自由的。

有责但无罪

阿：法律和道德之间的区分是很重要的。因为它让我们得以理解用来“维持恶毒”的政治利益——不承认某些行为是恶毒的，也就是否认它们将会伤害他人，所以要区分行为的责任和它所带来的罪过。我们可以对一项行为负责任，但不一定对此有罪，反之亦然。这就是我们在《比利·巴德》中看到的。我想到了乔治娜·杜福（Georgina Dufoix）在血浆污染事件中说的那句著名的话：“有责但无罪。”我们觉得她在耍花招，但是这句话确实是有意义的！

米：这句话引发了——而且一直引发着——很多的争论。在我看来，这些争论是和不理解联系在一起的。我们暂且不说这个血浆事件的根源，但是把“责任”和“罪恶”区分开不仅是明智的，而且是必不可少的。一个混淆了这两个概念的社会最终会把道德和法律混为一谈，以至于引发我们刚提到过的种种后果。这件事里的责任不是指意图的领域，而是指拥有一个法定的职位，因此要对其他人在健康或采血问题上做出的决定承担政治责任。这又涉及了“代表”的问题：一个部长代表着它的行政部门，这就是说他要对他采取的措施负责。关于他是否清楚这些措施，那都是次要的，他有义务知情，因此自然而然地受其约束。

而罪恶则与之相反，它的前提是知道相关的内容。在一个法治国家，我们可以对无知负责，但不会因为无知获罪，否则我们将会回到错误的悲剧观点上去。比方说俄狄浦斯（Œdipe），他就因为他不知道的事情（杀父娶母）而获罪了。从悲剧视角来看这个故事的话，罪恶包括了责任，因为与其说他的过错来自意志，还不如说是来自命运。主人公是有罪的，但没有责任。俄狄浦斯的错不在于他做了什么，而在于他一定要知道为什么诅咒会降临在底比斯城。当他意识到是自己造成了这个诅咒时，他剜瞎了自己的双眼，他什么也不想看到、什么也不想知道了，但是已经太晚了。

这和现代的政治责任是相反的。在现代政治责任中，首要的职责就是要知情，一个部长如果不了解他的部门所做的决定，我们对他的指责就是合理的。悲剧中的犯罪是本体论的，可以说悲剧主人公生来就是有罪的。而政治责任则是制度性的：它指向的不是个人，而是职责。

即使我们采纳犯罪的现代概念，也不能和民事责任混为一谈。在这种情况下，主体总是要对他的罪行负责，因为错误来自他的自由选择。但是反过来就不成立了。要知道“责任人”这个词来自动词“回应”：军事指挥官要对他的士兵的行动负责，即使他没有下达命令；部长要对他的行政活动负责，即使他没有下达明确的指示。因此，当出现过失的时候，哪怕那不是出于他的本意，但人们也会认为他本来可以阻止这种过失，他就必须引咎辞职了。这种政治或者民事责任既不是刑事责任，也不是道德犯罪。

一个混淆了“犯罪”和“责任”，随后又混淆了“民事责任”和“刑事犯罪”的社会将会变成这样：秉持与恶毒斗争的名义，会出现——在最好的情况下——一个无所事事的系统，因为一个责任无限扩张的社会终将变成一个无人敢行动的社会。

如今我们可以看到，随着保障系统的完善，个人责任问题也出现了。当人们担任职务（当选代表，医生等）后，他们越来越多地被大量的担保、司法保障等一切限制行为的东西包围着，因为公共行为似乎只能通过疑虑来掌控了。这就是预防原则所带来的偏离正轨。除了技术和生态问题所带来的实际风险，也不要低估了我们对政治的不信任，政治越来越多地被同化为“恶”的领域。我们一直以来的传统就是将政治视为人类的恶毒、谎言和暴力的发生地。在一个民主的环境中，这一传统为代议制的敌人提供了武器。

阿：那么，我们要怎么才能找到一种政治有效而又不会沦为说教的平衡点呢？

米：我这个观点可能有些陈旧，但我认为如果出现了有关恶毒的政治问题，那是因为政治暗示着统治。民主根本不会消除“统治”这个层面，顶多是稍微缓和一下罢了。马克斯·韦伯（Max Weber）就已经指出：“没有统治，指望人的自治的政治理想是乌托邦。”更确切地说，民主促进的是对既定权力的控制及其可能的滥用。但是政治状况在原则上与“阿卡迪亚的牧人”无关，康德引用这个概念来讽刺没有暴力也没有历史的人性神话。

在帕索里尼萨罗（Pasolini）的《索多玛120天》（*Salò ou les 120 journées de Sodome*）这部关于政治、统治和恶毒的恐怖影片中，我们很清楚地看到权力的逻辑是一种毁灭的逻辑。实际上，证明我们对某物或者某个存在的最彻底的权力的方式，就是毁灭它。帕索里尼的电影显然是对法西斯主义的谴责，因为它将萨德书中的行动设定在萨罗这个傀儡共和国，它由一个听命于纳粹的墨索里尼领导。但在这部影片中，真正令人无法忍受的是，它所上演的酷刑遵循的是一种“权力与快感相关”的逻辑。这里的错乱表现为受害者完全失去了反抗能力，直到承认自己的死不值一提。

在权力中，在对统治的过度渴求中，有一种让权力非常明显地接近于所谓“恶毒”的“无度”。因此，政治领域中必须有一些能按下暂停键的东西，来限制这种想要对所支配之物实施极端统治的自发的欲望。我们可以想想列维纳斯在他的《总体与无限》（*Totalité et infini*）一书的开篇就说道：每一种道德，每一种政治，甚至是每一种哲学的真正的问题就是“战争”。他的意思远不止野心之间的争斗。战争是存在试图得到永续的结构。恶毒的首要表现就是想要“坚持自己的存在”的这种欲望，想要无限地扩张权力，好保住权力。即使我们不同意列维纳斯关于本体论的评判，但可以肯定的是，政治如若不考虑恶的问题，就会陷入可疑的纯洁主义。

面对随时可能卷土重来的战争，我认为除了法律以外没有别的调停办法。确实，和法治国家给人暗示的田园诗般的愿景不同的是，法律不会取消统治，也不会取消也许从本质上而言是无度的权力的管辖，但法律至少设置了限制。

阿：这给了国家一个极高的教育地位，国家应该教公民怎样不作恶吗？

米：一切取决于您对国家的理解。在法律适用于国家的条件下，我认为说（公共）教育和合理的约束限制了人类的过度行为是合理的。国家使命中有一项要求，它不是对个人进行道德教化，而是进行文明教育。

所以，对于国家而言——有必要说明这适用于服从法律的共和制国家，并不是要摒除或者消灭恶毒，而是尽可能地限制恶毒以公共的方式出现。如果有人说——我觉得这样说也是有道理的——社会恶毒的一个原因在于无知，这也就是说，缺乏教养，缺乏自我成长，那么我们就完全可以构想一项合法的教育计划，但并不是要改造人，而恰恰相反，是要把一些生物改造成人，这些生物在生命之初并没有保证可以根据道德来行事。

当然了，可以评判个人在道德领域的成败的并不是国家，而是文化机构和教育机构。归根结底，还需要法律机构来限制人们对恶的倾向。我觉得这是完全可行的。另外，还要防止这些机构堕落和腐化。这就是保罗·利科（Paul Ricœur）所说的“政治悖论”：“国家既是理性的最大化，也是过度的最大化。”正是契约使人们和谐相处，而极权使他们服从。我们还没有完成对这个“国家将最大化的理性和最大化的意志联系在一起”的悖论的思考。

什么历史呢！

阿：我们已经看到了恶毒的概念是怎样依赖于历史、宗教和文化背景。我们从古希腊开始，然后提到了基督教中的原罪学说，之后是文艺复兴，最后是现代的一些恶毒问题……您觉得恶毒的这段历史是在进步吗？今天的人们没有那么恶毒了吗？

米：说“暴力的历史”是很合理的，甚至构建一段“残酷的历史”也是可以的，因为残酷是从主导的道德中逐渐成形的。我们也知道道德是有一段历史的。用诺伯特·埃利亚斯（Norbert Elias）的话说，“西方的动力”是一个拥有数百年历史的控制本能、驯服欲望和制服冲动的过程。皇室宫廷中的礼仪和禁令曾起到了调节社会关系的作用，而我们今天习惯于将这种作用最小化，因为现在谴责不文明的行为已经成了时尚。

我很难说我们可以书写一部关于恶毒的历史。当然了，极端犯罪和绝对恶毒在历史上是有代表性事件的，过去的弑君、现今的恐怖主义都是这种类型的代表，都属于某种对神圣的亵渎。如果我们认为国王或无辜的平民是神圣的，那么在他们身上犯下的罪行就会使得肇事者有资格成为绝对的“恶人”。

相反的是，构建恶毒的历史是在断言某些完全不同的事情，也就是判断人在历史进程中是否变得更加恶毒，这是一项极其冒险的任务。再说一遍，我们再次面对着内外的二元对立。个人允许自己所表现出来的暴力，会根据现行的风俗和法律而发展变化，但这并不能向我们证明行为内在的道德动力。

恶毒本身只有在它指的是人类自由决定赞成或反对善的时候才有意义。这个决定，由于它是自由的，因而没有历史。康德已经说过，自由与时间，尤其是构成我们经验的因果关系是无关的。因为尽管科学教给了我们关于决定论包括社会决定论的一切，但自由让人类脱离了自然。从哲学上讲，很难去捍卫“自由有度”这个观念。人不会因为环境而拥有更多或者更少的自由，因为自由并不存在于自然决定论的夹缝之中。最好认识到有两个不同的层面：一是不存在自由行动的空间；二是对于个体而言，没有任何决定论具有绝对制约的力量。对于恶毒的选择就在这第二个层面上。

自由当然有助于创造历史，但它本身并不是历史的结果。这实际上表明，法律的进步并不代表道德的进步。这无疑是康德的“根本的恶”要告诉我们的：恶毒位于心智层面，任何文明的进步都不能控制它。我们可以看到20世纪中期的德国，这个可能是拥有最先进文明的国家，却表现出了大规模的恶毒。对莫扎特的爱或是对科学的热情都不能避免恶的发生，因为与其说恶与美学有关，还不如说与理论有关。恶毒涉及实践理性，也就是命令的理性，而不是认知的理性。

恶毒的问题，就像还有善良的问题，它促使我们去考虑它们发生的前提条件，而不是人类的本性。自然所遵守的法则不包括道德层面，那么在人类的本性中，我们当然也不会找到类似于恶毒的东西。道德之恶的根源是深不可测的，因为它是一种任何理性都无法完全解释的选择。这就是为什么为了要与恶毒做斗争，就必须放弃解释它。

固执

阿代尔·范·雷斯—米利亚姆·雷沃·德阿隆纳

开场白

阿：米利亚姆·雷沃·德阿隆纳先生，固执指的是一个人对于想要或者实现他脑海中的东西的极端坚持的这样一种性格特征。这是一个非常矛盾的概念（是好事还是坏事呢？），不过它与古典哲学体系特别格格不入。

米利亚姆·雷沃·德阿隆纳[1]：这就是为什么这个概念对于我这样的哲学家来说非常有意思！因为对于哲学而言，研究非主流问题、不会在高三课程中出现的主题，或者不是传统哲学的经典问题，那总是非常有成效的。哲学并不仅仅要处理一系列事先已经有答案的问题，它也是（并且主要是）一种靠近、深入主题和客体的方式，它面对的更多的是一些第一眼看上去与哲学无关的话题。比方说一些常识中的概念，或者是——“固执”就是这样——为了揭露隐含假设的、对性格特征的审视，甚至是一些需要探索的、未曾想过的问题，以使我们从没有怀疑过的东西得到显露。这就是苏格拉底对他的对话者提出的问题（什么是勇气？什么是美德？什么是正义？），提出这些问题的目的就在于动摇对话者们预先的定见。这一切——表面看起来——是“众所

1　以下简称“米利”。——译者注

周知的”，但它往往因为不被质疑而鲜为人知。用非常规、边缘化的方式工作，这就是哲学。

从这个方面来看，吸引我们注意的是这一点，“固执”是一个非常模糊的概念，从它的意义和用途方面来看都是很模糊的。一方面，我们可以赞美固执，相信它的积极内涵：它是耐力（endurance）、顽强（ténacité）、坚持（persévérance）（哲学家们对这个词的探讨远远比固执多得多）的近义词。换句话说，它是一种意愿或愿望的标志，这种意愿或愿望长期持续并最终得到实现。另一个方面，当固执被打上负面的标记，并被贬低的时候，它就等同于偏执（opiniâtreté）、顽固（entêtement）、愚钝和盲目。

换句话说，“固执的”就意味着“持续的”（我们会立即想到斯宾诺莎，对他来说，“对存在的坚持”是指每个存在所特有的生存和行动的能力）；“盲目的”就意味着从智慧和知识的角度来看，个体正忍受着失明的折磨，就好像固执是和理性相违背的，如果看清了，就不会这样固执了。我们还要注意最后这一点：当我们从消极的方面来研究固执的时候，通常是因为我们把它和缺乏（假定的）理性和知识匮乏相互关联，然而固执可以在某些情况下标志着长期的理性和智慧。

我还想补充一点，固执不仅是一个模糊的概念，同时也是非常不稳定的，几乎是摇摆动荡的，可以说它是站在悬崖边上：坚持——在某种情况下——会变成过激，变成盲目，而正面含义总是会面临着转向负面含义的风险。

所以我们现在面对的是从固执衍生出来的这个哲学问题：这种潜在转向的前提条件是什么？是什么前提导致这个概念有时被赞美，被引向坚持、耐力（endurance）、顽强的层面，有时候又被谴责，被看作盲目的顽固？

阿：在更深入的探讨之前，您是否可以具体说明固执一方面与坚持，另一方面与顽固，是在哪层意义上有区别呢？固执难道不是这些词的近义词吗？或者它的特别之处在哪里呢？

米利：您这个问题问得很好，因为我压根没想到固执的特别之处。它要么意味着坚持，要么意味着顽固。我觉得这个词是在这两者之间来来回回，所以问题在于要确定它从一者转向另一者的前提条件，对它的追问是要从它的矛盾性开始的。

阿：这意味着对于固执而言，没有中立的观点，它从一开始就在道德上被定义了：要么是积极的，要么是消极的。

米利：这就是它的有趣之处。我们看到，在目前的用法中，这个词是以一种消极的方式被定义的。我们会说有人固执地坚持自己的错误（教会谴责以各种方式“固执地坚持罪恶”的人），我们会说孩子固执地坚持应受谴责的行为，通常表现为

“不听话”。我们很少会把固执当成一种美德。要想做到这一点的话，就要把它和长期计划的实现联系起来，可以在其中看到某种抵抗的力量（就好像卡米利扎尔的女人们经年累月地在监狱墙上刻下“抵抗”这个词）。我们还要格外关注艺术家、思想家、作家的固执。我们会想到莫奈（Monet）在创作《睡莲》系列画作时的固执，他在三百多幅画布上不断重复印象派绘画的工序，力求在画布上展现出光的变化效果。写作难道不也是一种固执的艺术活动吗？对这个概念的不同用法和不同评价都有着不同的风格，可以是哲学化的，也可以是道德上的，或是心理学的。我们可以欣赏一种性格中的固执，赞美它的坚忍和顽强，但如果我们从其中看到了对论争的麻木和无法改变的僵化的话，也可以为它哀叹。但是最重要的是，要回到引导这些评价的观点上来。

阿：有个词对于细化我们的思考是很有用的，它就是“欲望”。在这两种情况下，不管是把固执看作积极的还是消极的，它都和欲望有关。

米利：没错，完全如此。而且根据人们对欲望本身的不同的解读，固执也会有不同的色彩。固执总是和欲望有关，但并不是所有的哲学问题对欲望的态度都是一样的。有些人会在欲望中看到匮乏（人会渴望已经拥有的东西吗？），也有人会把欲望的晦暗（生涩）和知识的理性与清晰做对比，还有人会指责欲望会带来依赖，这会妨害灵魂的平静。

但是如果要把固执和欲望联系起来，这就必然地回到斯宾诺莎的观点上去。在他看来，固执不是这样命名的（它被定义为坚持），但它归属于conatus这个基本概念，在《伦理学》的第三部中被看作“坚持自己的存在”（persévérer dans l'être）的力量。Conatus指的是每个存在所特有的力量和活力，它张弛的范围非常广泛，即在“最小化（极端被动）”和“最大化的主动”之间。要知道，对于斯宾诺莎而言，欲望是人类存在的根源，因为我们每个人都带着一种最根本的欲望，也就是存在本身：欲望并不是通过匮乏来定义的，它是对自我的积极肯定。Conatus就是这种欲望的努力，以坚持而存在，提升人生存和行动的力量。这里非常重要的一点，能让我们理解存在中的坚持的积极特征的就是斯宾诺莎并没有把欲望视作一种匮乏，而是看作一种力量。欲望的目的并不在于填补某个“对象”的匮乏，它有自身的力量，而且并非目标对象，而是欲望行为本身给它带来了力量。欲望并不取决于所需之物的价值，而是我们赋予该物的价值之根源。这样就可以理解固执是一种坚持可以从积极的方面来解读。

阿：那么与之相反的就是，当从消极的方面来定义固执的时候，那指的就是欲望的缺失，不再能行动，也不再能认知。蒙田（Montaigne）在《随笔集》（*Les Essais*）的第三部分第八章“论对话的艺术”中，就曾谈到了一些拒绝改变的想法，因为以为自己在坚持真理的人们的愚蠢的顽固：“固执加上对所持观点的热情是愚蠢的最有力证明，还会有像驴子一样笃定、坚决、倨傲、沉寂、严肃和认真的生物吗？”

对“观点”和“驴”的提及表明，这里的固执更多的是缺乏智慧的标志。

米利：这与斯宾诺莎的观点并不相悖，他把欲望的力量定义为对存在的坚持，之后又引入了关于无知和盲目的问题。但是蒙田的立场更多的是理智主义的。如果说固执和对所持观点的热情是愚蠢的最有力证明，那是因为坚持的是一些错误的观点或者偏见，还有认知的缺陷等。所以，这里的固执是违背理性的。驴子这个形象是很夸张的。人们蒙上它的眼睛，好让它一直往前走，它还代表着胸襟的狭隘。换句话说，如果能够看个清楚，那人就不会继续固执了。我们可以在这里展开来说一说和光亮有关的隐喻游戏。固执是和理性、智慧的光芒相悖的，它是晦暗、生涩的代名词，尤其指视角或者攻击角度的狭隘。在蒙田看来，对固执的批判是部分地和精神的狭隘以及偏见联系在一起的——固执意味着无法接受普遍性或者广泛性。

要说明的一点是，蒙田对固执的批判是站在人文主义视角上的，并不是从道德或者宗教角度出发的。之所以要说明这一点，是因为基督教理论中还有对固执的另一种批判，它把固执视作“对罪恶的顽固”而批判固执。这是持续犯错的罪人的固执：它与当代的“惯犯”观念不无关系，这个概念被定义为“对犯罪的固执带来的反复和影响”。我们会说回到这里，因为我们几乎可以认为罪人说到底就是惯犯，起码是潜在的惯犯。这里要记住的是，对固执的谴责是部分地和坚持恶的人的形象相互联系的，在圣奥古斯丁和圣托马斯（Saint Thomas）那里都是这样。

于是，固执意味着不服从。但即使在这种情况下，在不服从主的想法中，也有一种值得我们关注的矛盾性。在《旧约》中，犹太人被形象地描述为“脊背僵硬的人”，换句话说，也就是不愿意服从的人。他们拒绝向主低头，拒绝悔改。这种形象是粗鲁的，但并不像我们想象得那么负面：脊背僵硬的民族，是不愿意服从的民族；同时也是拒绝臣服、拒绝低头的民族，于是也表现出了顽强、坚定的灵魂、抵抗的能力和长久坚持的能力。叛逆、固执，但又相互团结，这种矛盾性使不服从成为一种潜在的抵抗和永存的身份的核心。

阿：但是难道不应该把作为个人性格的固执——被蒙田视为愚蠢——与作为集体诉求的固执区分开来吗？一种

是无知，另一种是抵抗，我们在这两种情况下谈论的是同一码事吗？

米利：当然不是了。我们发现了这个概念的二元性，这就是它有意思的地方。也就是说，当基督教传统在谈论有罪的人的固执的时候，它指的不仅仅是个人的固执，而是，至少从一开始指的是人类的固执——而这完全是有罪的。所有人都以同样的方式沾染了原罪，所有人都拥有潜在的固执，而唯一的不再坚持罪和恶的方法，就是得到救赎。这个概念既是集体的，又是个人的。

在蒙田那里，从一个完全不同的视角，我们看到了某些相似的东西。当然了，当蒙田写下“固执加上对所持观点的热情是愚蠢的最有力证明”这句话的时候，他指的是个人行为，但我们在其中也可以看到某种潜在的危险，而这种危险说到底，是无论哪种人类智慧、哪种个体理智都拥有的。蒙田指出了普遍人性的潜在倾向：很容易沉迷于偏见，因为这种立场更为普遍、更简单也更轻松。对于这种倾向（固执己见）的抵抗与伦理、个人知识相关。

阿：蒙田谈得要更深入一些。如果说固执的人就像抓住救命稻草一样紧紧抓着一个观点不放的话，这意味着，理性不是要以“真理”的名义站稳脚跟，而是要能够改变自己的想法！人必须注意思考，以掌握像生命一样不断变化的真理。这种存在的不稳定性，就是蒙田所说的偶然性，即事物总是有可能和它原来的样子不一致。

米利：对偶然性的思考，又可以衍生出对固执的分析的另一层面。实际上，固执并不仅仅和内在性有关，它不仅仅是自身对自身的关系。不管是积极地还是消极地看待它，固执都和世界的现实有关，和发生的系列事件相关。它与个人融入现实、融入外部世界的方式，以及个人对现实的看法有关。有趣的地方在于，要看到该视角加强了这个概念的不稳定性。我们可以举一个具体例子——行动。当然，一个人该行动的时候，也就是说采取措施、开始做某事、融入现实的时候，如果他的行为考虑到外部现实，并对外在条件十分关注的话，那么他的固执就会发挥作用，并以积极的方式表现出来。如果他的行为是盲目的，他根本不顾及外部现实的偶然性的话，那么他的固执就会是消极的，甚至可以说是无效的。此外，我们不是单打独斗，而是与他人一起，为了他人或反对他人而行动的。这种行动的多元性、这种相互作用也是构成偶然性的要素。

阿：为了说得更具体点，我们可以举个例子。海因里希·冯·克莱斯特（Heinrich von Kleist）的短篇小说《米哈勒·寇哈斯》（*Michael Kohlhaas*），小说同名的主人公为了得到正义不惜一切代价。而他争取正义的举动从正面的变成了负面的，因为他不知道在合适的时机住手。

米利：没错。在这部短篇小说中（它最近被阿诺·德斯·帕里勒斯［Arnaud des Pallières］改编成了电影），克莱斯特讲述了路德时代的一个马匹商人的故事。他的生活非常安逸，一天在前往博览会卖马的路上，当地领主拦住了他，让他缴纳通行税。因寇哈斯拒绝交税，他的马匹被扣了下来。当他最终要求归还他的马匹时，他发现自己的马饱受折磨，繁重的农活和饥一顿饱一顿让马儿们瘦得皮包骨头。他要求把马治好——而这再一次遭到了拒绝。这个诚实守法的平民第一次诉诸司法以求获得赔偿。但由于大封建主的权力，他遭遇了接二连三的失败。他的妻子到法庭上为丈夫辩护，之后被暗杀，这使他的生活发生了翻天覆地的变化。为了伸张正义，他卖掉了一部分家产，然后煽动农民起义，反抗领主的不义行为。他破坏了这个地区，并开始散布恐怖。最后是路德参与重新审理了他的案子，判决包括两个方面：米哈勒·寇哈斯因为所遭受的不公而获得了赔偿，他得到了他的精神饱满的马匹，但他同时也因犯下的罪行和带来的混乱而被判处斩首。

寇哈斯试图伸张正义，而且他执意要求归还马匹这件事再合理不过了，但是他对于正义的诉求失去了分寸，并且让整个国家都因对两匹马的劫掠而陷入了战火之中。封建社会权力的不公与被引导反对它的、自称是正义使者的主人公的盲目暴力之间的对峙是一种悲剧。封建领主对不公的固执，与诚实的平民支持正义的固执相对立。对这个文本的解读是很复杂的。我们可以想到，一方面，克莱斯特看到了米哈勒·寇哈斯在面对专制和不公正的强权时对人类自由的力量的肯定；另一方面，这种力量在当时的历史和政治环境中是无能为力的。不过，虽然社会秩序表面上看起来仍被好好地维护着，但实际上被打败的主人公的固执已经深深地破坏了它的根基。

阿：这正是对固执的无法超越的矛盾性的巧妙刻画：值得赞扬和必要的坚持是以正义的名义反抗的唯一途径；同时，复仇心态助长的盲目性使他走得太远，只能导致死刑。

米利：判处死刑是对他反抗既定秩序的惩罚。但是米哈勒·寇哈斯的故事并不仅仅指出了行为的无法超越的矛盾性——在这种行为中固执转身进行了自我攻击，这个故事同时也指出了由于视域受限而被惩罚的行为的悲剧性——米哈勒·寇哈斯忽视了封建社会和权力关系的事实。他接受路德劝他屈服的调解这一事实，无论是从道德的还是从抽象的层面来看对他的立场也是具有标志性意味的。

阿：我们是否可以说当固执为了一个高尚的理念或者动机服务的时候，它是积极的；但是如果它只是一种简单的性格特征，并让人变得顽固、偏离原先目标的时候，就是消极的呢？

米利：还要更复杂一点。当固执是为了一个正义的动机而行事的时候，它可以是积极的，但如果它没有为这个动机采取合适的方式的话，它也可以变成消极的。这是一个实践问题，甚至是一个政治问题。一个人在追求合理的事业时完全可以表现出固执，但是当一个人参与政治时光有固执是不够的，他必须采取适当的手段才能够成功。这个时候，必须考虑到实施的条件和权力的关系。我们可以看到米哈勒·寇哈斯对正义的合理热情是怎样转变成了盲目的激情，这不仅仅导致他自己的死亡，而且他还把家庭牵扯其中，以及参与反抗的农民们。很明显，他们被镇压了。他导致这些农民受到了惩罚，但这本来只是他自己的事情。对权力关系的思考会让米哈勒·寇哈斯采取不同的策略吗？除了屈服以外，是不是可能还有另外一条道路呢？这个问题有待思考。

斯宾诺莎：固执是认知的缺陷吗？

阿：我们从固执的矛盾性这个特点出发，从消极层面来看，它是愚蠢的近义词（这是蒙田的观点），或者是和疯狂相近的盲目，这对自己和他人都是毁灭性的。我们刚刚提到的米哈勒·寇哈斯就是这种情况。

而关于把固执视作积极的概念，您刚举例提到了斯宾诺莎，对于他来说conatus就是坚持自己的存在，并且提升行动的力量。

这就是说，固执的美德不仅在思考之中，也在行动之中吗？

米利：我们可以先这么说，尽管斯宾诺莎也给它加入了智力的层面，但这点我们之后再说。重要的是，要知道，斯宾诺莎的立场是由“欲望是价值的来源”“欲望是人类的根源”这种观点主导的。这一点非常重要，要想了解得更清楚一些的话，我建议您可以读一下《伦理学》第三部分的第六个命题，您会看到这句话：“每个事物，就其本身而言，都在努力坚持自己的存在。”这句话很短，但是足够了。它要告诉我们的是什么？是当我们思考人类的感受、人类的经历的时候，当我们思考这一切的源头、这一切的根源所带来的影响的时候，我们总是会遇到conatus这个重要概念，也就是努力、力量、属于每个生命的能量。

这种力量会在极大的情感范围内波动：一端是与个人的“被动忍受”相关的“最小化”（能量和力量的最小化），另一端是可以在一个非常活跃的存在中看到的某种“最大化”的“极度主动”。这意味着情感的所有形式——我们所感受到的一切、我们所经历的一切，都是这个conatus的表现，是这种为了坚持存在的力量的表现。但是——正是在这里加入了认知的层面——根据人们对现实的描绘，conatus会以不同的方式展开。人们从“努力坚持存在”这个基础出发，然后情感的不同形式会根据这个源头，以及人们从现实中得来的，根据外部世界的不同遭遇所引起的不同的合理或不合理的想法，带来的不同形态展开。好的遭遇或坏的遭遇取决于它们是否有助于增加或减少现有的、行动的力量。

在《伦理学》这部作品中，我们可以看到在使用表示“努力”的这个名词conatus之前，斯宾诺莎一开始用的是动词形式，也就是动词conari，它表示“努力做”。之所以第一种表达用的是动词形式，而不是像后面的命题中一样用的是名词conatus，是因为这种“对存在的坚持”充满活力的特点。在动词表达中，我们可以感受到一种推动力、一种动力、一种冲力，我们也因此得以把握运动的基本形态。我们承载着这种基本的欲望，它就是我们的存在本身，而且它不是静态的。再说一遍，它不是一种状态，而是一种冲力、一种推动力、一种活力。

阿：但是在这种情况下，我们就离固执很远了：斯宾诺莎提出的这种首要的基本的欲望并不是性格特征，也不是某种人格的明显标志，因为它就是存在的源头。那么坚持，它作为存在本身，可以转变为固执吗？

米利：我们来具体说明一下。如果我们再看一眼刚刚提到过的第三部分的第六个命题“每个事物，就其本身而言，都在努力坚持自己的存在”我们会发现，我们可以用两种方式来解读它，要么是停留在“努力坚持自己的存在”（我们刚刚讨论过）这句话上，要么是来看看前面这一句的同位语“就其本身而言”，这句话第一次看到会有些令人费解。但是这个表达对我们来说，思考“坚持是如何变成了固执的”这一点是很有用的，它表示对于每个个体而言，情感的强度是并不相同的。这个表达标志着这些conatus的强度的不同。另外，斯宾诺莎没有说“每个事物坚持自己的存在”，而是说“每个事物努力坚持自己的存在”，为什么这样说呢？因为在我们的努力过程中，会遇到很多抗拒力量或阻碍，我们所遇到的，说到底，要么是来自现实的阻碍，要么是其他的conatus的阻碍。于是，conatus就变成了一种“关系”，它是情感、冲突，以及可以从更普遍的角度来看的社会性的一个构成要素。正是在这个层面，不同个体的conatus会互相产生碰撞。

阿：这是德勒兹（Deleuze）所说的“糟糕的遭遇”。

米利：没错。就这些遭遇的本质而言，各种conatus会相互碰撞、相互阻碍，或者以积极的方式相互联结。因为在斯宾诺莎看来，个体并不是一个绝对的开端，他属于整个自然界，因此他从一开始就处在和其他个体的关系之中，也就是主体间的关系，以及与整体自然的关系之中。今天我们会说个体“在世界上”，而自从conatus出现在世界上的时候，个体就不是孤独的。如果他不是孤独的，他就会遇见他人，就会碰到阻力。

但同样重要的是，要理解这种对存在的坚持不只和“存续”有关。我们会想到坚持存在，首先就是要“保护自己”。但如果是这样的话，那么斯宾诺莎就会说“坚持自己的状态”（拉丁语是*in suo statu*）。这是霍布斯对conatus的理解。霍布斯也使用了conatus这个概念，但他所说的conatus比较保守，属于一种机械论。霍布斯所说的conatus是*in suo statu*，也就是“坚持自己的状态”的意思，因为他是遵循“存续原则”的。然而对于斯宾诺莎而言，conatus是一种动力，一种延伸的力量。在他看来，“坚持”不属于生机论。确实，我们想要活着，但指的不是生物学意义上的生命。因为更准确一点说来，conatus不是一个简单的存续原则，它指的根本不是保证生存这一点。

这里和我们今天说的“不合理的固执”（obstination déraisonnable）很不一样，这种“不合理的固执”指的是不惜代价维持个体生命。当我们谈到“无效医疗”（acharnement thérapeutique）或者“固执医疗”（obstination thérapeutique）的相关问题的时候，可以再谈谈这一点。

阿：这里的关键是“生命的价值”。活着，就是意味着用生物学的标准维持生命，还是继续行动，或是继续个体的欲望？这确实需要某种固执。

米利：确实，因为欲望就是存在的根源。但这里指的是什么生命？希腊人在这方面做出了重要的区分：他们说的要么是bios，要么是zôè。zôè指的是生物学意义上的生命，也就是生存，这是一个属于生机论的词。而bios指的是存在，是超越了生物学意义的生命的存在，这是值得过的生活。

所以，我们现在可以把生命当作“努力的总和”：出现阻力和拒斥的可能性已经暗含在“努力做”这个表述之中了，因而出现了conatus的相互联系。我们也理解了“就其本身而言”这个表达，它意味着如果说所有人，所有的个体都被这个conatus所定义的话，他们的conatus的强度，或者说能量的总量并不是相同的。斯宾诺莎想告诉我们的是什么？首先，是这个conatus一开始就采用了关系的形式，也就是说它并不单单属于某个个体，而是社会化的结果。然后，因为和他者的相遇，它成了社会化的一个要素。于是，我们会想办法去思考情感的相互联结、矛盾冲突，以及由于无法很好地面对这种冲突，从而让坚持转变为固执的可能性。

阿：换句话说，这是因为conatus在每个人身上的表现都不一样，这导致了每个人的不同，有些遭遇就有可能会带来这种所谓的固执的反应。所以，固执是一种没能克服所遇见的困难（常通过其他个体而表现出来）的坚持而带来的消极结果。

米利：我们可以这样说，但是还要补充一点，就是坚持和固执在伦理学方面有区别。坚持是说人拥有行动的力量，对现实的看法是合理的；而固执则是一种无能或弱点——和不合理的表现有关，让人失去了行动的力量。

阿：所以，您认为固执是在坚持自己的存在的时候，无法考虑别人的表现，也是一种自私？

米利：与其说是自私，不如说是一种无能，也就是无法拥有斯宾诺莎所描述的那种对活力的积极合理的表现，尤其是斯宾诺莎还说了欲望根据不同的存在方式采取不同的形态。重要的是，这里的欲望并不是被先验地引导着朝向这个那个客体，也不是这个那个方向。它的表现需要一些前提条件，这就是斯宾诺莎在《伦理学》第三部分的结尾对“情感”的定义中指出的:“我所说的‘欲望’一词是指人的所有努力、冲动、渴望和意志，它们根据同一个人的不同倾向而变化，并且相互对立，以至于人被四面八方的力量拉扯着，不知道该转向哪里。”

正是在这种和他者、和环境的相遇之中，根据不同的条件，这种欲望的形态得以展开，我们已经可以由此看见坚持转变为固执的可能性了。但也正是由于个人的主观倾向之间的内部冲突（一种内在的混乱或不连贯），坚持会变成固执。

欲望是情感的基本层面，随后坚持存在的努力可以不断增长，那么就来到了“快乐的激情”这个层面，它会增强行动的力量。对于这些欢乐的激情而言，一般不会有什么固执。我们可以在存在中、在存在的力量的提升之中继续坚持，其中最主要的激情就是喜悦。但是坚持存在的力量也可以被消减、被削弱，这就来到了“悲伤”的层面，悲伤的激情会削弱行动的力量。我们可以想到在这种情况下，坚持会转变为固执，后者是接近悲伤的激情的。德勒兹描述过这种变化，他写道:“我们或多或少都‘远离’了我们行动的力量。”因为坚持，我们会不那么远离（或者几乎不远离）这种行动的力量，然而固执会让我们远离这种行动的力量。坚持是和肯定相关的，而固执是和耗竭相关的。

阿：但是根据斯宾诺莎的观点，人可以选择不要那么固执吗？他有办法重建行动的力量吗？既然他依赖与他人的相遇，他的conatus依赖他自己以外的原因，那么他是否有一种行动手段可以将固执转化为坚持，或者他注定要一直固执下去？

米利：是有这种可能的。他可以通过对行动原因的理解、他的智慧以及理性的进步将固执转化为坚持。在斯宾诺莎看来，理性、自由和存在的力量是和变化、成长以及文化分不开的。人不是生来就自由理智的，他是通过理性的经验和实践变得自由理智的。自由的人是理性指引生活的人。

阿：所以，再强调一遍，智慧会指引我们远离消极的固执。

米利：正是如此。对行动原因的理解会让我们远离固执，它同样可以让我们搞清楚“误解”和“幻想”的本质区别。《伦理学》第三部分的前言对这个方面就说得很清楚。斯宾诺莎认为，要解决情感的问题，不是要笑，也不是要哭，或者是谴责消极的激情或情感，而是首先要理解……当然了，理解不意味着要接受，它不会导致某种形式的道德中立，并且这也不意味着一切都是平等的。有对坚持的道德赞美，因为坚持是对存在和行动力量的肯定；也有对固执的道德贬低，因为固执是一种消减和耗竭，其实固执也是因为缺乏认知。因此，这既和疯狂的生机论无关，也不是为“把欲望视为对道德中立的权力的满足”而辩解。但是对理性的思考以及理智主义的观点是来自欲望的力量深处的，这种欲望的力量就是人的存在本身，所以它的方向部分地和理性的实践相联系。还要说清楚的就是理性不“要求”任何反本能的东西：它首先是要求每个人“爱自己”，并且追求让自己更加完美的一切。

阿：斯宾诺莎的这个观点让我们可以很好地把握住这个概念的矛盾性。那么还有一点，我们可能也可以颠覆这个观点，因为在某些情况下，并不是智慧和理解，而是某种持续的、顽固的欲望所带来的固执拯救了人。固执似乎是唯一的抵抗方式。这就是罗贝尔·昂泰尔姆（Robert Antelme）1957年在一篇题为《人类物种》（*L'Espèce Humaine*）的文章中写到的。他描述了自己在第二次世界大战时被关进集中营，为了求生不得不吃泔脚的故事。然而，“在顽强进食以求生存的时候”，他写道，迸发出了“对最高价值的追求”。这里引人注目的地方在于，这不仅是一种为了求生的顽强抵抗，而且它还秉承着人类的某种名义。必须足够盲目才能吃下桶里的泔脚，足够顽强才能想要保全生命。这不是人的动物化，而是在他的顽强抵抗中，人获得了某种程度的人性，这使得他可以抵抗压迫者。

米利：是的。这里的固执表现为对动物化的抵抗，别人想要把他变成动物，但他在努力拒绝。某种和欲望、和作为对存在的坚持的conatus在这里表现出来，固执与生命的价值有关，而不是与生物学的生存有关。固执是这个在集中营里靠吃泔脚维生的人的特点，和表面看起来相反的是，他没有抱着某种耻辱、不甘的想法，也没有因此而沉沦堕落。因为他吃泔脚的经历，就像昂泰尔姆写的，是“抵抗的方式之一”。为了生存而斗争，坚持活下去，战俘也在努力证明自身所有价值的合理性，包括那些被党卫军称只有他们可以享有、拒绝他人拥有的价值。在顽强进食以求生存的时候，与其说是幸存者的斗争，不如说是追求最高价值的生者的斗争。这就是为什么在耻辱的另一端，也就是说在“堕落”的另一端（因为这种堕落是纳粹的党卫军强加的），这场斗争证明了生命的价值，也证明了拒绝被刽子手动物化的价值。昂泰尔姆甚至涉及进食泔脚的“伟大”，不仅是因为当时他面对的极端情况，也是因为党卫军所谓堕落只不过是“表面的”——它并不影响人的完整性。“一个人越是受到党卫军的威胁，他就越有可能成为真正的人。”所以，要吃东西——即便是吃泔脚，即便是舔碗底，也要保护自己免于挨饿受冻，要在繁重的劳动中保存体力。尽管这种（关于抵抗的）情况确实比较极端，但我们还是可以从斯宾诺莎的观点来解读这种顽强。

阿：怎么说？

米利：这并不是一场为了生物学意义上的生存而进行的斗争，这种极端经验反映了为了坚持存在的努力，尽管党卫军要摧毁的就是这个。具体说来，党卫军首先想要摧毁的就是人性，固执活下去也就是对存在的肯定，以肯定的方式来坚持存在的努力。我们在很多当代文学作品中也会看到这种观念（尤其是在普里默·莱维［Primo Levi］的作品中）。在物理死亡或者生物死亡之前，党卫军首先想摧毁的是，作为“对存在的肯定”的人性。昂泰尔姆在某种程度上回到了这种肯定的形态之中。“尊严”“屈节”“耻辱”“荣耀”“堕落”的意义都和党卫军所想要强加的意义相反……在极端情况下，吃腐烂的泔脚比刽子手们要更加光荣，更加有尊严，更加伟大。这些刽子手自以为高人一等，试图摧毁战俘的人性。与被压迫者或无产者的“无尊严”相较而言，昂泰尔姆写道，整个人类的解放是必须经过这种“堕落”的。归根结底，为了肯定生命，为了生命唯一的价值而固执的人，不会成为“动物”。

马基雅维利：论政治中固执的艺术

阿：把固执视为抵抗，就像我们刚刚说的昂泰尔姆那样，这里谈到了这个问题的政治层面。除了兼具“智慧”和“无知”的矛盾特点，固执也是给自己的思想和行动一个长期发展的机会，从而得以通过超越当下的视角，思考自己在历史和社会中的地位。这使得固执成了政治的一个重要特征。

米利：是的。不过昂泰尔姆的书不是这样，因为《人类物种》更多的是具有强烈的伦理学和存在主义意味，而不是政治意味。

然而，对固执的积极重视在政治上是非常重要的。因为它还包含了另一个非常重要的要素，就是时间的维度。如果我们回过头来看看“坚持存在”，就会发现在“坚持”这个表达中，蕴含着“持久”的意味。当我们坚持的时候，我们是在时间中坚持，是持久地坚持。

政治，就像人们常常说的那样，是一种时间的艺术，一种运用时间的艺术。我们确实可以从不同角度来解读这种表达，但它们其实都反映了一个基本观点：政治必须考虑时间。甚至可以说是复数的“时间”：一方面要在短期内、在当下快速做出决定，另一方面要考虑为自己设定的目标和为之努力的未来的长期愿景。

当我们分析行动中的固执、政治领域和政治实践的固执，以及世界上的固执的时候，我觉得要从一开始就考虑到“持久”的问题、实践的问题，要考虑自我投入长期计划中的能力。在某些情况下，正是这个“长期”要求我们根据形势坚持行动：虽然有些情况看起来不利于我们，但长期来看可以克服，我们据此判断计划得以进行的可能。因此，尽管遭到了民众的反对，弗朗索瓦·密特朗（François Mitterrand）取消死刑的意志还是没有动摇，他认为这项计划是应该并且可以成功的。

与之相反，当我们认为现实条件形成了难以解决的障碍，并且（至少暂时）阻止了计划的实现的时候，我们可以根据条件来修正或者改变计划。马基雅维利从君主的行为中早已看到了运用时间的艺术。成功的君主会根据机遇来调整自己的行为，因为权力实践如果没有对时间的“精打细算”，也就是既不考虑当下也没有未来意识，是不会取得成功的。从这个角度来看，我们常说治理就是预见。时间是统治和权力的关键，这个观点在政治上已经历史很悠久了。

阿：政治是和遭遇有关的：一方面它涉及知识和信念；另一方面，它涉及复杂棘手、不断变化、难以预料的时间性，也就是被我们称为“偶然”的东西。这就是为什么对于一个拥有相同演讲和方案的政治家来说，如果在此期间形势发生了重大变化，那么他就有可能在这一年当选，而在下一年就不能当选。或者，更具体点说来，我们可以再看一下密特朗的例子。当他1981年表示赞成废除死刑时，他知道不能指望靠全民公投来通过这条法案，因为他是得不到公众的同意的。选择不征求法国人民的意见，以便通过废除死刑来促进国家风俗的持久改变，这就是一种对当前时间足够关注的方式，并且也足够固执，以通过政治行为来实施伦理信念。

米利：一点没错。这是一个关于政治信念的绝佳例子。为了取得效果而选择合适的方式，不是通过全民公投（考虑到民众意见，这也许会造成计划的失败），而是借助国会来通过“废除死刑”这条法案。这里的战术——短期内的选择——是和长期策略结合的。但是还要补充一点，在他的竞选团队里，密特朗从来没有隐瞒自己的意图，即便这可能会有损他的形象。在计划的实现过程中，除了固执，还需要必要的勇气。

阿：您是怎么区分勇气和固执的？

米利：这两个概念虽然很相近，但是不一样。有时候它们会重合，这里的情况就是这样。在这种情况下，密特朗在选举成功之前，就将“废除死刑”这条法案列入自己当选后的政策之中，这需要巨大的勇气。同时，“废除死刑”也是总统大选的一个重要契机，尽管那时候大部分意见都是反对他的。当时的形势混合了三种要素：与深刻的

（伦理）信念相结合的伦理道德勇气，尽管有风险但还是要反对公众意见的政治勇气，以及采取合适方式来通过法案的巧妙战术——在国会投票而非全民公投。有意思的地方在于，“巧妙”与“勇气”并没有相互对立。固执结合了坚持，再加上信念、勇气，同时还有战术智慧，而这些要素之间并没有相互冲突。政治需要的，正是这种灵活而固执的智慧。我们可以想到1975年西蒙娜·韦伊（Simone Veil）一步步捍卫堕胎法案的勇气。

我们可以举另外一个很具有说服力的例子。斯皮尔伯格（Spielberg）的电影《林肯》（*Lincoln*），展示了一位与影片同名的黑人总统，他发现自己需要做出一定的让步来废除奴隶制：只有得到议院三分之二的选票，才能通过废除奴隶制的宪法决议。他既要确保共和党全体成员的无条件支持，又要在民主党内“招募”到20张支持票。因此，他使用了密集的游说和手段，包括奉承、讨价还价、买票和贿赂等。

阿：这是使阴招啊！

米利：阴招，没错，但是这让法案通过了。林肯用阴招、奉承、或多或少的威胁来为了人类的尊严而战斗。整个问题就是，如果阴招没有起作用，那么这个法案就不会通过，1865年第13条修正案就不会通过。这里非常有趣的地方在于，从政治上讲，在这部电影中，它强调了需要使用间接的、“不纯的”的手段来制定一个其正当性不容置疑的计划和法案。从政治角度来看，固执往往在于手段和目的的复杂结合。

阿：这又给我们带来了一个新的问题，即：在何种程度上，固执可以和阴招并存呢？这个问题马基雅维利曾在名为《君主论》（*Le Prince*）的作品（创作于16世纪末）中明确地提到过，它是一本教大公执政的书。马基雅维利表现出令人惊讶的实用主义。他指出，对政治的正确理解是这样的：“它是一种顺应他人、顺应环境和顺应自己的艺术，有时需要谨慎，有时需要大胆……”马基雅维利清楚地指出了固执的优点和弊端，并告诉我们如何在政治上正确运用固执。

米利：马基雅维利所谈到的固执是同时和“勇气”以及他谈到的virtù（美德），还有对行动形势的考量，对合适时机的把握联系在一起的。virtù指的并不是道德或宗教层面的美德，它指的是城市的能量——公共资源（res publica）的能量。马基雅维利认为，政治行动要直面“机会”，也就是命运的问题。他想要减轻对机会的依赖。如果我们把握住了合适的时机，尤其是有胆量的话，就可以抓住机会。马基雅维利的“现实主义”并不仅仅是一种实用主义，政治也并不仅仅是一门“技术活”，如果说适应环境的艺术是政治活动的一个重要层面，那么马基雅维利认为对理想的不加考虑的追求会导致政治的失败——这是固执的（负面）表现之一。与之相反的是，“积极的”固执，伟大政治家的固执的目标是参与到现实中去，参与到实现的可能性中去。确实，在涉及行动条件的时候，马基雅维利注意到，对完美城邦的梦想或（难以实现的）想象，与对现实城邦的历史和政治条件的要求并不是重合的。这里出现的是一种消极的固执，这种固执会被证明是反政治的，因为它无视人类事物应有的经验和变迁，并试图使它们服从于与政治存在完全相悖的（抽象的、道德的、宗教的等等）原则。

马基雅维利认为，首先，行动的准则并不是一成不变的，要考虑到时间的变化。行动需要看准时机、适应时代，要让发展方式适应时代特点。我们可以看到有些人用了同样的方法，并且看起来是以“同一种方式”行动，然而有些人成功了，有些人却失败了。但是，按照马基雅维利的说法，前者是看清并且调整了他们的行事方式以适应当下，而后者却没有意识到这一点。因此，决定政治举动的，不是手段约束下的行动的正当性，即“只要目的是好的，可以不择手段”这条公理，而是与时事形势即事件“此时，当下”的协调。

对于马基雅维利来说，行动是和政治的一个重要层面——时间——联系在一起的。由于时间的发展和形势的变化，行动并不会服从于某些不变的规则，它也不像柏拉图想的那样，符合某条知识预先建立的模型。人世诸事的不稳定性和脆弱性要求永恒的创造。政治行动信奉一条关于时间的真理——也只有这条：要直面不稳定性、风险和创造。政治是“自由”和“事件”相遇的结果。这也是对固执的政治分析的基本结构。

阿：所以，马基雅维利坚持谨慎的重要性。良性的固执无疑是结合了勇气和谨慎的。

米利：是的。但是我不太喜欢把希腊语的phronesis翻译成“谨慎”，因为它把这个概念缩小化了，意味着对这个概念的一种小心翼翼的偏离……我更喜欢说“实践智慧”，这是对亚里士多德的phronesis这个词意义的更忠实和更丰富的再现。说到底，“谨慎”这个词在马基雅维利那里意味着什么？它是对权力平衡的公正评估，是对局势的理解。所以成功的固执，计划完美施行的政治固执，是勇气、美德还有这种实践智慧以及对形势分析的结合，这种形势分析既考虑到了目的，也考虑到了政治行动的规范性。

阿：在涉及勇气和智慧的这两种情况下，固执都是与时间相关的，不仅因为它是一种长期持续的行为，还因为它也与找准时机行动相关。

米利：没错，这和长期时间有关，因为固执一般指的是一种长期计划，它很少能在当下瞬间完成。但它也和短期时间有关，因为权力实践意味着需要采取决定的能力。顺应艺术需要这样的多种时间的联结。

马克斯·韦伯在他的《学术与政治》（*Le Savant et le Politique*）中就曾用一个非常精彩的句子解读过这个有关持久的、持续的层面。我认为，这句话也是对政治固执的致敬，“政治是一种在硬木板上钻孔的持续而坚忍的努力”。我想这也许是对政治固执的最准确的定义。我们可以在其中看到斯宾诺莎式的要素——努力，努力坚持存在，长久持续的努力；也可以看到为了给“硬木板钻孔”所需能量的积极价值——这是马基雅维利的层面，这种持续的努力需要被不断更新，因为政治是一项永远不会结束、永远不会被完成的任务。另外，我还觉得“给硬木板钻孔”这个表达也暗含了康德（通过路德［Luther］而从圣奥古斯丁那里继承来的）的观点，康德把人视作一块弯曲的、变形的木板。人是扭曲的（curvus），但是政治的目标不在于将人矫正过来，或者让它从弯曲状态变直什么的。康德认为，政治的目的不是坚持这种道德矫正，就好像公共事务要为美德规范或者道德理想服务似的。另外，马克斯·韦伯的句子没有说“矫正”，而是说“钻孔”：固执属于另一种维度，它的目的不在于改变人类，而是要直击这个世界。

英雄主义的固执

阿：您刚刚提到了马克斯·韦伯的这句话："政治是一种在硬木板上钻孔的持续而坚忍的努力。"这个句子精彩而又危险。尽管韦伯可能并没有这个意思，但我们可以从中看到对于"固执到极点地把自己认为对他人有益的东西强加给别人"这种做法的鼓励。

这里我想到了埃德加·基内（Edgar Quinet）。他在对"热月9日政变"的筹备工作的精彩评论中指出了固执可能导致的危险，即无视任何形式的谨慎或智慧，采取只能导致死亡的极端主义形式。固执变成偏执（Obsession），迷失在不可逆转的盲目中，这不就是危险吗？

米利：也许是吧。但是马克斯·韦伯是一位政治思想家，他考虑到了时机和偶然性。他区分"信念伦理"和"责任伦理"的方式充分证明了这一点。"信念伦理"是指人主要按照他的道德和宗教信念行事，不考虑自己的行为将会带来的可能后果。它是一个人根据职责、道德或宗教要求、"事业"的伟大性（无论其性质如何）所支配的行为。这里绝对优先考虑的是"行为有效"这一无条件的要求。比方说，关于“信念伦理”的极端或者至高无上的形式是“山上宝训”（根据《马太福音》）提出的伦理：“不要用恶的手段来抵制恶。”但这条伦理是否符合政治行动的要求是值得怀疑的。

至于责任伦理，面对的则是所要采取的行动可能的（或者可预见的）结果，它指导着政治家的行动。政治家会开创一个将改变历史进程的事件，即使这意味着使手段和目的之间的关系非常成问题：我们可以看到林肯为了一个伟大的目标，不惜使用一些道德上十分存疑的手段。按照马基雅维利的说法，相较于拯救自己的灵魂，佛罗伦萨的公民宁愿选择城市的伟大，为了公共利益，他们愿意使用被普通道德所谴责的手段。但难道这就意味着根据道德伦理行事的政治人物（或者公民）是没有信念的吗？当然不是了，我们在密特朗推行废除死刑的计划中就看到了这一点。

阿：他是根据期待的结果行事的。

米利：但肯定不是按照有可能的结果行事的，其中最大的一个风险就是有可能无法当选！信念伦理和责任伦理，他都考虑到了。

我们说回到基内的文章吧，在《革命》（*La Révolution*）一文中，他谈到了革命固执是怎样在一个特定时刻（这里主要指的是罗伯斯庇尔［Robespierre］发动“热月9日政变”之前的几个月），即大恐怖时期的政令，也就是牧月政令被颁布之时，变成了致命的偏执。最矛盾的地方在于，正是在威胁革命的危险已基本消除的时候，大恐怖达到了高潮。旺代起义被镇压，起义者的同党们也被驱逐到边境之外，所以客观危险不再是恐怖的理由。然而正是在这个时候，也就是1794年年初颁布了大恐怖时期的法令。特别是，嫌疑人法扩大了“嫌疑人”的概念，不仅包括敌人和叛徒，还有那些漠不关心的人。恐怖成了日常秩序，我们很难理解恐怖如此激进的原因。因为说到底，考虑到共和国当时所面临的危险，这种恐怖已经没有了客观正当的存在理由。以“形势理论”“客观条件”为理由的说法都不太适用，因为它们完全无法解释“昏乱”。根据基内的说法，这种“昏乱”是从消灭丹东 (Danton) 开始的，圣茹斯特 (Saint-Just) 在大会上对丹东主义者的指控报告就证明了这一点。正是从这一刻起，这种自杀式的激进充分展现在人们面前，直到热月9日才结束。

阿：基内写下过这样的句子：“他们在死亡中生活，背负着死亡，呼吸着死亡，又把死亡吐纳到四处。在这一点上，由于他们对人毫不吝啬，于是他们率先品尝死亡。死亡是他们的谋士，也是他们的财富。行动派和有党派从没有像这样早早地宣告垮台，公众舆论也过早地习惯了这一点，他们让追随者感到气馁。没有人会为了展现死亡的才华而自杀，牺牲者在临死之时，至少是期盼着胜利的。”

很难知道他们追求的到底是胜利还是死亡，事实上，这是最具破坏性的固执形象。

米利：在热月9日之前的几个月里，充斥着这样的修辞和言论，它们标志着一些认同性标记的真正消解：“敌人无处不在，他们潜伏在我们中间，无法定位，无法识别。”死亡成了归宿，而为了死亡的革命变成了永恒的主旋律。热月8日，罗伯斯庇尔在他最后的演讲词中写下了这样一句话：“我将可怕的真相和死亡遗赠给压迫人民的人。”固执实际上变成了与现实割裂的偏执，我们可以说，曾被革命所赞颂的积极英雄主义变成了激情，变成了被动。在我看来，这种致命的，或者说一心求死的激进和政治没有太大的关系。“在处决了革命的主要领袖之后，”基内这样写道，“对于罗伯斯庇尔和圣茹斯特而言，剩下的就是‘解决他们自己’‘黑色的忧郁’和‘葬礼的预兆’了。”莫里斯·布朗肖在《文学与死亡的权利》(*La Littérature et le droit à la mort*) 中还指出，他们所引发的恐怖不在于他们带给别人的死亡，而在于他们带给自己的死亡。

阿：那么换句话说，这里起作用的，也是基内精心论述的一点，不仅仅是对英雄主义的一种渴望，更多的是一种固执，它演变成了近乎病态的偏执。

米利：而且这只会通向死亡。热月8日，罗伯斯庇尔在国会做了最后的（被打断的）演讲，是从一个与政治没多大关系的题铭“死亡”“是不朽的开端”开始的。另外，如果我们仔细阅读这最后的演讲词、国会最后的报告，不管是罗伯斯庇尔还是圣茹斯特写的，我们都会感到，这些信仰、文本，几乎是形而上学的话语，根本不考虑政治现实。我们处在一种英雄主义（一种自杀式的英雄主义）的盲目中，主动变成了被动，就好像雅各宾党人在最后的时刻失去了行动的力量，至此他们除了死亡，也没有其他的解决办法了。对这种“最后一刻”有一些非常精彩的分析（文学的和历史的都有），仿佛这种不可能的体验转化成了一种美学体验，转化成了一种行为风格，死亡（而不是生命）成了最大的激情。这种行为美学最终导向了死亡艺术。

阿：这种由英雄主义姿态转为致命的偏执是很有意思的，而且在文学作品中也很常见。我们可以看到固执的道德矛盾性，还有这种与时间的关系——关注未来而无视现在，因为觉得现在只会引起怀旧情绪……这是非常为作家们津津乐道的。于连·索莱尔（Julien Sorel）在《红与黑》（*Le Rouge et le Noir*）的结尾跟德·雷纳尔（de Rênal）夫人说了这样一段话：

“从前，我们在韦尔吉的树林里散步的时候，我本来可以多么的幸福啊，可是一种强烈的野心却把我带到虚幻之国去了。不是把这近在唇边的可爱的胳膊紧抱在胸前，却让未来的幻想给夺去了；我为了建立巨大的财富，不得不进行数不清的战斗……不，如果您不来监狱看我，我死了还不知道什么是幸福呢。”[1]

于连·索莱尔根本没有站在雅各宾派那边，因此也没有站在死亡那边，当他看到雷纳尔夫人时，他表达了自己的幸福，或者说对幸福的渴望。而且他意识到，与马基雅维利所建议的相反，他没能关注当下，没能抱紧这只手臂……他表示了悔恨。

米利：是的，但是于连·索莱尔这个人物并不只是一个失败的形象，也不只是悔恨的形象。

阿：这确实是一个十分矛盾的形象。

米利：极其矛盾。有些伟大的、固执的激情的矛盾性，在长时间中展现了出来。这是一个具有巨大的能量，但同时习惯怀旧的人物。我们可以看到，实现野心需要固执、坚持，还有持之以恒的努力工作，但这野心又是怎样转变成了盲目和失败啊……对于于连·索莱尔而言，说

---

1 斯丹达尔：《红与黑》，郭宏安译，译林出版社，2001年版，第474至475页。——译者注

到底，他是无法在一个他看不上的社会里实现野心的。他并不是很想成为显要人物，或者富有的、受人尊重的资本家什么的。他想要证明的，是野心作为欲望的合理性。

对于于连·索莱尔来说，伟大的模范人物与其说是雅各宾派，还不如说是拿破仑。所以，我们不能说他的榜样是一心求死的。对于于连来说，这个榜样是有着伟大的英雄主义及政治智慧的……当然了，拿破仑最终失败了，并在圣赫勒拿岛（Sainte-Hélène）病逝，但同时他的功绩影响了整个欧洲和整个世纪。在于连·索莱尔与拿破仑的关系中，存在着相同的矛盾性，这使得在于连看来，一方面拿破仑是大革命的继承人，另一方面他又背叛了大革命。另外，正是在于连取得成功的时候，在他的社会野心得以实现的时候，于连·索莱尔对着德·雷纳尔夫人开了一枪，仿佛他的权力意志——在最后一刻——表现为通过死亡解脱自己。

安提戈涅（Antigone）：行动的悲剧性

阿：固执能不转化为偏执吗？有可能固执但不盲目吗？这些问题都需要“分寸感”和“洞察力”。然而固执既和信念有关，也和行动有关，它总是双重的。我们执着于一个想法（没有人可以说服我们），也执着于实现它，或让它得到尊重。问题在于，人类的时间性是这样的，通常来说，我们没有时间来思考我们的行动，而且我们总是会在紧急情况下行动，因为被各种各样的事件推动和强迫着。这种行动的悲剧性会把可嘉的固执变成灾难。

米利：当然了，不能简单地说某种固执是积极的，即意味着对时间、长期持续和现实的理智思考；或者说某种固执是消极的，就像雅各宾派一样，会转变成偏执和死亡。这种矛盾性其实要更为深刻一些，它是固执的核心，包含着属于行动本身的悲剧元素。

当我们谈及行动的悲剧性，或者说行动的悲剧倾向时，首先是在说我们不能同时选择所有选项，必须放弃一些可能，有时甚至要摒弃某些价值观……行动是有代价的：视域的缩小，行动者前进方向的狭隘。行动既是褊狭的，又是片面的，因此现出了它的悲剧特征，这是由行动所暗含的盲目性所决定的。行动和中止有关，与其说是智慧的中止，不如说是一种"全面视野"的中止，一种"能考虑到各方面形势的理智"的中止。然而，"行动"和"理解"不是一码事。

最好的例子就是索福克勒斯（Sophocle）的《安提戈涅》。

安提戈涅和克瑞翁（Créon）之间的冲突是一场对抗的悲剧。这两个人物都坚持自己牢不可破的立场。这并不是因为命运超越他们、驱使他们并让他们变得盲目，而是因为行动的代价对于双方而言都是极大的。安提戈涅的行动需要忽视城邦的要求，克瑞翁严禁给她的哥哥波利尼斯（Polynice）举行葬礼，因为他攻击了自己的城邦。而无条件驱使安提戈涅行动的是诸神之法：尽管哥哥是城邦的敌人，她也应该安葬他。安葬逝者是一条神律。就某种程度而言，安提戈涅和克瑞翁是一样固执且盲目的，他们都局限在自己的视角里。对于克瑞翁而言，他以城邦法令的名义，以所有生活在同一个群体中的人的名义，禁止安葬波利尼斯，他遵守的是城邦的法则。我们可以说安提戈涅的“信念伦理”和克瑞翁的“责任伦理”有着不可调和的矛盾……安提戈涅只不过是在遵守自己的原则，即使她知道自己行为的所有可能后果。至于克瑞翁，他代表着新的法政规范、新的人权的出现，也就是说新的生者仲裁将接替古代神律。作为一名“政治家”，他是一个负责任的英雄：他权衡了安提戈涅违反新法律的后果。

但是最有趣的地方在于这两位主人公的盲目。他们之间的矛盾是不可调和的，因为那是两个不同的存在平面上的矛盾：目标等级不一样，价值秩序也不一样。对极端的追求导致双方视野的狭隘，双方都认为对方的立场是毫无价值的，但与此同时他们又因自己认知的模糊而十分盲目。我们常常会把安提戈涅当成一个反抗压迫的英雄，但是我们也可以说她沉浸在一种无度的激情之中。比方说在她和妹妹伊斯墨涅 (Ismène) 的对话中，伊斯墨涅建议安提戈涅顺应现实，但后者拒绝了。

阿：另外，伊斯墨涅自己也改变了主意，准备追随安提戈涅，但是安提戈涅以伊斯墨涅最初没有站在她这一边为由，拒绝了伊斯墨涅。

米利：安提戈涅回答伊斯墨涅说："你生来是为了活下去，而我生来是为了死去的……"那我们该如何看待这种将死亡变成英雄主义的绝对化呢？

阿：安提戈涅和克瑞翁是两个关于固执的绝佳例证，因为他们行为的固执本质是无法评判的。安提戈涅是根据什么名义行动的呢？是出于对诸神之法的尊重，出于对哥哥的爱，还是为了反对克瑞翁所实施的暴政？或者出于对民主的支持，抑或只是出于骄傲吗？而至于克瑞翁，他到底只是想要实施城邦的法令，还是为了向安提戈涅的哥哥复仇呢——他本来是有充分的理由这么做的？他是在嫉妒安提戈涅吗？……我们可以看到两个超大的自我之间的对抗。他们之所以战斗，纯粹就是为了胜利。对他们来说，打出的价值观只是他们的固执的借口。安提戈涅和克瑞翁，这是两个固执的形象，不管从“固执”这个词的哪个方面来看都是这样。

米利：没错。所以他们行为的最终原因是非常难以确定的，也没有单一的解读（对索福克勒斯的悲剧作品的多重解读和后来的反复改编证实了这一点），这是非常有意思的，因为它证明这样的行为是双重盲目导致的，充分的理解不见了，怀疑和复杂性也消失了。这两个主人公都不是完全“纯粹”的，即使传统观点把安提戈涅塑造成了最高贵、最感人、最无辜的形象……但是无辜与人类的行为是无法调和的。就像黑格尔说的那样：“只有石头是无辜的。”实际上，这两个主人公的动机都不是十分明确（也可以说这些动机是多重的，目的解读也是多样的），他们受到了行动的这种“悲剧性的偏激”的影响，这也是固执的核心。这里我们就回到了这个概念极其模棱两可的特征上。固执，即便是被赞颂，或是可以从积极的方面来看，它还是会涉及存在的必然性，即必须进行选择、变得褊狭、视域会缩小……索福克勒斯的悲剧构建了关于理智和不断反思的基础，它呈现了两种固执，每种固执都有自己信奉的真理和合理性，以及不可撼动的权利。当今世界各地的一些武装冲突，就反映出这种悲剧性的偏激和关于合理性的对抗。

从无效医疗到不合理的固执

阿：固执的人都是理想主义者吗？就我们之前提到的几个例子而言，不管是于连·索莱尔，还是安提戈涅，又或是罗贝尔·昂泰尔姆，不管是出于对英雄主义的热爱、出于信念还是以高尚价值的名义，固执总是理想和现实之间的斗争。

医学领域在这方面为我们提供了耐人寻味的肯定。在2005年4月22日颁布的关于患者权利和生命终结的雷奥内蒂法的其中一个表述中，我们发现了通常所说的“无效医疗”的同义词，即“不合理的固执”。文本是这样定义它的：“它是积极治疗的延续，然而在当前的医学知识背景下，它们似乎是无用的，或者可以说它们带来的好处，就舒适度和生活质量这些层面而言，是和它们造成的风险不相称的。这里的风险指的是不适、痛苦和精神上的煎熬。”

这里的固执变成了无效的近义词，我们在这里可以看到对外在环境的盲目，还有两样东西的缺乏：一种是权衡利弊的意识，用来确定对患者最有效和最不痛苦的方法；另一种简单来说就是人性，正因如此才把神圣的生命观变成了致命的理想。

米利：我们可以回到“不合理”这个词上来。在这个问题上，我们发现了一个主题，它是谴责固执的根源之一，我们已经在蒙田那里见过了这种谴责，这个主题就是固执与认知、与理性，或者至少是与“合理”的关系。仿佛我们固执到不顾一切，固执到不顾形势。

但如果说今天这个概念再次在关于生命终结的问题上盛行起来，那是因为一个当下讨论的潜在的重要问题：“死亡”在当今社会的地位变化。这一方面是医学、公共卫生还有西方社会生活条件的进步带来的。人的寿命延长了，而在生命临终时刻提出的这个有关无效医疗的问题，不仅适用于一些由于癌症等疾病而走到生命尽头的人，也适用于一些垂暮之年的人。这是一个社会问题，一个在50年前或者100年前不会以同样方式出现的问题。这是第一点。

其次，如果说这个关于固执或者是无效医疗的问题如今又成了首要问题，那是因为死亡在现代社会中的地位发生了改变。死亡问题如今以不同方式出现，对待死亡的态度也变化了，就像菲利普·阿里耶斯（Philippe Ariès）在《论西方的死亡史》（*Essais sur l'histoire de la mort en Occident*）中所指出的那样，20世纪医疗技术的飞速发展带来了人们精神状态的深刻变化：死亡，“从前如此常见，如此熟悉的现象将要消失了。死亡变成了耻辱和禁忌”。在很多图片和画作中我们都可以看到过去关于死亡的熟悉镜头——将死之人躺在床上，他的家人围在身旁。医学进步开启了这样的时代，死亡被驱逐到家庭和日常空间之外——人在医院去世，这种现象所带来的系列后果也出现了。

尤其是这种人类学发展是和死亡的政治地位的深刻变化息息相关的。在18世纪，随着人口的增长，人口现象和经济现象（资本主义生产的发展）需要调整，关于生命问题——也就是死亡问题——成了被米歇尔·福柯所称的“生物权力”（bio-pouvoir）的重要部分，即身体问题的管理与出生率、死亡率、健康水平、卫生、寿命等的关系。因此，这种“生物政治学”是对一系列被视为“人口”的生命体所带来的问题的政治合理化。而“公共卫生”问题是其中的重要元素。我们如今面临着真正的转变：从前的最高权力有权决定生死，有“让人死亡”的权力，而现代权力（表现为这种人口的生物政治化）则把延续生命视为重要任务。从“生死权”过渡到“生命权”，从“让人死亡或任其活着”的权力过渡到“让人活着并任其死亡”的权力。

然而，最特别的地方就在这里，我们正是在雷奥内蒂法的文本中找到了“任其死亡”这个表达。

阿：这个表达是十分惊人的，它指的是“不杀人而任其死亡”。

米利：这很特别，因为这的确就是福柯所描绘的那样，我们已从主要特权之一是“让人死亡”的古代极权政治的权力观转变为这样的现代观念，人口管理、公共卫生政策的制定和生产机构的管理是其重中之重。现在，政治权力的特权是“任其死亡”。然而，在雷奥内蒂法的措辞中使用这一表述的事实表明，死亡现在已经作为一个必须解决的问题进入政治领域。我认为应从这里开始，去了解“不合理的”固执的先决条件。但是这个“不合理”是相对于什么而言的呢？相对于什么样的生命观——生存还是生活？

阿：您说死亡如今已经成了一个政治问题，为什么这是一个问题呢？显然是因为，如果国家干预居民的死亡问题，是想让人从生到死都能够得到尊重，那么它就不得不提出一项法律，不得不制定一项从生到死的规范，这是很荒谬的……而且是很危险的。

米利：不仅仅是尊严的问题，这个问题还在后面。问题首先在于：从“让人活着”到“任其死亡”，这两个概念是互补的还是相反的？很多东西（不确定性，雷奥内蒂法的措辞含糊不清）都在这两种表达的关系中出现了。正如围绕协助自杀或安乐死的讨论所表明的那样，“让人活着”和“任其死亡”之间有一条微妙的界限。正是因此，才出现了相关的伦理讨论。但规范问题必然是从国家（或权力）承担起掌控生命的任务的那一刻开始的，它必须建立一些调节机制，必须考虑价值或效用等概念。福柯认为，我们正处在一个标准化社会之中，要控制和合理化某些问题，如健康、卫生、出生率、长寿率和死亡率……

阿：我们举个尼古拉斯·博内梅森（Nicolas Bonnemaison）的例子，这个急诊科医生于2011年8月被控诉，因为他毒死了9个临终的病人。这些病人的亲属认为他是有罪的，因为他无权结束他人的生命，于是求助司法来提出判决。

这个案例提出了公共机构可以在多大程度上合法地统治和干预人类生命终结的问题。

米利：这是非常复杂的。因为如果人类生命不是由公共机构掌控的话——我不是说这样更好或者更糟糕，它就会被个体的专制操控，尤其是亲近的人，或者家人。比方说，如果有人处在临终状态，他的家庭——由于有某种宗教信仰——就很容易认同无效医疗，并认为生命的价值，也就是它的“神圣”特征，乃是最高价值，而不管临终者的状态到底如何……我们会思考这到底是什么“价值”、什么“生命”。所以，要么我们在立法的同时，努力给予对个案情况的审查以相对的灵活性（对个体状态的评判是最重要的，主要由医生来做），要么国家干脆不要插手（但这是难以想象的，就像我们前面说的那样)，那么这种评判就会让渡给个人的专制。

阿：难道固执不是总会有部分的不合理吗？另外，想要变得理性一些，也就是合理化临终问题，有意义吗？

米利：我不认为固执总是不合理的，这要视情况而定。在有些情况下，我们会说合理的清楚的固执。我们不一定要固执到不顾一切。我们之前谈到了废除死刑，无论如何，我们都不能说那是不合理的固执。废除死刑确实是有风险的，但不是不合理的，它是符合对死刑的威慑作用之无效（已证明）的“理性”或“合理的”考虑。死刑并没有任何惩戒性，也没能降低犯罪率。雷奥内蒂法中描述的不合理的固执是指基本上没有任何结果的固执，因为无论如何，主体的死亡都是不断逼近的。但是这样我们就遇到了一些具体的难题，我们知道2005年的雷奥内蒂法禁止“辅助自杀”和“结束临终者的生命”。这里就出现了一个问题，或者说一个擦边球，即：我们怎样才能既拒绝无效医疗，又拒绝结束临终者的生命呢？

阿：这是“使人活着”和“任其死亡”之间的巨大冲突……

米利：更具体点说来，在“使人活着”和“任其死亡”之间有一种张力，很难界定两者的界限。我们可以说“任其死亡”是通过什么也不做来终止生命。拔掉一个临终病人的管子，这意味着什么呢？这是在结束他的生命，还是在任其死亡呢？以阿里埃尔·沙龙（Ariel Sharon）为例，他已经深度昏迷了七八年，一直靠机器插管为生，因为家人死活不愿意拔掉他的管子。

阿：我们也会想到樊尚·朗贝尔（Vincent Lambert）。根据他父母的意愿，6年来他都靠人工方式维持生命，然而他的妻子更想要停止对他的生命供给。我们在这里又看到了克瑞翁和安提戈涅之间的固执冲突！

米利：这确实很有意思。在这场固执冲突中，我们可以说每个人都被局限在自己的观点和视域里。关于“合理性”的矛盾十分棘手，而双方的立场又都不可动摇。这就是为什么应当由医生（如果病人已经无法表达自己的意志，比方说陷入深度昏迷）集体采取终止治疗的决定。这确实是一种极端情况，但对于当代社会而言也是非常有象征性意义的。我们经常能看到一些——由于缺乏最终基准或者最终标准——难以确定合理性优先级的主张。在当代社会，我们不再有一个统一的参照物，来对价值和合理性进行排序……从另一个层面来说，当我们决定拔掉临终者的管子，或决定以人工方式给他延续生命，就像阿里埃尔·沙龙那样的时候，我们所指的“生命价值”到底是什么呢？我们脑海中的“生命”观是什么？是什么样的道德或者宗教信念在指引着这样或那样的选择？亲属们立场的坚不可摧显然与“生存”无关，而是与人们自己赋予“生命”的价值有关。

“这就是固执的孩子的命运”

阿：那么如果盲目的固执是一种性格特征，它更多的是与年纪相关还是与愚蠢相关呢？或者如果它不是来自认知的缺陷，而是出于经验的缺乏呢？我想到了一首名为《在北桥上》(*Sur le pont du Nord*)的儿歌。它说的是一个小女孩不听妈妈的话跑去跳舞，然后歌曲仿佛是为了惩罚她而杀了她，并告诉我们这样的一个残酷教训：“这就是固执的孩子的命运！”……就好像固执是孩子的某种本性，需要后天矫正。您认为固执是儿童的特性吗？

米利：《在北桥上》这首儿歌是非常具有说教意义的，因为它把儿童的固执视为对成人的违逆。确实固执在孩子身上常常通过违逆的方式表现出来，但是它也会采取其他的形式：尤其是对欲望的连续不断的重复，对欲望的不断表达，表现为想要一个玩具、一块糖果、一支冰激凌或者再骑一遍旋转木马，又或是无论得到什么样的答复，都还要重复十来遍同样的事情。

在这种固执的重复中，与尚未完成的“社会化”有关的一些东西出现了。相对于顺应人们所谓的现实法则而言，要知道对满足的追寻并不是总能通过最短路线实现的，而是会有很多弯路，还有外部世界施加的各种各样的条件。重复十遍想要某种东西的孩子，他很固执，在面对拒绝的时候，通常会表现出不甘和愤怒，他全身心都在想要即刻满足的欲望之上。他的行为是被享乐原则操纵着的，因此也就出现了“我要”的不断重复。所以，他并不是出于缺乏知识或者无知什么的，而更多的是缺乏经验，也就是说能接受延迟满足的经验。与时间的关系是极其重要的：孩子还没有能很好地整合这种在很多时候不得不推迟的满足感。另外，这种时间观（昨天、今天、明天）的获得也需要一个过程，它是长期学习的结果。显然，这种对时间的顺应，孩子们暂时还做不到。

阿：这是对时间的顺应，也是对他者的顺应。弗洛伊德举过一个非常有名的例子，也就是一个小孩躺在小床上，把线轴抛到地上，然后拉回来，随后又再次抛出这个线轴，如此循环反复。弗洛伊德很想知道孩子的欲望在不受限制的情况下，能坚持到什么程度。事实上，孩子的固执会像一个欲望，其中没有整合任何其他人的存在。

米利：而且孩子也没有整合自己欲望的构成界限。在fort-da这个例子里（这是孩子在扔出和捡回线轴时口中发出的声音：fort=前面，

da=这儿)，这里的孩子所体验到的，是他自己的无所不能。与他人的关系是和与时间的关系相互结合的，因为正如在这种固执的形式中所表达的那样，儿童的欲望还没有理解——或者说还没有意识到——它将会遇到其他的欲望。因为在“我”面前的不仅是一个简单的客体、“我”欲望的客体，而且是另一个主体，从一开始，这个主体也把“我”当作一个客体。在有了相互承认的经验之后，才会产生这样的想法，即欲望只有在遇到它的界限——他者的欲望——时才会成形。孩子在这种重复中说出的，或者说想要表达的，也是这种对无所不能的欲望；他还没有理解或者说体验到真正的权力只能是共享的。他与对方的关系还没有融入互惠性。

阿：但也许是想要最好的一切！英雄不就是那些不考虑别人的欲望，只按照自己的欲望行动，想方设法实现极其伟大的目标的吗？仿佛成年英雄的固执实际上表现出他们身上有一种不希望被反驳的孩子般的欲望。

米利：这一点我不是很同意。这个观点太过于心理化了，无论如何要做点区分。英雄的固执、伟人的固执、完成了自己计划的人的固执，是考虑到了现实和形势的，它考虑到了与偶然性的关系，在之前提到的诸多历史和政治人物身上都能看到这一点。所以，我不觉得这里真的有什么无知或者是对他人欲望的轻视等。对“承认”的渴望，对被他人承认的渴望，才是关系的不对称性的基础，或者——如斯宾诺莎所说——是将被动变成主动的情感“总和”。

阿：与此同时，要想成为一个英雄，难道我们不应该脱离现实吗？

米利：一切都取决于对“英雄”的定义。直到目前，我们指的都是一些追求权力和荣耀的非常伟大的人物。恺撒大帝、拿破仑……但是也还有其他的英雄形象，比方说抵抗者们。让·穆兰（Jean Moulin）、皮埃尔·布罗索莱特（Pierre Brossolette）、马努钦（Manouchian）组织的成员，与现实脱节了吗？在他们身上，我们哪里能找到这种无视他人、属于童年甚至婴儿期的对无所不能的渴望？在这种情况下，抵抗是另一种固执。受尽酷刑而什么也不说，就某种程度而言，是一种极度的固执。布罗索莱特为了不泄露机密，从窗户上跳了下去……英雄主义有很多种，我不认为它只属于伟人……也还有非常普通的英雄，有一种日常生活中的英雄主义，他们的固执并不意味着“不顾他人”的这种欲望。我们之前谈到了昂泰尔姆和《人类物种》，他描述了强烈的求生意志，给予了吃泔脚的行为以某种尊严，这也可以被视为“英雄主义”。这种形式的伟大并没有无视他人的欲望，因为它深深地依附于人类的团结。

《白鲸》(*Moby Dick*)，从固执到惯犯

阿：固执到不顾一切的人是孩子还是英雄？也许两者都是吧……《白鲸》中的埃哈伯（Achab）就是这样。他一生都在与白鲸缠斗，这可以被视作彻底的英雄主义，也可以被看作极度的荒唐。我们可以从他身上看到对时机、勇气的关注，但也还有极端的盲目。埃哈伯最后的独白是文学中的一个伟大的时刻，它比其他一切都更好地表现了固执的优缺点。

那鲸钻到了静止不动的船底下，贴着龙骨窸窸窣窣地泅了一阵，然后在水下转过身，呼的一下又蹿到海面上，远在船头的另一侧离埃哈伯的船却只有十来尺。它暂时静静地躺在那儿。

（埃哈伯说：）“我转过身来不向太阳啦。怎么啦，塔希特戈！让我听听你的锤子声。啊！你们是我的三个威武不屈的尖子；你们是折不断的龙骨，唯有大神才能慑服的船体；你们是坚实的甲板，高傲的舵，指向北极星的船头。啊，这条虽死犹荣的船！难道你就丢下我而告灭亡吗？难道我连那些闹得船毁人亡、不值得一提的船长最后一点引以自慰的骄傲都轮不上吗？啊，寂寞地生，然后寂寞地死！啊，现在我感到了我的盖世无双的伟大就在于我的盖

世无双的哀痛之中。嗬，嗬！象征我的过去一生的勇猛的巨浪以及送我去赴死的最后一重波涛，从你们的极远处汹涌澎湃而来吧！我冲着你这只能毁灭而不能征服一切的鲸，我要和你较量到底；我从地狱深处向你一刀刺来，为了发泄对你的仇恨，我把最后一口气吐向你。让所有的棺材柩架都沉在这个公共的水葬场。至于我，既享受不到棺材，也享受不到柩架，那就让我仍在追击你的时候被撕成片片吧；说是追击，其实是和你绑在一起，难解难分，你这头该死的鲸！好，我就此放弃我的长矛！”

镖枪投了出去，中了枪的鲸鱼飞也似的向前逃去；枪上的曳鲸索以闪电般的速度在槽中被拉出去——结果拧到了一起。埃哈伯俯下身子去解；他果然解开了；哪知道索子飞起来转了一圈正巧套住了他的脖子。好像被沉默的土耳其人一言不发地勒死的受害者一样，他箭也似的飞出了船体，甚至连水手们一时也不知道他已经不在了。

过了一会儿，曳鲸索末端的粗重的索眼飞出了已经空空如也的大桶，把一个桨手打倒在地，又在海面上一击，便消失在大海底下。有一会儿，船上的水手犹如在梦中一样，站着一动不动。[1]

1　麦尔维尔：《白鲸》，成时译，人民文学出版社，2001年，第583至584页。——译者注

埃哈伯转眼间就被海浪吞没了，风平浪静得仿佛什么都没发生过。这是悲壮的英雄主义的自负，还是对人类行为的嘲讽呢？即使人类表现得足够伟大，但永远也战胜不了万能的大自然。要说固执的话，胜出的永远是后者？

米利：对此有很多可能的解释。对白鲸的追逐也是一场形而上学的探索，仿佛埃哈伯在探寻上帝创造的奥秘，在追问上帝的沉默和恶的存在。这种固执既是伟大的，也是徒劳的。埃哈伯意识到了自己的疯狂，但他的自由承担了这一点。就像深陷在不幸之中，质问上帝的约伯一样，埃哈伯也在质问上帝，但他用了一种非常惊人的、相互平等的方式来反抗上帝："只有一位上帝是世界的主宰，也只有一位是裴廊德（Péquod）号上的主宰。"

区别在于，约伯臣服于上帝的权力，并从利维坦的手中被救了下来，然而埃哈伯始终固执着："我承认你无边且无声的权力，但是直到我痛苦不堪的生命的最后一刻，我都怀疑你的绝对的、普世的统治。"他自杀式的、荒谬的英雄主义让他在对"无所不能"的幻想中直面造物主。他不愿意承认人的局限："我将击打太阳，如果它侮辱我的话。"另外，我们可以看到埃哈伯身处这种"面对面"的时候所经历的极度孤独：他离开了年轻的妻子，远离了水手队伍，完全地切断了与现实的联系。

这就涉及形而上学的英雄主义范畴，它表现为对“无所不能”的渴望。再说一遍，埃哈伯与约伯的比较是非常具有象征性意义的：约伯接受了自己的命运，他的痛苦证明了某种长远的智慧，然而埃哈伯把痛苦变成了盲目和疯狂。这两个形象是对称的、相反的。当埃哈伯说到“我最高尚的伟大，也是我最剧烈的痛苦”的时候，当他谈到会让自己丧命的“海底巨浪”的时候，我们可以看到这种固执也是一种偏执，是完全有意识的、心甘情愿的、由自由意志承担的。

阿：我们也可以从埃哈伯身上看到一种固执的形而上学形象，它在与世界的荒谬对抗。当他击中白鲸的时候，他说：“我会与你搏斗到最后一刻，我从地狱深处向你一刀刺来，我是朝着你驶来的，你这只能毁灭而不能征服一切的鲸……”我们知道他的战斗对象完全超越了白鲸本身。这里的埃哈伯很像悲壮的西西弗斯（Sisyphus），后者注定要不断地把石头推向山顶，直到生命的尽头：这两种战斗都是没有胜利可言的，而且最终只能导向死亡，然而他们还是坚持战斗到最后一刻。那么，如果固执是人类必须尝试赋予没有意义的存在以意义的唯一手段呢？

米利：我们完全可以假设正是为了表现世界的荒谬，埃哈伯才不仅想要与上帝平等，还想要取代神。但埃哈伯同时也是一个普罗米修斯式的形象，这种形象以希腊人所谓的狂妄自大（hubris）来歌颂人的力量和伟大，而这种狂妄自大正是指想与神相提并论。这种极度的骄傲，恰恰会导致迷失，会被诸神惩罚，因为它逾越了人的权力。这些参照资料不仅来自《圣经》，而且来自古希腊。

阿：您指出了从固执到偏执的过程。我们可以从这个词中看到一种病态意义，就好像固执是种病一样。它不再是存在的选择，而是强加在人身上的东西，让人既是受害者，又是犯罪者。

米利：我觉得还要更复杂一些。我们不能将“存在的选择”和“病态”维度二元对立。说其病态，就意味着固执来自某种内部的强迫。我们非常清楚，每个人都有潜在的近乎偏执的固执，我们用不仅仅是“病态”的方式（在不同程度上）感受和体验它。这就是弗洛伊德所说的“重复”，强迫性重复会让主体不断地主动置身于痛苦的情境之中，重复体验让自己感觉不快、悲伤、不适的行为。这种重复行为——我在这里就不展开什么精神分析学的理论解读了——通常就是在固执和偏执之间的；它们意味着对失败的固执（比方说个体在爱情中或工作中重复失败的行为）。然而，对这些痛苦、不快的经验重复并不总是和某种快感获得无关的。而且在痛苦症状的外表下，得到某种形式的满足也不是不可能。弗洛伊德说某些人的行为是习惯于“不断地回到同一件事上”，而且不会让人觉得他们正在积极参与发生在自己身上的事情。

阿：在这种情况下，固执是被迫的。

米利：不一定。它既是被迫的也是主动选择的。一方面，重复似乎是享乐原则的反面。我们看到某些个体在生活中不断地重复同一种有害的行为，或者看起来似乎在被某种不可改变的命运操纵着。这种自我毁灭的行为，按照弗洛伊德的话来说，是一种死亡冲动，但它一直都和满足及享乐有关。于是，固执的矛盾性特点又出现了，如果用斯宾诺莎的术语来说的话，就是行动能力的增长或消减。弗洛伊德从来没有把生命冲动和死亡冲动分开；生命冲动与毁灭冲动是交织在一起的。不管我们从哪个角度谈论固执——并且通过一些具体的例子，我们都会看到这种模糊性是何其重要，这种矛盾性是如何举足轻重。弗洛伊德让我们看到了固执是如何指向生命和死亡的，或者我们用斯宾诺莎的话来说，固执是指向提升行动力量的，然而在每一个时刻，它都有被毁灭和削弱的风险。

在《白鲸》里我们可以看到，形而上学的分析——失去分寸的人把自己视作上帝来与白鲸搏斗——也可以用另一种精神分析式的方式来解读，埃哈伯被死亡冲动所控制，他隐秘的欲望与其说是战斗，不如说是被大海的巨浪所吞没。

阿：也许由于固执，实际上人与死亡的缠斗和与上帝的缠斗一样多。

米利：某种程度上是这样。无论如何，《白鲸》中正是如此。

阿：您说的这种形象是一直都存在的，也许今天我们谈论得还要更多一些。惯犯就是这种被弗洛伊德称为“重复冲动”所困扰的个体。从刑事角度来看，这种情况总是会提出一个问题：量刑是否应该与犯罪次数成正比？惯犯会使人对摆脱这种强迫性重复的改变感到悲观。

米利：我不是完全同意。我认为惯犯的形象不应该被本质化，我们不能这么绝对化地来说这个形象。惯犯并不一定就是那种，不管发生了什么，都在固执地作恶的人。目前的一些关于惯犯的讨论、数据和研究都表明惯犯是一些从很小的违法开始作恶的人，这不仅是因为强奸犯或者性犯罪的人被某种无法控制的内部强迫所操纵着，通常情况下是，这个犯了一点小罪的人被投进监狱，那里会有许多罪行比他严重得多的人，而他再次犯罪是因为他出狱后无依无靠。这种情况被我们称为“孤身出狱”(sorties sèches)。他的口袋里只有30欧元，没办法适应社会，于是只能再次犯罪。我不支持上帝般的仁慈立场，也不认为任何形式的社会决定论会豁免和剥夺犯了罪的个人的责任。但所谓“性格”，很明显，社会、经济和羁押条件与在某些环境中必然发展出的整体状态或可能性是相关的。除了重大犯罪的案件以外（连环杀人、强奸犯和性犯罪），大部分的惯犯都是一些很小的违法者。我们可以谈论他们的固执，前提是我们承认他们在某些条件下是固执的，而不是“天生的”。这个深刻的观点要归功于康德这位关于“恶”的思想家：“那些确信自己没有犯下恶行的人更应该自问，如果不是因为无能、性情、教育以及导致诱惑的时间地点使他们远离这些行为，他们是否就不会做出类似的恶行。”

阿：这也从法律角度提出了关于固执的人的责任问题。

米利：当然，我说这个不是为了给他们开脱责任，而是，再说一遍，惯犯是一种固执的形象，但是不仅仅和内在性有关。它是性格或者说一系列倾向与它们得以实现的条件之间相遇的结果……确实，不是所有人都会违法犯罪，不会所有人都入狱，但那是因为良好的本性或没有邪恶的意愿吗？再说一遍，只有在遭遇一系列（社会的、历史的、心理的）决定论的时候，自由才会出现，应当这样来评估不顾法律而固执犯罪的行为。当然，这并不意味着他没有责任，可以或应该免于惩罚。

固执起来吧！

阿：惯犯是当代固执的一个比较阴暗的形象。那您知道我们这个时代有哪些为人称道的固执的例子吗？

米利：确实当代的固执更多的是通过一些阴暗或有争议的形式表现出来的。这种固执尽管极端但相当具有象征性，它是一种暴力激进主义的形式，结合了心理和社会困境、意识形态的熏陶和与现实的脱节。汉娜·阿伦特说过，极权统治的特点就是通过“意识形态侵犯现实”。这句话让我想到很多“圣战主义者”，他们正是当代固执的代表形象。我们可以看到，在这种情况下，固执是怎样与意识形态的盲目，以及某种形式的激进主义联系在一起的。现如今激进的意识形态的风头正劲，它是一种对现实的否定。然而被视为积极的“坚持”，总是与偶然性相关联的。对现实的抵抗不一定要通过否定来表达。

“积极固执”的代表形象是一直都有的，除了作家、艺术家、思想家（就像我一开始提到的那些），还有更“普通”的固执，也就是“日常固执”的代表形象。此外，极端形势下的一些个体，比方说“国际义人”，他们在战争期间帮助犹太人藏身。这就是由信念伦理主导的固执形象。

阿：那今天是什么样的呢，21世纪初？

米利：今天，我们对现实的介入更具有时限性了，因为它们不再（或者更少地）受到工会组织或政党的监督。然而有些斗争——为了争取人权、平等，或是反对种族主义、排犹主义、仇外心理等——都仍然需要和50年前同样的固执。特别是当这些想法变得司空见惯时，要想抵抗这种普遍化和习惯化，固执就要永不屈服。也许可以在这里看到蒙田的提醒："不要屈服于习惯的轻松，也不要屈服于侵入时代潮流的思想……"

阿：我们很难举出一些当代的例子，尽管我们可以举出文学例子、哲学例子，或者是过去的例子……固执已经过时了吗？

米利：倒不是说已经过时了，但我觉得，必须根据当代社会与时间的关系重新审视它。我们已经说过了，只有先弄清楚固执与长期的关系，才能真正地谈论固执。然而当代社会习惯了短暂的时间，习惯了永恒的当下，这就消解了其他的维度，比方说过去和未来。社会（由于媒体经济等）偏爱"瞬间"，以及"即时性"，这使得在持续的时间中展开的"固执"概念变得相当成问题。我们谈得更多的是流动性、多变性；当下成了"流动的"，并且被打上了"加速"的标记，这使得与长期计划相关的固执成了一个颇具风险的表达。实际上，我们更倾向于认为当代个体由于身处的某些条件（比方说职位的不确定性，但也不只是这个），是很难或者根本无力实施长期计划的，他们更愿意投身于一个接一个的相对短暂的计划之中。哈特穆特·罗萨（Hartmut Rosa）在《加速》（*Accélération*）中，甚至把当代个体的身份定义为一种“情境性”的身份，这也就是说一种暂时的身份，是和各种各样的情境相关的。人们在工作中这样定义自己，在家庭中那样定义自己……这种与自我、与他者的关系是更加碎片化的、更加开放的，也是更具“实验性”的，如果可以这么说的话。这意味着锚定点，即个体用来自我定位的参照系在一生中不断地发生变化。身份即使不是瞬息万变，至少也是变得更加灵活了，对不同环境（情感的、职业的、家庭的、经济的等等）更加敏感了。

在这些条件下，固执——从它与自我肯定的实现的关系上来看，也是在长期时间中得到的肯定——变得更加困难了，即便不说是更加难以实现，起码也是难以觉察和理解的。占主导地位的时间是断裂的、灵活的、很明显地被一系列的瞬间操控的，这就和需要在长期时间中开展、在持续中构建的固执产生了冲突。

阿：这意味着某些时代或社会比其他时代和社会更加适合固执吗？我们已经看到了固执首先是和个体、性格（决定论）以及对时间和他者的关注相关的。即使是在这样的背景下，也就是像您刚刚说的那样，时间变得碎片化的、流动的社会之中，人们也在继续创造，政治斗争也总是有的……

米利：没错。但是我们注意到，现在的政治斗争的方式变得不一样了，更加短暂，也更加碎片化了，是根据时机而定的，或者就是固定在一个地方性的、社团性的框架之中。我们的斗争常常是和局势紧迫相关的，而且很难在其中找到传统（政党和工会组织）的政治斗争中的那种固执，比方说为了解放工人、解放人类而战斗的固执……这些传统斗争都是要靠长时间才能建立起来的，所以也是在稳定的相对持久的机制内进行的。

我们如今看得很清楚，很多政治介入模式都变得更加碎片化了，都是和既定情境相关的。我们不再相信人类能实现全体进步，即使我们给自己想要实现的进步是更加不完全的、更加有限的。所以，我们以其他方式介入（请愿、公民集会、集体抗议、单次行动）它们表现出的“固执”，是潜在的，没有那么明显地持续时间的。这并不意味着我们对政治不感兴趣，我们是用其他的方式对它感兴趣，我们的介入方式也不同。

阿：但是我们可以把社会的这种流动性和时间的可塑性看作一个机会而不是一个问题吗？您说今天的战斗不那么集体化，不那么结构化了，那么个体要是以个人名义参与一个计划，不是更容易了吗？

米利：如果没有一个结构化的框架，要想投身或者沉浸其中还是没那么容易的。

阿：所以，当代社会并不支持固执——字面意义上的固执。

米利：当代社会不支持与长时间有关的固执。也许如今需要更多的灵魂的力量，需要马基雅维利说的那种美德，才能够抵抗这种碎片化，从而去实施一些计划，特别是当我们正在经历一个不确定的未来的时候。固执是在一定的持续时间内表现出来的（即使这种持续的时间会穿插着一些断裂），并且它所设定的未来并不是"不确定"和"焦虑"的同义词。

阿：那么在您看来，正是政治计划和集体行动的缺乏导致了今天的某种悲观主义，而这种悲观主义反过来又消解了固执？

米利：不一定是悲观主义，但今天各种不确定性都在增加，这使得固执可能会回到个人计划、职业计划，还有更加受限的目标之上。我们可以举证券交易商的例子，这是当代的一个标志性形象。我们可以说券商表现出了固执吗？当然，他想挣钱，所以他像一个疯子一样工作，那么这就是一个野心可以与于连·索莱尔相比较的形象吗？他确认了自己欲望的合理性吗？

阿：要像券商那样努力工作，需要很大的固执、很大的决心！您觉得麻烦的地方在于这种固执是为了什么而服务的……

米利：我没有这么说。之所以举券商的例子，是因为我觉得固执——我们已经说了很多遍了——是和现实的阻力以及对现实的抵抗有很大关系的，问题不在于固执意味着个人计划的实现与集体的脱节，更应该是这样——券商总是这样，他挣钱（以及赌博，因为他在股市的位置首先是对未来的冒险赌注）的欲望是在时代潮流中形成的。券商的精神状态、行为规范都是和对金钱的热爱以及不断的竞争，还有某种“新自由主义”的理性想要施加给全社会的价值观同步的。券商每天工作超过15个小时，他的整个存在都是为了调动这种能量，这使得他自始至终都是一个“性能良好的”主体……但是有趣的地方在于分析券商的这种“固执”，以及导致这种固执的各种情绪、能力（目前券商主要都来自各大工程院校），还有社会建议或强加的规范。在这方面看来，券商似乎是被当代社会激励着这么做的，因此他的“固执”没有与现实背道而驰。这种固执是和主导倾向相关的。

阿：那么对于今天来说，您呼吁更多的固执吗？

米利：我呼吁更多的抵抗“把某些观点平庸化”的固执。比方说，我想到了迪约多内（Dieudonné）的喜剧，这是一个极端但是很有象征意义的例子。否定主义——被法律斥责并只能在一部分公众中产生影响——如今被他打着幽默的幌子广泛传播。特别是，迪约多内的立场——被视为敢于挑战正统思想——如今传播到了相对年轻的受到良好教育的观众们（大学生、年轻官员等）那里。可以和全世界嘲笑一切、谈论一切（尤其是当互联网允许匿名传播的时候，就更自由了）的这种观点回应了某种相对主义，它被认为是反“系统”的，代表了言论自由的（既然所有的观点都有意义，那么这个观点为什么不行呢？）。而这种言论自由也是很迷茫的：好像只要对“正统思想”发表挑衅性的意见，表示嘲弄就足够了，好像僭越是自由唯一的同义词。毫无疑问，必须极为固执，才能不在这些观点、这些理智和道德评判面前屈服。要极为固执，才能提醒世人，某种时代潮流并非就是宿命。

势利者

阿代尔·范·雷斯—拉斐尔·昂托旺（Raphaël Enthoven）

开场白

阿：拉斐尔·昂托旺，您是个势利者吗？

拉斐尔·昂托旺（以下简称昂托旺）：我真希望我是！否则让我来谈论这个话题就没有多大意义了。势利（le snobisme）与道德不同，它是一种激情，如果您与它毫无关系，您就很难——确切地说——您根本就无法去谈论它，然而一旦受到了它的影响，再想为它撰写一部说明书又显得过于棘手。人们常常会忘记萨克雷（Thackeray）曾写过一本书——《势利者脸谱》（*Le Livre des snobs*），这部著作通过详细描写一名势利者，明确、详尽地说明了这一群体的特征。为了好好探讨一番势利者，我们必须对这个群体有所感受，就像是您察觉到了一处轻微的瘙痒，再去挠它的时候，会发现自己已经挠了很久了。除此之外，还有一点非常奇特，这个被称作“势利”的不太可靠的学派与许多崇高的主题不同，人们若对自己谈论的事物一无所知，是无法去谈论它的。简而言之，如果要描述势利者，就不能势利地对待（snober）他们，不能采取那些自称不受势利影响之人的冷漠态度。雷蒙·阿隆（Raymond Aron）认为，势利者们就像历史学家，只有在知道自己“沉浸在所探索的事物之中”[1]的前提下，才能“提炼出科学的主题”。

由于缺少关于势利者的客观论述，我们可以使用另一种方法，即采取一种自嘲的、主观的态度。好吧，和您实话实说，我其实不是一个标准的势利者；势利对于我来说只是一种间歇性的冲动，而不是永恒的本质。我不是勒格郎丹[2](Legrandin)，我只是个巴黎人，只在佯装见识广阔，或假意不屑于自己的特权时，才会装出些小聪明。因此，我认为真正的问题与其说是“您是不是个势利者”，不如说是“您什么时候是势利者”，或者再说得复杂些：“在什么场合，在怎样的契机下，一个平日里基本不会有虚荣心的人，才偶尔会在他的鼻尖上，稍稍地表现出一些势利？”

阿：这就意味着，首先，任何人都会有势利的一面；其次，它主要取决于人所处的环境，而不取决于他的性格特征。

昂托旺：我确实认为环境的影响很大，但事情也不一定这么绝对。另外，既然我们要谈论势利者，就得把自己

1 指阿隆在他的回忆录开头讲述的“莱茵河畔的新发现”。在这一发现的最后，他发觉自己既是怀疑论者，又是康德主义者。——原注

2 勒格朗丹，普鲁斯特认为他是社交界的头号人物……我们后文会再谈这个问题。——原注

放到台前来，不惜一切代价地参与到游戏里去。让我们进入一个剧院的场景吧：故事发生在巴黎一家大剧院里，正值一部剧初演，我很高兴，因为我虽然独自前往，但有两个位置的票。当我正准备迈着胜利的步伐入场时，突然发现一位正在乞讨位置的老太太，她打扮得活像只麻袋，丑得像水滴鱼，还带着种奇特的漫不经心。“您或许有一小张戏票吗？您有没有一小张戏票？”她的眼神无动于衷，以乞丐似的方式开口询问道。长期的冷漠使她这类人的行动变得无比机械（他们常常这么问：“您或许有一两分钱吗？”）。

我预见到自己马上就能拥有一副伟大的形象，不禁提前沾沾自喜了起来。我倒回头，走到她身边，把两张票中的一张递给她，心不在焉地露出微笑，笑容中带着高尚的品格所赋予我的温柔与真诚。我尽情地沉湎于自己的善行，却没有意识到这位女士（她听力很差，说话很大声，身上散发着难闻的气味）会因此整晚坐在我身边，更确切地说，整晚都倚靠在我的手臂上。这样一来，虽然我并不认得她，但她可能会被误认为是我的祖母。我与X和Y打了招呼，没有把她介绍给他们，因为我也不知道她是谁。我的座位在她旁边，位置是中间一排的贵宾区，夹在一位部长和两位女士之间。看到这位陌生的邻居，那位部长看上去不太舒服，两位女士则目瞪口呆，面色僵硬，脸庞因愤怒而扭曲。她们频频转过身子，打量这个即便被我遮住了脸但出现在这儿依然过于不合时宜的“动物”，她们终于使出最咄咄逼人的语气，对她发出加农炮般的提问：“对不起，但您是谁？您在这里做什么？您是如何进入这里的？谁给了您这个位置？”“是我带她进来的。”我为这只被女士们盯上了的猎物辩护道，而那老太太正忙着狂欢呢（“哦，快看，那是马丁·拉莫特[1]先生”）。两位秃鹰般的女士撇撇嘴，叹了口气。但必须老实承认，我对这位贫穷女士展现出的骑士精神太过短暂，即便她像任何人一样值得我去捍卫，可为她辩护的满足感还是转瞬即逝，我必须孤身承担这自找的麻烦，心里徒留尴尬。最后我还是成了一个懦夫，坚定地接受了自己之前所蔑视的准则，我背朝着我的“祖母”，假装再也听不到她的声音，趁着演出结束的当口，把这个散发着腐烂气息的家伙丢给了咄咄逼人的猎人们……

请看吧，即便势利者拥有多种多样的面孔，但他们总是很容易被认出来：那位想看一眼马丁·拉莫特的穷女士是势利的，但令人动容；社交名流们是势利的，他们面对那位毁掉自己排场的人，会毫不犹豫地割断他的喉咙；那

1 马丁·拉莫特（Martin Lamotte），法国著名演员、编剧。——译者注

位特权人士也是势力的，他虽然愿意慷慨解囊，但自己却不愿为此付出任何代价，着实令人心寒。最重要的是，人们会在自己内心深处，在那个独自存在的小天地里发现一种可憎的激情。我们所学的任何知识都无法让自己对此有思想准备，可我们必须不遗余力地蔑视它的存在，否则自己似乎就成了个混蛋。

阿：但我们是否可以把一个特定的势利者个案当作普遍的真理？您为自己讲述的故事设定了一个非常特殊的环境，它发生在巴黎的一家剧院里。根据您的意思，那儿聚集着的人们基本上属于同一社会阶层。您是否认为这个小故事足以将势利者的行事逻辑体现出来，让我们可以依据逻辑，在另一个地点，或是在另一些人身上也发现势利的存在？

昂托旺：显然是这样。每个地方都有着自己的运行规则，因此也存在着不同的势利者特征。势利不是一个社会地理问题，而是一个社会地形问题。它并不来自小集团的归属问题，它的产生，或者是由于小集团试图做出改变，或者是由于外部因素侵入了集团——外来者在小集团内部无法找到自己的位置，却使集团因它的到来而更加紧密地凝聚在一起。

势利是一种因他人缺乏相关文化而产生的震撼，它基于这样一个信念：存在，就是融入或被排斥。问题的关键就在于是否加入集团。暴发户和混血儿们往往过分势利的原因也在于此。他们极力表现出一种虔诚的热忱，来填补自己对高贵身份的追求之路，他们借着自己身份的含混性成功进入了心目中的圣殿，并立刻勤勤恳恳地承担起了守卫的职责——正如萧沆[1]（他真的很有幽默感）在柏林墙倒塌后，假意担心法国会被“罗马尼亚人入侵”一样。

势利是一种取决于环境的性格倾向，是一种弱点，是可悲的激情，是一种奴役。在势利的驱使下，人们迫于自己身份的不确定性，把对方贬低到自己希望他成为的样子。我们可以这样定义：势利是一种对知识的感受，其中既掺有盲目笃信偏见的愚蠢，也存在自嘲的智慧，就好比盖尔芒特[2]公爵（Guermantes）会用一张小字条拒绝晚餐的邀约：“我今晚没办法来用晚餐了，借口等一下再编。”

阿：我们对势利的哲学思考有什么意义呢？这样的思考能为我们带来哪些还未在文学、社会学和历史学研究中被提及的新发现？

昂托旺：首先，假如有哪门学科会被人谴责为势利，

1 萧沆（Emil Cioran），也译作“齐奥朗”，罗马尼亚裔旅法哲人，20世纪著名怀疑论、虚无主义哲学家，被称为“法国的尼采”。——译者注

2 盖尔芒特公爵是普鲁斯特作品《追忆似水年华》中的角色。——译者注

那就是哲学了。哲学为何总以迷失在云端的形象出现，为何不符合具体的现实，为何总在思辨中陷入迷茫？若不如此，哲学是否就会沦为势利者们想象之中的爱慕虚荣的学科，因而遭人冷落？这一经久不衰的刻板印象有何存在意义？——拜它所赐，如果您是一位哲学家，就必须始终为自己辩护，向一群势利者解释自己为何有些不接地气。作为回应，柏拉图以一个哲人的身份对这种傲慢无礼、心不在焉的姿态如此回答道——“（对于哲人们）天真坦率的气质，以及当他履行本属于奴隶的职责时的无能，人们都不应该有什么责备”，因为没有人比哲学家更了解“自由地将斗篷撩过右肩……去歌唱真正的生活，歌唱诸神和幸福之人的生活”（《泰阿泰德》[*Théétète*]）。感谢柏拉图，两千五百年来，我们不得不对此进行自我辩护。

在我看来，哲学提供了一些方法，让我们把势利（历史学将它视为局部存在的现象，而社会学将其引申为阶级斗争）看作对确定概念本身的偏离。怎样做个势利者？成为势利者，就意味着要过一种真理般的令人无可置疑的生活，即便“真理”并非总是确凿无疑的。势利者是对笛卡儿主义（cartésianisme）的颠覆，他们不会撤回自己无法肯定的决定，反而会拒绝怀疑自己深信不疑的事物。但势利者也是笛卡儿主义的一个变种：笛卡儿主义者的伟大目标，在于知晓人们该如何通过明确、清晰的感受接近真理，势利者则略施小计，把自己的偏见本身视为一种明确又清晰的感受。某种意义上，同样一个问题激发了两种不同的自我中心主义（égocentrisme）：在怎样的条件下，我对世界的看法会与世界本身相对应？势利眼采取的是一种形而上（métaphysique）的幻想。为了弥合主体与表象之间的缺口，笛卡儿选择祈祷上帝，求助于上帝的调和作用，即便毫无证据，他们也断言上帝是“好的”；另一方面，势利者只需要用自己的思想说服自己，以将世界分为各个阶层来看待，并从中找到一个自己能生活的阶层。笛卡儿主义者对自身的感受确信无疑，势利者则不会这样。当一个势利者大言不惭地公然宣称“虽然我没有看过塔伦蒂诺（Tarantino）的新电影，也没有读过维勒贝克（Houellebecq）的新书，但我觉得它们都令人失望”时，他首先就在嘲讽自己所表达的内容了。[1]势利是一种从自我意识中生长出来的可笑行为。

阿：我们是否可能在保持道德上中立的前提下，对势利者进行哲学反思？既不去赞美它，也不去谴责它。

昂托旺：“我始终慎之又慎，”斯宾诺莎说：“对人们

1 “您对赫莫多（Hermodore）的书有什么看法？“很糟糕。”安蒂姆（Anthime）回答说。“有那么糟糕吗？”他继续回答：“确实非常糟。它就不该被称为书，或者至少不值得人们谈论它。“但你读过它吗？”“我没读。”安蒂姆说。他怎么不再补充说明下，他的朋友福尔维和梅兰妮也持有同样的看法，即便他们也没读过这本书？（让·德·拉布吕耶尔《品格论》第二十三章 / La Bruyère, *Caractères*, § 23）——原注

的行为既不表示出嘲讽，也不为他们感到悲哀，更不会去诅咒他们，我反而要对他们表示理解……”[1]我们应遵守这一规则，它也是唯一可以接受的方法，以解释取代谴责，以解读代替赞美。再次强调，在讨论势利者的话题时，尤其需要我们对自己正在谈论的东西有所体会。时常体会自己的势利之处，就能学会如何对势利进行思考，同时我们又受到各种情感的影响，最终使自己在这一话题上永远不可能实话实说。不去赞美势利，就是对自己缺乏善意；不去谴责势利，就是与它之间的距离还不够大。所以，我们必须同时抱着赞美和谴责双重态度去看待它。

阿：为了赞美或谴责自身的势利之处，我们必须对自我有着非常清醒的认识。然而，人们或许会不自觉地成为一个势利者。

昂托旺：我不这么认为。势利者的存在有他自身的悲剧性。阿兰·贝桑松（Alain Besançon）在回顾他经历的斯大林时代时说，他“一度相信自己是完全明白的，其实却并不了解自己曾经相信的事物”。我认为势利者恰恰与此相反，他们相信自己明白了……而且完全了解自己所相信的事物是什么。

1 斯宾诺莎，《神学政治论》，第一卷第四章（Spinoza, *Traité politique*, I, § 4.）——原注

爱嚼舌根的人可能会说，势利者们甚至不会为他们的无知而辩白，但在我看来，势利者至少在另一方面有个优点，那就是很清楚自己这样做是可笑的。势利者敏锐地意识到这类偏见的无用之处，但他还是竭尽全力坚持着偏见。而当我们以社会学家的方式，将势利简单用词典中的概念理解为“在某些上流圈子中，对内部普遍存在的观点、生活方式和感觉方式具有较大影响之人的虚荣”（拉鲁斯词典[*Larousse*]）时，我们忽略了一个简单却十分有力的事实，即当一个人认为自己在说真话，但又完全知道自己在胡说八道时，他就成了一名势利者。人们无视了这一极为不容置辩的评价。势利者在宣传自己真实性的同时，也宣告了自己的无知。事实上，势利是人表演给自己看的一场悲伤的喜剧。否则，为何一次社交上的失败就可以对人生造成那样大的创伤？势利是一种主要的“消遣娱乐”的方式，正如帕斯卡（Blaise Pascal）赋予它的意义所言：“自愿的无知抚慰了存在的痛苦，给我们这些终会死亡之人以忧郁的自由，让我们得以对存在稍加思索。”若非如此，一个人为何会对客观上并不重要的东西给予这样多的重视？请注意：了解某事和意识到某事是有区别的——只有在极为稀少的情况下，人们才会对某事具有充分的意识。没有哪个势利者会对困扰着自己的痛苦视而不见，但他们之中很少有人会接受它，并向自己承认痛苦的存在。茹尔丹(Jourdain)[1]先生求他的妻子闭嘴（“闭嘴”“那就闭嘴”“您能不能闭嘴？”“给我安静点吧！”），可正如妻子所预料的那样，多朗托(Dorante)伯爵刚刚又问他借了200皮斯托尔[2]，他追求的是什么？“平静。”茹尔丹先生这么说，原因就在于他其实并不平静，他想相信功绩是可以用金钱购买的，贵族的言行是可以被模仿的，可最为不幸的是，他也明白情况并非如此。茹尔丹的多疑导致他的过分固执。他自己其实已经对妻子提醒的事情有所察觉了，也正是出于这个原因，他不想承认自己只是一个“容易上当的人”。茹尔丹为什么那样厌恶妻子？因为她没有给他任何自身事务上的建议，却再三让他体会到了，自己迄今为止满足于知道的这些东西有多么自欺欺人……所以他选择对妻子的意见不予理睬。同样，为什么勒格朗德厌恶在盖尔芒特家碰到的叙述者？因为当勒格朗德忙于自己热爱的社交活动时，就没工夫装出那副他时常在年轻人面前端起的假清高了。势利者事实上清楚地意识到了自己的趋炎附势之处，但他们并不想把这点摆在明面上。所以无论是自嘲还是自视甚高，势利者都有明确的自知，但他们却采取了回避的态度。我们不可能让

1 茹尔丹先生和下文的多朗托伯爵都是莫里哀的戏剧作品《贵人迷》中的角色。——译者注

2 法国古币名，相当于10个利维尔。——译者注

势利者明白他们是在为不值得的事物浪费精力，也不可能令他们幡然醒悟……因为他们事实上已经意识到了这一点。这就是势利者往往非常厌恶人们当场揭穿他的真面目的原因。

马塞尔·普鲁斯特，一位热爱势利者的人

阿：您强调了势利者的悲剧性，他们乐于附庸风雅，却拒绝承认自己的势利。但这种内在的戏剧性，同样赋予喜剧小说强大的活力！小说家们充分利用了这种心理上的复杂性。让我们以一篇您十分熟悉的文本为例：在《追忆似水年华》（*A la recherche du temps perdu*）中，维尔迪兰家族（Verdurin）是一群十足的势利者，也是一个异常封闭的小集团的领军人物，他们为自己打出一句格言："在座的都是朋友，友情第一嘛！"乍一看，这句话没有丝毫冷嘲热讽或附庸风雅的色彩……势利者们总是戴着假面行事吗？

昂托旺：他们总是不可避免地伪装自己。但是有些假面是可见的，有些则隐藏在表面的坦诚之下。最善于伪装的势利者往往会否认自己受到了虚荣的影响。有人宣称要摘下一切假面，其实他们自己的伪装比谁都要明显。势利者就像人们会在葬礼上戴的那副墨镜，目的不是掩饰某

人的眼泪，而是向大家表明某人在掩饰自己的眼泪（这就使人们免去了流泪的必要），或者像那位当上了总理的前通讯员，他在大张旗鼓地展现自己的诚意，处处塑造自己“不仅会工作，更有副好心肠”的形象，显得自己好像更爱与面包师打成一片，而不是与官员为伍似的。

再比如那位土耳其大使夫人[1]，一个常常在花园聚会时出没的“笨女人”，她“没有遵守圈内的规矩”，贸然称呼夏吕斯（Charlus）男爵和阿尼巴尔·德·布雷奥泰[2]（Hannibal de Bréauté）的绰号（“Mémé”和“Babal”），还自以为非常时髦（事实上她很可笑），友情关系中的虚荣和不客套是势利者的绝妙伪装，而当我们试图对它进一步打磨时，势利的轮廓就显露出来了。在这一点上，势利与愚蠢有三个层面的相通之处。首先，没有人能够在不受到势利影响的状况下，去对它加以谴责，或真正理解它。其次，正如一定程度上的愚昧（源于无知而非出于坚信）可以在教育中被消除一样，最狭义范围内的势利（即一个阶级对下层阶级的蔑视），也可能在发现人的优点能超越其所属的社会阶层时，简简单单地消失。再说明白点就是，如果愚昧只意味着某人相信地球是平的，如果势利

---

1 《追忆似水年华》中的次要人物之一，在书中出现了好几处，且每次出现都代指同一名角色。——原注

2 两人皆为《追忆似水年华》中的角色。——译者注

只意味着某人认为贵族比无产者优越，那么人们在经过学习之后，就很容易摆脱这两种情况。最后，愚昧还会以这样一种形式出现，即某人一旦醒悟后，就认为自己往后都不会再犯错。势利也是同样，一名势利者会反对他所认为的“势利者”的价值观，并就此感到满足。类似这样的愚昧和势利无药可救了，因为它们会伪装成已被治愈的模样出现。

阿：所以最势利的人恰恰正是那个主张不必客套的人。他在行动上谴责了源于阶级鄙视链的矫揉造作和自命不凡，就以为自己的秘密被完美地隐藏在这类假惺惺的表面行为背后了。

昂托旺：“在座的都是朋友，友情第一嘛！”这是维尔迪兰家族的信条。这群势利者适时地把势利的概念简化为傲慢的言语和轻蔑的态度。他们乐于相信，只要厌恶客套话并缩减庆典的仪式感，就能使他们免受轻视，但实际上他们自己恰恰表现出了这种蔑视。维尔迪兰家族的成员们为自己无法进入盖尔芒特家族而懊恼不已，一举一动都被这无边的苦涩感所左右，但他们害怕在自己身上发现这一点，而试图通过文字游戏、不加掩饰的笑声和吵吵闹闹的友情，以显示自己没有一丁点儿的趋炎附势。但在维尔迪兰家的餐桌上——客人（除斯万外）都有一个共同点，那就是他们的行为似乎表明，他们只是因为不被其他团体所接纳，才进入了这唯一一个欢迎他们的圈子。每周三晚上，常客们都会“像往常一样来到”那间大公寓，他们表面上的坦率只是另一种形式的自我欺骗。况且我们毫不意外地发现，在这个亲切朴实的小团体中间，即便大家起初都穿便服，却又一个个慢慢换上了礼服和漆皮皮鞋……

阿：然而，普鲁斯特笔下的势利者典型是那个被称作“勒格朗丹先生”的工程师。

昂托旺：啊，是的！这位高大的先生善于思考又文质彬彬，十分健谈又不失优雅。他打着花点大领结，身着单排扣上衣，留着金色小胡子，还有一双蓝眼睛。勒格朗丹身上的一切都让他看起来像个真正的精英，而不是个只能混迹于沙龙的杰出人物……“如果不是这些对贵族、对社交界，尤其是对势利者失礼的抨击（当圣保罗提到那些无法被宽恕的原罪时，他一定也想到了这种罪），他哪里有必要对社会上的名利欲施以如此猛烈的斥责？”叙述者的祖母一针见血地问道。

在勒格朗丹向一个富有的地主之妻大献殷勤的几天之后，他就假装不认识叙述者的家人了，叙述者最终对他做出了糟糕的评价：“他是一个势利者。”勒格朗丹（这个伟大的轻蔑者）是附庸风雅之人特征的完美体现，就如同基督替我们承担了所有苦难一样：假如他不去取悦于人，这个男人也并不缺乏吸引力，但势利是他不可推却的罪行，也是他内心深处无法满足的迷恋。正是他自身的行为令他遭受百般折磨，一旦有人问他是否认识王室成员，他就好似被万箭穿心，勒格朗丹是“势利者中的圣塞巴斯蒂安（Saint Sébastien）”。他不会用严厉的措辞谴责世上的贵族们，这是为了惩罚陷于令他懊恼的激情中的自己，还是为了对贵族们庇护了他的罪恶的事实进行笨拙的抵赖？事实上，勒格朗丹尽全力去承受着痛苦，他矢口否认的姿态反而使他长期遭受的折磨持续加剧、不断延长。叙述者的父亲并不像他妻子一样认为勒格朗丹的势利很有意思。在一次引人发笑的谈话中，他残酷无情地试图让这名工程师承认他妹妹——康布尔梅（Cambremer）侯爵夫人——在巴尔贝克（Balbec）高地上有一座别墅，以便他即将去那儿度假的儿子（即叙述者）和岳母在遇到麻烦时，可以很快找到庇护所。可怜的勒格朗丹摆出一副矫揉造作的滑稽模样，竭力不让自己将别墅的秘密供认出去。

“你在巴尔贝克有熟人吗？”

“那里，就像在别的地方一样，我谁都认识，又谁都不认识……地方我很熟，人却不太认识，但那里的景色与人差不太多，与那些难能可贵、心思细腻、容易受生活打击而陷入消沉的人一样……”

为什么勒格朗丹要对鲜花海岸（la Côte fleurie）的地质与历史进行一番介绍，通过诗意的描绘来回避问题，而不是对叙述者的父亲简简单单地撒个谎，是因为要回答：“不，我在那里没有熟人。”

如果勒格朗丹撒谎，谎言就会使他的虚荣在他自身眼中成为一个无法否认的事实。如果勒格朗丹撒谎，那么他将必须承认自己这样做是出于势利，承认他所鄙夷的激情在自己身上却如此强烈，于是他被迫选择掩饰现实。谎言会使他陷入一种有自觉的势利，而勒格朗丹只有在令自己保持无知的情况下，才能成为一个势利者。因此，勒格朗丹必须诚实作答，但同时又要避免回答对方的问题，以便使自己继续被这一激情所掌控，说服自己做个毫无自觉的奴隶。这样一来，他遭受的痛苦就并非由他的错引起的了。事情就是这样。勒格朗丹的目光出卖了他的想法……

阿：让我们举个例子：这个场景发生在《在斯万家那边》（*Du côté de chez Swann*），是一段勒格朗丹和年轻叙述者之间的谈话，前者正在向后者献殷勤。但叙述者随口问了勒格朗丹一个可怕的问题，他使用了这些措辞来回答：

“先生，您是不是认识……盖尔芒特家的那一位……

那几位女主人？”这个姓氏一经我说出口，我感到非常高兴，因为我总算对它采取了行动，把它从我的梦幻里拉了出来，赋予它一个客观的、有声的存在。但是，我发现我的朋友一听到盖尔芒特这个姓氏，他的蓝眼珠中央立刻出现一个深褐色的漏洞，好像被一根无形的针尖捅了一下似的，眼珠的其他部分则泛起蔚蓝色的涟漪。他的眼圈顿时发暗，他垂下眼皮，嘴角掠过一丝苦笑，很快又恢复了常态。他的眼神却像万箭穿心的美丽的殉道者，依然充满痛苦。“不，我不认识他们。”他说，那语气不像一句简单的答话、普通的说明那样自然而流畅；他说得一字一顿，又点头又弯腰，好像在说一件别人不信、他为了说服对方不得不加以强调的事情，似乎他不认识盖尔芒特只是出奇地偶然；同时他又装成像不能回避某种尴尬局面似的，觉得与其遮掩不如痛快承认，好让人家觉得自己很坦然，并无丝毫勉强之处，而是轻松、愉快、由衷地直认不讳；再说同盖尔芒特没有联系的这件事情本身也并不使他感到遗憾，相反是符合他的心愿的，因为某种家庭传统，例如道德原则或不便明说的誓约之类毫不含糊地禁止他同盖尔芒特交往。[1]

1　译文摘自《追忆似水年华（全七卷）第一卷：在斯万家那边》（李恒基、徐继曾译，译林出版社，2012）。——译者注

从这段文字我们可以看出，普鲁斯特很喜欢对身体部位——眼神、眼皮、眼珠、嘴角的褶皱——进行无比精准的描述，从而体现出势利者是如何被他们的面部表情出卖的……因此，势利者不可能完全掌控自己的外部表现。

昂托旺：显然如此。不出格的智慧并不一定不伟大，同样，显露于外表的情感也并不一定肤浅，因为我们能从外表本身（不涉及它们所遮掩的“真理”）觉察到它所展示的事物的虚伪性。这就是眼神的意义所在，它仍是一个与外表相关的问题，但同时又揭开了潜在的真理（人们不是说眼睛是灵魂的镜子，也是我们隐秘思想的见证吗？）。

尽管势利者十分痴迷于名利，但我们也必须公正地加以看待，在抓住表象的同时坚持真理。普鲁斯特是如何做到这一点的？他的方法有两种。一是他扩大了联觉的领域，除了气味和声音以外，还将情感包含在其中，他甚至赋予势利者一种颜色：蓝色。蓝色，是人们在拒绝邀请时使用的“小字条”的蓝[1]，也是盖尔芒特公爵夫人眼睛的蓝，那双眼在社交界能“照亮整场舞会”；还是天的蓝，昏黑的树林伫立在碧青如洗的天空下，勒格郎丹将它作为自己忧郁的标志。为什么势利者是蓝色的？这是个谜。但

1 “小字条”的法语说法（petits bleus）中包含“蓝色”（bleu）一词。——译者注

是他之所以有颜色，是因为他以自己的方式解释了世界，提出了慰藉的良方。

二是普鲁斯特使用了相面术（相当于文学范畴里的势利），即认为一个人的性格可以通过面部特征清晰地表现出来，这种以貌取人的思想不太合乎道德规范。对于这种外貌定罪法，普鲁斯特用得比巴尔扎克要少，但效果更胜一筹：勒格朗丹眼珠中央的漏洞使他的眼睛泛起涟漪，扭曲了他目光的颜色，面容的改变比任何深层的心理分析都更能展现他无法掩饰的怨恨。只有最为武断的艺术方式才能与势利的专制特征相匹配，即一种只下论断却不加任何论证的文学，一种跨越了道德以贴近现实的文学。

我们不求以最全面的视角去看待勒格朗丹，但至少要对他采取相对公正的态度。我们还必须记住，势利者的外表不仅存在于他的双眼，而且一直延伸到他的背后。“勒格朗丹的臀部”，掀起了“一股强烈且肌肉感十足的波动”，这种“纯属物质的起伏”，“受谄媚之心所驱使的肉体活动”，向每位读者强调了他的肢体动作，也顺便向每位势利者点出了他们的滑稽相。普鲁斯特热衷于阅读蒙田的作品，并极力称赞《随笔集》的最后一章，因为蒙田在文中这样写道：“即使坐上了世界最高的宝座，我们也还是坐在自己的屁股上面。”普鲁斯特不用讲道理的方式来对抗一种情感，而是选择用图像来对抗它：对于这种痴迷于追求高雅的行为，有什么对抗手段比一段对臀部的纯物质描写更有力，或者说更能拯救它？无论他的野心是什么，尤其是当他渴求的东西高高在上时，势利者为了让自己爬得再高一些，总会四脚着地、屁股朝天。

势利是为了生存？柏格森（Bergson）[1]与标签

阿：所以其实并不存在势利的分类或类型，但存在势利的典型，而且无论是奇特的人物典型，还是附庸风雅的各种形式都有许多。我们来试着弄明白势利在这些例子中是如何发生的吧。普鲁斯特花费了如此多的笔墨，去描摹他作品中最为势利的人物姿态、面部动作和态度，不就是为了将势利者对伪装、规则和礼节熟练操弄的过程展现给大家吗？关于这一点，柏格森在《论笑》（*Le Rire*）一书中写道：“我们看不到事物的本身；我们往往只限于阅读贴在它们身上的标签。”这难道不能帮助我们对势利运行的机制之一加以辨别吗？

昂托旺：柏格森这句话非常巧妙，而且如此广泛、准

1　亨利·柏格森（1859—1941）：法国哲学家，1927年诺贝尔文学奖得奖者，以优美的文笔和具丰富吸引力的思想著称。——译者注

确，并让我们从中意外窥见了势利的运行机制。这句话是什么意思？它是说，在日常的生存活动中，我们的大脑就像一个分拣站，其功能是为我们从世界中提取有用的东西。日常生活在某种意义上，就是在我们需要的和不需要的东西之间进行分拣的过程。世界与我们的需求紧密相连，我们都对它十分了解。世界是每天的日常生活，也是职能和工具的天地。柏格森说："生活，就是只从物体中提取有用的印象，以便给出适当的反应：而其余的印象都会变得模糊，或者只会以混乱的方式呈现在我们眼前。我看，以为自己看到了；我听，以为自己听到了；我研究自己，以为自己探索到了自己的内心深处。"

只要个人对世界的兴趣与世界对他的兴趣程度相当，这就可以是任何人的世界。物体也和人一样，只有贴合了个人的喜好才有其存在的价值。肤浅而贪婪的存在方式、浮躁又毫无节制的生活……柏格森反对这样的生活，因为它们用无处不在的喧嚣和爆炸，让人将在世界中寻到的兴趣与世界本身相分离，使人无视那些挡在我们的眼睛和真实之间的，与形式和颜色相关的偏见。柏格森这样做，只是深化了针对非功利爱好的康德式的直观论(Intuition)，也就是说并非让灵魂脱离驱壳，而是让它摆脱个人的意图和算计。而且，超越个人兴趣的世界以及接触与个人分离的世界的过程，恰恰也与《追忆似水年华》的文学目标相对应。柏格森对“摆脱生命的”灵魂有很大的兴趣，这类灵魂的摆脱会“以一种完全新鲜的方式去看、去听或去思考”的方式表现出来，而当伯格森的兴趣投射在《追忆似水年华》一书中时，就表现为作者所采用的“狼叙事”（Narrateur-Loup）的叙事方法，使叙述者如幽灵一般无所不在，总是设法去看，却又尽量不被发现，做一个谨慎的偷窥者，从不试图通过自身的存在对正在观察的事物做出改变。

回到柏格森（以及势利者的话题），他的美学受一种疯狂的野心所驱动，即穿过自己，以找到真实本身，或者带着矛盾的兴趣在自己身上寻找——尽管自身存在主观滤镜的影响——世界原原本本的样貌，而不再满足于自己所感知到的那个世界……柏格森说：“一切都在我们之中，一切都在我们周围。”[1]在我之中，也就意味着在我之外，在我的个性、历史、私人生活、野心和兴趣之外。存在着一个自由的区域，真实在那里被保存下来，不受我性格的影响。《追忆似水年华》的叙述者如此感叹道：

“那一声声尖厉、清脆、叮叮咚咚连绵不绝的小铃铛

1　同样出自《论笑》一书，书中关于“艺术的目的”的几页内容就可以自成一部杰作。——原注

声，向我宣告斯万先生终于离开，而妈妈很快就能上楼来了。这些声音依然萦绕在我的耳畔，它们虽然在那么遥远的过去，我却还是听到了它们。”[1]

在这种极度艰难的反转中，一个人通过抹去自身的存在，通过谨慎行事，通过完完全全地消失，终于在自己身上找到了世界与构成世界的众生的真实，但是势利是否与这种性质有所区别？若将穿过自己、把握世界的勇气，与在坚持偏见的情况下说出真相的愿望加以对比，二者之间的差异是否多于相似之处？在伯格森关于标签的格言中，他对势利者做了双重的总结：他的罪恶对自己而言也是机会，使自己用谎言和标签来覆盖世界，让自己在其中生活得更加舒适，也给了他对自己掌握绝对真理的荒诞欲望加以验证的机会。因此，在《追忆似水年华》中，同样的势利使维尔迪兰夫人对冷漠的贵族们施以蔑视，觉得他们可悲：那些贵族表现得无动于衷，即便精神上的痛苦和直觉都在提醒他们德雷福斯[2]（Dreyfus）是无辜的，在告诉他们瓦格纳（Wagner）的音乐虽然晦涩难懂，但或许比德彪西（Debussy）的更优秀。

1　译文参考自《追忆似水年华·第7卷：重现的时光》（徐和瑾、周国强译，译林出版社，2012）。——译者注

2　德雷福斯事件：1894年，法国犹太军官德雷福斯被诬陷犯有叛国罪，被革职并处终生流放，法国右翼势力乘机掀起反犹浪潮，直至1906年德雷福斯才被判无罪。——译者注

阿：柏格森的这句话指出了势利者的一个新的悲剧特征，这一悲剧性在于势利的必要性，即为了思考和生活，给事物贴上标签的行为对他们来说已不再是一个单纯的选择，而是赖以生存的需要。这意味着，如果势利就是指将标签当作事物本身，并确信这就是真理，那么人们就没办法摆脱势利了。它成了人的某种构成要素，甚至事关人的存亡！

昂托旺：确实如此，这个问题至关重要。正如我之前所说，势利是一种悲剧性的良知，人们为了摆脱心中的慌乱，而选择坚持幻想。这又有什么不好呢？与其去面对那些令人失望的事物，为什么不选择对它们视而不见？为什么不让自己陷入其他那些关于世界的空想或宗教仪式中去？您难道就掌握了更可靠、更确切的事物吗？而且如果坦白承认，事实上没有任何一个势利者真正被自己的虚荣心所愚弄，那我们之前是不是打错了算盘？想治愈势利者的人却没有觉察到自己同样也有爱慕虚荣的毛病，他自认为只要对一个错觉加以纠正，势利就会逐渐淡薄了。势利者不会费劲思考如何将那副殷勤讨好的模样，表现在他的假面或本人身上。没有任何一个势利者会愚蠢到相信仅靠外部装扮就能让人变得高雅。势利者对自己的认识并不比阿谀奉承的献媚者多。自恋者更爱他们为自己塑造出来的形象，因此对自身充满憎恶；而势利者会将对自己、对世界的蔑视落在实践上，他们希望自己没有出生在这个世界上。普鲁斯特还在书中这样写道：

我若问他："您认识盖尔芒特家的人吗？"巧于辞令的勒格朗丹就回答说："不，我从来没想结识他们。"可惜的是，回答这话的他实际听命于被他深深地埋藏在心里、从不出头露面的另一位勒格朗丹，而这另一位却能说出有关我们心目中的他，以及有关他贪图虚荣的不少难避嫌疑的掌故来。其实，他刚才眼睛里出现的那个漏洞，他嘴边掠过的那丝苦笑，他语气中那样过分强调，以及他一瞬间像势利殉道者那样万箭穿心般的痛苦情状，早已为另一位勒格朗丹作出了回答："唉！你算是击中我的痛处了。不，我不认识盖尔芒特，别再揭我生平最疼痛的这块伤疤了。"这位桀骜不驯、气势汹汹的勒格朗丹虽无另一位勒格朗丹的美妙言辞，却有人称之为"反射"的犀利无比的对应能力，故而巧于辞令的勒格朗丹还没有来得及堵住他的嘴，他已经抢先表了态，害得我们的朋友处心积虑，力求弥补"另一个自我"不慎造成的坏印象却毕竟无济于事，充其量只能勉强遮掩罢了。[1]

1　译文摘自《追忆似水年华（全七卷）第一卷：在斯万家那边》（李恒基、徐继曾译，译林出版社，2012）。——译者注这就是与势利如影随形的代价，简而言之，就是无法自爱。有它相伴，又该如何才能生活下去呢？

阿：势利者认为自己是世界的中心吗？他是一个坚信在他之外，世界就不存在了的自我中心主义者吗？

昂托旺：我不这么认为。从心理学角度看，势利者的精神上有某种东西使他略微偏离了中心地位。他们无疑是自我中心主义者，但谁又能说自己不是这样的呢？但我不太能确定他们是否把自己看作世界的中心。把自己当作世界的中心，是指将世界和世上所有人都以自己的愿望或兴趣来衡量。我们不应该把这种心理倾向与势利者那种谦恭的傲慢混为一谈，势利者会拿自己的观点充当不可信的真理，并满足地沉湎其中。此外，如果说人心中还有哪种虚荣与其他虚荣心相反，我们会告诫人们，除了自己的世界之外还存在着其他世界，那就是势利了，势利恰恰是由对别的世界的渴望、恐惧或蔑视所构成的。

普鲁斯特的作品中不存在阶级逻辑（他认为仆人不会比公主更势利，也不比公主更不势利），而存在着无度的名利心（并不是社交场上的名利，而更多的是知识上的名利），导致势利者对自己的言论充满崇拜。归根结底，势利属于那种得到了语焉不详的阐释的马虎业余的态度，属于“那些注定要消失的原始生命形式，那些令我们深受触动的尝试，就像还无法离开地球的飞行器，即便飞行的秘密方法还有待发现，但对飞翔的渴望已经孕育其中”。我们不应该傲慢地对待轻蔑本身，因为它将整个世界的尝试都囊括于其中了。

势利是一出戏剧：王尔德(Wilde)与马里沃(Marivaux)[1]

阿：从普鲁斯特描绘人物肖像的艺术，到柏格森所说的不可避免的标签陷阱，势利向我们揭示出，人人都在社会分配给他们的角色中挣扎、奔忙的事实(有时是以幽默的方式进行，有时则要以牺牲别人为代价)。如果要为此勾勒出势利者的肖像，那么比起小说，戏剧难道不是个更合适的选择吗？

昂托旺：每种病的患者都有其优势所在。患了势利病的人会敏锐地察觉到，世界就是一个戏剧舞台，每个人都试图在上面扮演好自己的角色。开始人们可能会仅靠贵族姓氏就对一个人的本质加以盲目的判断，但很快也就能看破隐藏在外表之下的真实人格。势利者意识不到，他本人就是他正欣赏的戏剧中的主角。

阿：从这个方面讲，戏剧在势利者的问题上具有教育

1 皮耶·德·马里沃（1688—1763）：18世纪最重要的法国剧作家之一。——译者注

意义。假面的戏码产生了滑稽的喜剧效果，但也让人倍感痛苦，因为失去了伪装就无法生活。

昂托旺：发生在剧场观众席里的戏剧化场景比舞台上演出的戏剧还要精彩。从热情的年轻人到焦虑的女士，每位观众都完美地扮演了他们各自标签所指定的角色。每个人都是天生的势利者。与这幕由观众上演的人间戏剧相比，任何一位演员在台前幕后的表演都显得逊色了。舞台上的恶意可以被清清楚楚地展现出来，势利可以被发挥得淋漓尽致，势利的话语能清晰地显露，不会被淹没在其他声音当中，和台下完全不是一回事。舞台戏剧以夸张、讽刺的模仿，将势利者的形象呈现出来，曝光他们只看得到贴在事物上的标签而无法深入本质的事实，使他们无法再傲慢地鼓吹自己的偏见。但在日常生活中，其实势利者会将他们的偏见细心地掩藏起来。以可爱的布莱克奈尔（Lady Bracknell）[1]夫人对杰克（Jack）的提问为例，她想把女儿格温德伦（Gwendoline）嫁给这位在城中自称欧内斯特（Ernest）的男子：

“您抽烟吗？”

“嗯，是的，”杰克说，“我承认自己抽烟。”

“啊，我很高兴听到这个消息，人的生活中必须有一

1　出自奥斯卡・王尔德，《不可儿戏》，第一幕，第五场。——原注

份事业。伦敦有太多的闲人了。”

剧情再往下一些：

“您在乡下有房子吗？房子有多少个房间？好吧，我们可以之后再来讨论这个问题。我希望您在城里有套房。让格温德伦这样天性淳朴的女孩住在乡下，真是难以想象！”

而当她得知杰克是个被丢在车站行李寄存处一个“非常普通的提包里”的弃儿时，是这样反应的：

“失去父母亲中的一位，沃辛先生，可以说是一种不幸。但同时失去了父母二人看起来更像是个疏忽大意了，您一定无法想象我和布莱克奈尔勋爵会允许我们唯一的女儿、一个受过精心教育的年轻女子，在行李寄存处与一个包裹结婚吧！沃辛先生，我强烈建议您尽快地、努力地寻到一个家庭，并在这个季节结束前，向我们介绍您父母中的任何一位，不管是哪一位……在我看来，在一个手提包里出生——无论它是否有提手——都是对家庭传统的极大污蔑。这让人想起了法国大革命中的某些糟糕过分的行为，我觉得您应该明白那些不幸的事件让我们遭受了什么事。直到昨天，我都还不知道竟有家族，或者说有人的起源会是个火车终点站。”

布莱克奈尔夫人，或称“奥古斯塔姨妈”(Tante Augusta)，她无情却慷慨，是一名不折不扣的势利者，但也是坚定的反习俗者——她的许多方面让人联想起电视剧《唐顿庄园》(*Downton Abbey*)中的一个角色维奥莱特·克劳利(Violet Crawley),即格兰瑟姆伯爵夫人。布莱克奈尔夫人为这部剧集提供了宝贵的形象参考,剧中的平行世界完全处于势利者的社会等级制度的掌控之下。在那个虚构的世界里,任何有13万英镑收入的女孩都有着“贵族的气质”,籍籍无名的出身令人生厌,“容易着凉”是“遗传的毛病”,牛津大学的校友不可能是骗子(仅仅因为他来自牛津大学),烦恼是“唯一不无聊的事”,最终一切都走向了衰落,“如今很少有父母会听他们的孩子说话。过去对青年的尊重正在迅速消失”。

剧中的世界竟如此超乎常理?的确是这样。但话说回来,我们所生活的世界(即萧沆热爱的这个世界)其实也和虚构世界一样荒诞不经:在这里,人人都面临着死亡的威胁,领带上的一条折痕与战争的爆发具有同样的价值,人自杀唯一可被接受的理由是行政事务上的受挫;再说了,既然生活都不具备让我们抛弃它的价值,那自杀本身就是缺乏品位的行为。势利者和虚无主义者都拥有一个共同的天赋,那就是寻到一个恰当的从容洒脱的态度,以面对现实的悲剧。

阿:事实上,布莱克奈尔夫人这一角色也体现了智慧，至少她的形象与智慧一词并不相悖。

昂托旺：不仅是智慧，从她身上我们还能发现善良。在同意了她侄子和塞西莉·卡迪尤结亲后，她就计划着找到一个无法反驳的理由，促成他们早日喜结连理："说实话，我不太喜欢把订婚后的这段时间拖得很长。这会给人们时间在婚前就把对方的性格了解透彻了，我认为这是不可取的。"

同样是这位夫人，她从生活中汲取经验，用自嘲的方式来关心地位卑微者，且不赞成建立在金钱上的婚姻。她这样解释："当我嫁给布莱克奈尔勋爵时，虽然我身无分文，但我却不希望贫穷成为我们的婚姻的障碍。"最后，她还为我们建立了一个势利的最终形态，并提出了如何摆脱势利，这一点是维尔迪兰家族永远不会理解的："永远不要对任何社交小圈子说出不敬之语，阿尔杰农（Algernon），只有无法进入圈子的人才会这么做。"

戏剧的最后部分，在观众巨大的喜悦和道德的拯救下，布拉克内尔夫人取得了胜利，因为她的要求（心思狭隘的人会认为它们反动）全部得到了满足。杰克得以与父母"团聚"（其实他的母亲就是奥古斯塔姨妈的妹妹，而杰克在外省的火车站被遗弃只是因为普利斯姆小姐[Prism]的一时疏忽，当时她把"一份令人厌恶的伤感手稿"和婴儿车里的孩子弄混了）；除此之外，杰克还意外发现了"欧内斯特"并不像他先前以为的那样是他在城里使用的假名，而是他的真名（也就是他父亲的名字），这使他陷入了深深的惶恐之中：

“格温德伦，我发现了一件可怕的事，那就是我这辈子居然从未说过谎话。你会原谅我吗？”“好的，我原谅你，因为我觉得你会改变自己的。”

这意味着什么呢？布莱克奈尔夫人不仅仅是个“蛇发女妖（Gorgon）”（杰克一开始这样称呼她），也不仅仅是贵族阶层中的杰出人物，而是位真正的哲人，也是这部戏剧中的占卜师，她的话总会在剧中应验。试着想象一下，势利者不同于妄想病患者，他们所说的话都有自己的道理，即便是偏见之中也存在着智慧：这就是《不可儿戏》为我们描绘的世界，它与我们世界的不同之处在于，戏剧以欢快的基调调和了生活中的种种偶然，并以机智的方式使势利不再滑稽可笑，而将其变成一种敏捷的辩论艺术。最终，戏剧性的变化并没有搅乱事物的秩序，而是将社会恢复到它开始时那种虚幻的、具有欺骗性的组织安排中去：剧中的世界是如此一成不变，它宁愿去对那些离奇的想法加以证实，也不愿意揭穿它们的谎言。

阿：所以王尔德的戏剧其实比它表面上看起来要保守得多……

昂托旺：可以这么说。但我所说的保守主义

（conservatisme）指的是，当进步成为约束、现代性成为判断时的一种额外的自由。从这个角度看，王尔德和马里沃的剧本非常相似。首先，他们两人都擅长把明明应该处于必要范围内的事物当作一个决定来提出；然后，他们再通过这种方式与事物的秩序进行博弈，让人产生他们在改变秩序的错觉。实际上，没有任何事物的位置发生了改变。

因为杰克被抛弃在了手提袋里，换言之，因为他的孤儿身份，布莱克奈尔夫人就把过错算在了杰克本人的头上，总之她觉得，杰克应该对他继承到的那点东西负责。与此相似的是马里沃在喜剧《爱情偶遇游戏》（*Le Jeu de l'amour et du hasard*）中反复使用那些老掉牙的喜剧效果，即让根本无法选择自己该做什么的某人去承担责任。比如丽塞特（Lisette）对她的女主人西尔维娅（Sylvia）小姐说："他胖是不对的，但英俊是对的。"（好像对或错取决于他一样）西尔维娅相信建立在爱情之上的婚姻，担心自己不能嫁给命中注定的追求者。过了一会儿，西尔维娅的追求者德拉特（Dorante）乔装成他的男仆前来，并自称"布尔吉农"（Bourguignon），他事先并不知道西尔维娅也已经与丽塞特调换了身份，西尔维娅的哥哥马里欧（Mario）假装用和男仆说话的口气对德拉特说道："闭嘴，我禁止你有这么敏锐的思维。"——好像德拉特能够控制自己的思维一样。当德拉特向西尔维娅求爱时，后者对一个仆从竟敢对她甜言蜜语而感到羞辱，她不敢向他坦白自己的女仆身份只是一种伪装，却又情不自禁地被这个胆大包天之人所打动，因此十分恼火，于是她回答道："我要生气了！你让我不耐烦了！ 再说一次，放下你的爱情吧！"然而一般情况下，要让一位沉浸在爱慕当中的人立刻放弃他的爱情基本是不可能的。她甚至还在后几行补充道："那么摘下你的面容吧！"这事的难度也不小。简而言之，正如马里欧所预言（而不是命令）的那样，西尔维娅最终将与德拉特结婚，"甚至还很倾心"。因为德拉特和西尔维娅具有相同的条件，他们同样希望对注定将属于他们的那颗心进行一番考验，他们绝对是天生的一对。

阿：这些与势利者又有什么关系呢？

昂托旺：势利是一种不变的梦想，它将偶然性神圣化了。生来就有的头衔和"由人建立的伟大"（出自帕斯卡），这些偶然性的维持建立在信任的基础上。势利者并没有按它们的本来面目去看待这些特权，而是选择俯首称臣，好像某人能获得特权是上天的恩赐。把属于必要范围内的事物作为一个决定来提出，这意味着什么？意味着人们渴望这一事物，或者说，意味着人们寄希望于自己能成为它，从而去维持、捍卫这一可能性。势利是一种愉悦的保守主义，一种顽固的墨守成规，它乐于使人恐惧，就像猫玩弄老鼠一样，等玩够了再换一种方式自娱。我们会发现《不可儿戏》与《爱情偶遇游戏》的结局也有着惊人的相似，这是因为在这两个例子中，没有人能跨越他所属的阶级。那么，如何达到这一目的呢？想方设法地希望谁是谁（如在马里沃的作品中）或想方设法让谁是谁，使每个人的希望得到满足（如在王尔德的作品中）。无论中间发生什么，不管是主人把自己伪装成仆人，还是仆人把自己打扮成主人，秩序最终都会被维持下去，现状毫无改变。仆人们就像他们的主人一样，彼此相认、相爱。无论是像德拉特那样出于骑士精神，准备娶一名女仆，还是像西尔维娅那样出于势利思想，因仆从在自己身上所激发的感情而不安，势利都在玩弄人的恐惧心理，将爱上比自己地位低下之人或被主人所爱的短暂眩晕，毫不费劲地呈现在我们眼前。当假面被摘下时，人们发现事实上没有人真正改变了自己所处的位置。势利是一种奇异的强烈愿望，它会在人渴望某物时达到顶峰。

势利者的策略：帕斯卡

阿：《追忆似水年华》中的勒格郎丹和维尔迪兰夫人，奥斯卡·王尔德作品中的布莱克奈尔夫人，还有马里沃戏剧中的人物，作者们都从势利本质上的策略方面对角色进行了详细的描绘。您提到马里沃的戏剧是保守的：一般的势利者会把自己的看法当作真理，认为别人都是有错的，他们这样的行为是不是一种有意识的对既定的秩序的维护？说到底，无论是从社会还是从政治的角度来看，势利是不是一种保守的、反颠覆（antisubversive）的态度？

昂托旺：您要当心，“保守”和“反颠覆”并不一定是同义词。颠覆也可能是对既定秩序另一种形式的捍卫，想废除秩序的人反倒不自觉地努力维护了秩序。在蒙田的格言中存在着更多的颠覆。比起混乱，他宁愿选择不公正，并向读者揭示出，即便是国王也还是坐在自己的屁股上面，而不是用抒情的笔法描绘出一个“愤世嫉俗者”（他可能不希望汽车被刮伤，或不希望购买力被削减）的形象。而且即便这样说，他也不（一定）是保守的。

马里沃的戏剧捍卫了建立在爱情上的婚姻、身份的调换和等级制度的存续，这也是一种方式：在颠覆了世界的同时，又能维持世界运行的根基。您说势利就是保守主义是有道理的。没有其他情感比它更适合去表达这样一种感觉：世风日下，人心不古，风气良好的社会已被淹没在轻浮的风俗的旋涡之中。最保守的莫过于那些渴望获得阶级跃迁的人。等成功之后，这类人就会把自己塑造成新秩序的看门人，或者说捍卫者（比如让-保罗·萨特[Jean-Paul Sartre]在20世纪50年代前半期就曾短暂地充当了共产主义的捍卫者，而共产主义者们却仍然把他当作资产阶级中的一员看待）。最保守的莫过于那些势利者，他们成功征服、顺利融入或自以为融入了自己所渴望的阶层之中。要说比以上二者更保守的，那只有失去原有社会地位的人了。他们饱尝失望与失败的滋味，被剥夺了头衔，如流亡者一般进入新世界。他们只能妒火中烧地、神经质地保留着自己真正认同的那一阶层的习惯，即便已被驱逐出去（假如他们还没自恋到认为是自己主动与原有阶层决裂的地步）。在这种情况下，势利产生于一场未完成的哀悼。说实话，势利更像是一间收藏馆，而不是一种保守主义。其中收藏着各种临时的确定性、零散的证据、私人笑话、姿态手势、习俗和态度，而作家们就像岩浆吞噬庞贝城那样将它们重新整合。他们坚持认为，辛辣讽刺的评断当中包含着不容置疑的真理元素，因此他们会去书写过时的教条以及陈旧的冲动。

阿：哲学家布莱兹·帕斯卡提出了一个极其有效的方法，可以将两种类型的个体加以区分。一类人是“半吊子智者”（demi-habiles），他们明白权力和政治本质上是不公正的（帕斯卡认为这是由于暴力），因此试图不惜一切代价地改变既定秩序、修改规则，但他们不明白自己的愤慨在权力的专断性面前毫无作用。

另一类是真正的智者，帕斯卡认为他们的行动“不追随大众的思想，而是出于背后的深层考虑”。也就是说，他们不会被专断的规则所蒙蔽，也不会被社会标签或政治等级所欺骗，但他们仍然会选择加入游戏。帕斯卡在《思想录》（*Pensées*）中给我们展示了一个典型的智者语录：“我没有必要因为您的公爵身份而尊敬（estimer）您，但我仍必须向您致意（saluer）。”

帕斯卡展示了尊重既定法律和习俗给我们带来的好处，他难道不是在为势利者绘制一幅哲学肖像吗？这样就能解释他们之所以势利是有自己的道理的，是出于对利益的充分理解。

昂托旺：要说最无礼的句子，莫过于他对年轻的吕伊纳（Luynes）公爵所说的话了：“我没有必要因为您的公爵身份而尊敬您，但我仍必须向您致意。”这句话出自《关于伟大状况的三篇论述》（*Trois Discours sur la condition des grands*）的第二篇。作者以家庭教师的身份对未来领袖做出的这番警告意味着什么？拥有某种头衔是偶然的结果，而不是什么神授的权利，因此公爵与其他任何人一样，想获得臣民的尊重，就要取得相应的功绩；如果他把人们对他头衔的赞美当作自己应得的，就太愚蠢了。用帕斯卡的话说，“由尊敬构成的、自然产生的尊重，我们只能将其归功于一种天生的伟大”。从与之相反但不矛盾的方面来看，最稳定的莫过于这样一种人造的权力，它最开始就是个谎言，它的续存取决于国王与臣民围绕谎言达成的一种共识。

大家都了解您真正的境况，您为此大声呼号也不会得到什么，要懂得对人人都知道的事保持沉默，并“了解您生来就拥有的条件，利用它赋予您的手段，只用能使您成为国王的方式进行统治，不要对其他任何方式有所企图”。某些人本该善于将真相隐藏起来，可他们却将它摆上了明面，最终导致混乱的局面，即便我们已经认识到了秩序的偶然性，但与混乱相比，还是秩序更为可取一些。帕斯卡就如同马基雅维利、阿伦特（Arendt）或斯宾诺莎一样，认为与其进行变革，还不如了解现状，并将其阐明；与其颂扬理想又不相信理想的存在，还不如传授真实而不喜爱真实。世界是个被想象的绳索牵着走的泥足巨人。力量创造正义、习俗划定界限、惯例造就规则……保守主义非常古怪，保守存在主义也足够离奇，因为它又破坏了保守主义所依仗的幻想。不幸的是，帕斯卡教导人们不应该被由人建立的伟大所迷惑，而势利者却鼓吹这种伟大；但也有好的方面，势利者即便暗中辨认出了勋章是纸糊的，也会牢牢抓住它不放，因此势利者所捍卫的社会秩序并不与帕斯卡式的专断相去甚远。一个势利者必然会对自己的滑稽可笑有所察觉，即便只是偶然零星的意识，也会令他们感到困扰，这又能使我们联想到年轻的吕伊纳公爵，一位充满智慧的家庭教师教导他，他的头衔只是虚妄之物。再说简单点：一个人要自嘲到何种程度，或者不相信自己到何种程度，才能去捍卫那个他明知只是虚无的秩序……

但是，究竟是抓住在微不足道的激情驱使之下产生的存在意识，还是坚定不移地为过时、腐朽的真理做担保人，势利者再一次在两个选择之间摇摆不定。势利者是了解自己的，否则勒格朗丹就不会感到折磨，维尔迪兰夫人也不会在不愿意听到某个消息时硬摆出一副冷漠的样子。可即便势利者了解自己，知道自己的可悲，也无济于事，因为他们心中存在着根深蒂固的、固执的、不可抗拒的欲念，这使他们仍然相信自己说出的是真话。在这方面，势利者甚至与那些被帕斯卡称为“半吊了智者”的人更为相似。正如您刚刚所说的那样，那类愤世嫉俗的思想家自认为掌握了真理，就迫不及待地昭告天下。什么叫半吊子智者？一个彻头彻尾的傻瓜——他甚至无法因为意识到自己是个傻瓜而得到救赎——发现了某个早已为人所知的事实，就自以为聪明绝顶了，并以“出身不能体现人的优越，只能说明他运气好”等理由鄙视权贵。无知者认为贵族出身是属于人本身的一种品质，他们这类人的势利只是出于轻信，他们的看法是“安全的”，而且不会“被放在心上”；“智者”之所以会尊敬贵族，“不是追随大众的思想，而是出于背后的深层考虑”，也就是说，智者这么做并不是因为将贵族神化了，相反，是由于他们非常了解贵族；而“半吊子智者”这一群体则在上述两类谦逊者之间不断发展壮大，他们坚信知识可以治愈愚蠢，他们狂喜于看清了权贵的真面目，原先对权贵的崇敬也被这种沾沾自喜所取代了。

阿：当智者向公爵致敬时，他（大概）在暗自发笑吧，因为他没有被自己所采取的社交礼节所蒙蔽，他其实也并不对自己正在打招呼的人有多在意；半吊子智者则高举着拳头，高呼着在他看来就是真理的观点，自认为这样就能让事情得到真正的改变，而且无论对方是谁，自己所说的才都是正确的。确切地说，帕斯卡认为哪一类人最为势利？是智者，还是愤世嫉俗者？

昂托旺：最势利的那类人是不自知的。也就是说，他们自以为无所不知，自认为知识能使他免于轻信。某人明明心里不尊重公爵，却向他毕恭毕敬地致敬，可如果这人私底下并不对对方的伟大无动于衷，那他也不过是个谄媚的朝臣；某人认为，公爵只是拜出身的偶然性所赐才成为公爵，并以此为由而鄙视权贵，但如果他仍觉得自己高他所蔑视的人一等，他的势利就依然无药可救了。后者才是最势利的那类人物。这和愚昧者是一个道理，愚昧之人相信智慧能像阳光驱散晨雾那样消除谬误，势利之人则相信通过挖掘自己信念中的虚荣，就能免受势利的荼毒。此外，这场关于势利的辩论只是笛卡儿和斯宾诺莎围绕“知识地位”这一话题无数远程争论中的一个。这意味着什么呢？斯宾诺莎教导说，知识不会改变认知，即便我们知道太阳是什么，但这也不妨碍我们依然把它看作一个黄色的球，正悬挂在那块离我们两百英尺远的名为天穹的天花板上……与此相反的是，笛卡儿认为谬误是一种“虚无的形式”，这位哲学家毫不怀疑他的理性会“立即拉直”那块因折射而变形的沉水木。结论是，一个笛卡儿式的势利者会坚定不移地对不属于他的世界不予理睬，而一个斯宾诺莎式的势利者会告诉自己：“即便我错了，又有什么关系呢？人们必须与自己的错觉共处，而不是试图纠正它们。我决不能受‘拒绝被迷惑’这一观念的蒙蔽，也不能成为‘对自由渴望’这一观念的奴隶。”自嘲比教条主义更讨人喜欢。与其坚信自己绝对能够免受狭隘观念的蒙蔽，还不如承认自己偶尔也会犯些小毛病，因为前者比后者要势利得多。

阿：这就是势利者的滑稽可笑之处，他们以为自己掌握了真理，并慷慨地与他人分享，可实际上他只能说："快看！事情怎样怎样的……"他们自以为懂的比世上任何人都多，其实说出口的也不过是些老生常谈。

昂托旺：换句话说，他恬不知耻地认为"众人皆醉我独醒"（笛卡儿），可恰恰是他对自己那英雄式的认知令他醉得不轻，简直醉到了在桌底下打滚的地步。他沉醉在无比清醒的自信当中。他的愚昧之处就在于，他认为人有了智慧就可以不再愚昧；而他的势利之处则在于，他认为人的功绩应高于由人建立的伟大。我记得第一次读《包法利夫人》（*Madame Bovary*）时，我发现郝麦（Homais）先生和别人告诉我的完全相反，他事实上并不是个傻瓜。作为一个学者、拉丁学家、学识渊博的人、一名伏尔泰主义者、一名蒙昧主义的反对者和启蒙运动的支持者，理论上来讲，郝麦没有什么不招人喜欢的地方，只不过他坚信只要自己站在正确的一边，就永远不会再受蒙骗了。可是在书的结尾处，当郝麦和布尔尼贤（Bournisien）神甫在照看艾玛（Emma）尸体时，他们对福音书的内容进行了一番争论（一个人说："读读伏尔泰！读读霍尔巴赫［Holbach］，读读《百科全书》［*Encyclopédie*］！"另一个人说："读读《葡萄牙犹太人书简》［*Lettres de quelques juifs portugais*］！读读前任文官尼古拉所著的《基督教辩》［*Raison du christianisme*］！"），之后他们才"相对而睡，肚子鼓出，脸庞浮肿，眉头紧皱，在如此多的分歧之后，他们终于在人类共同的弱点中达成了一致”。读到这里我才明白，愚昧和势利都与知识的内容无关，而与承载知识的容器有关，郝麦纵然有渊博的学识，也没能摆脱愚昧的荼毒。

教条没有气味，但它却无处不在。只要某人对自己的想法深信不移，或只要某人坚信自己已永远从幻想中醒悟了，那么他就可以一边做伏尔泰主义者，一边却像神甫一样狭窄。势利者往往是保守主义的，但进步主义者有时也会是势利者。米歇尔·翁弗雷（Michel Onfray）严肃地对他的反对者的信念加以反驳，称人在水上行走的神话是“无意义的”，他还把物理学的论据与《圣经》中的寓言故事对立起来，并认为这是在为人类的利益做贡献。此时。他的行为完全就和郝麦先生一样，因为后者曾坚信自己在一个老农妇卑微的虔诚中看到了“狂热”。这两个19世纪的人自以为比别人看得更清楚，将认识论的势利强加到平民阶层的文学之上，这也是他们盲目的根源。

里思：您所说的这些……我们应该如何理解呢？

昂托旺：在这个意义上，与势利者们所认为相反的是，即便这些学者向信教者解释人为何无法在水上行走，也是没有任何意义的。阿基米德也无法控制隐喻。而势利者可不这么觉得，他们全部成了思想警察，他们所秉承的信条是“将言论散播出去，没什么是可信的”……

这种性格倾向催生了一所“成人大学”的建立，它比扶轮社（Rotary）更像个上流社团，所有思想开放程度小于精神领袖的人都被无情地排除在外——而那位领袖自认为明了一切，他被这种盲目的自信所蒙蔽，没有发现其中有丝毫矛盾之处。米歇尔·翁弗雷之于宽容，就像康布尔梅侯爵夫人［“（仅在艺术方面）从未有人如此笨拙”］之于美学史，都只能算是最糟糕的朋友。被开除教籍的无神论者和被现代主义所刺激的大交际花之间并无多大区别。这些社交名流以普桑[1]（Poussin）来自另一个时代为由，认为他是“最令人厌烦的画家”。在讲师们的照本宣科之下，势利者就像阳光下的猫一样扬扬自得，因为这样一来，他们就掌握了真理——至于“真理”是否可靠，那并不重要。

势利的群众？托克维尔（Tocqueville）

阿：势利与个体的阶级息息相关。势利者将自己的观点当作唯一的真理，认为自己比别人知道得更多、了解得更好。值得我们注意的是，民主制度并没有使这一机制得到缓解，反而强化了它的作用，即便民主制度主张公民之

1 尼古拉斯·普桑（1594—1665）：17世纪法国巴洛克时期重要画家、17世纪法国古典主义绘画的奠基人。——译者注

间人人平等（至少是法律上的平等）。托克维尔在《论美国的民主》（*De la démocratie en Amérique*，1835）中对社会隐患进行了描述。在这个社会中，虽然每个人都拥有平等进入同一个地方的权利，但这将会催生一种新社会形式之下的利己主义，从而使势利的机制被强化。

昂托旺：托克维尔曾说，在民主制度下，敌人既不是对人身自由的限制，也不是来自国家的监视……而是由想象中的人物构成的第五纵队[1]，这令民主在睡觉时也睁大双眼，把投降也错当作暴动。民主的危险来自内部，它就像一个腐烂的果实——只要打着某个绝对正确的旗号，意见和看法都会沦为某一标准之下的审查对象，每个个体都身不由己地变得盲从。公众舆论拥有至高无上的力量，它保障了个体的自由，权力若与舆论作对，舆论就会自行崩溃。另外，公众舆论也有平均化、标准化的功能，它能针对异端行为进行均势化的影响，或予以打击。

简而言之，公众舆论是自由的，也是保守的。托克维尔出生于贵族世家，这个继承者本该会满足于一个共和制的君主国家，但他同时也是一个民主人士，他将自己的清醒归功于这种双重身份：一种怀旧的情绪调和了他对于民

1　该词起源于西班牙内战期间，现泛称隐藏在对方内部的间谍。——译者注

主的接受，这种情绪使他能立刻察觉出平等向利己主义的任何一点偏离。他的性格使他看到了这样一个事实，对平等的盲目崇拜最终使个体对他人无比冷漠，全体公民由此被分裂为一个个麻木不仁的存在。除了自己的福祉以外，大家对任何事情都漠不关心。人们不再踏出自己的小天地半步，于是他们本应该占据的位置——在协会、媒体和政党中的位置——就被空了出来，换句话说，就是处于当权者和被统治者之间中介地带的位置。然而，这种对公共事务缺乏关注的倾向可能会孕育新的专制主义。“总有越来越多的个体，总有越来越多的国家，”托克维尔说，“只要一个不后撤，另一个就不会退缩。”

阿：这个体系内的势利之处是什么？

昂托旺：托克维尔所说的“多数人暴政”，能让我们联想到一种被称为“集体势利”的事物。就其本身而言，这一表述似乎是矛盾的。如果是多数人，怎么可能导致暴政呢？民主制度不就意味着政府属于绝大多数人吗？“我认为这类信念是渎神且可憎的：‘在管理国家方面，大多数人有决定任何事的权利。’要是我将大多数人的意志看作一切权力的源头，那么我是不是自相矛盾了呢？”托克维尔有充分的理由这么问。

事实上，由于民主建立在广泛的共识之上，因此托克维尔认为民主比等级制度更无法宽容异端的存在。民主国家建立在社会条件平等的基础之上，它对差异、区别和个人影响有拒绝的倾向。因此，占主导地位的社会规范只能去抹平凹凸不平的表面："在普遍环境千篇一律的情况下，即便是最微弱的不一致也显得令人反感。"守成主义威胁着"每个个体的思想"，公众舆论的"巨大压力"在不知不觉中笼罩、引导、压迫着每个个体。这样一来，由于个体（即便是宣扬自己"边缘性特质"的那些人，尤其是他们）没有能力培养出自己的独创性，他们就会泯灭在人群当中，并屈从于大多数人。正如拉波哀西[1]（La Boétie）所说，暴政必然伴随着受奴役者的出现，这种自愿接受奴役的状况以及来自大众的规范性倾向，我们可以有理有据地赋予它们"多数人暴政"这一充满矛盾的名称。

阿：以下选段来自《论美国的民主》上卷的第二部分第七章：

"所谓多数是什么呢？不过是很多个体的集合，这些个体都有自己的观点，而且往往有跟组成少数的个体相悖的利益。然而，如果你承认一个拥有全权的人可能滥用权力来伤害对手，那么你为什么不承认多数派也可能对少数

1　拉波哀西（1530—1563），法国政治哲学的奠基人、反抗暴君论的重要代表人物。——译者注

派做出同样的事？难道人们聚在一起之后性格就会发生改变吗？在困难面前，人们的毅力会随着力量的增强而增长吗？我是不相信的。我拒绝赋予任何一个同胞为所欲为的权力，同样我也拒绝将其赋予任何一个团体……”[1]

文中所描述的集体势利的特征是什么？

昂托旺：舆论在托克维尔的时代至关重要，它甚至能成为社会的“主导力量”。用他自己的话说，这显然是指集体在与普遍利益相关的问题上所采取的立场。但是公众舆论作为政治自由的必要条件，本身也伴随着毫无顾忌的成见。也就是说，任何名副其实的民主，即便牺牲它自己的利益，也必须保证言论表达的自由。对每个人而言，民主允许我们不假思索地发言、不加辨析地允诺、不加限制地谴责。在民主的世纪，公众舆论是“知识和道德权威的宝库”。大部分民众都被物质与精神的双重压力所笼罩，它并不会阻止人行动，但会打消人行动的念头。多数人都会顽固地捍卫那种最合时宜的思想：

“多数的意见还不确定的时候，大家纷纷提出自己的看法，一旦多数形成了最终观点，所有人就都默不作声了。不管是敌是友，似乎所有人都站到同一个阵营，决心

2　译文摘自《论美国的民主》（曹冬雪译，译林出版社，2012）。——译者注

为多数效力。原因很简单：一个君主再怎么专制，都无法将社会的一切力量控制在自己手里，也无法消灭一切反对势力，而同时拥有立法权和行政权的多数却可以做到。”[1]

最终导致的结果就是人人都随波逐流：

“在美国，多数人给思想牢牢划定了界限。只要不越界，作家就可以自由表达，然而一旦敢越雷池半步，不幸就会降临到他身上。这倒不是说他有被宗教裁判所烧死的危险，而是说他会成为众人唾弃和天天受辱的对象。政界对他关上了大门，因为他冒犯了唯一能使他进入政界的权威。他什么都得不到，哪怕连个虚名都捞不着。在公开发表自己的观点之前，他以为会有不少支持者，结果发现一个都没有，而自己已经暴露在公众面前。于是，反对他的人对他口诛笔伐，赞同他的人却因为缺乏勇气而选择沉默和逃避。他一天天妥协屈服，最终不再发表任何言论，就好像后悔说了真话一样。”[2]

在民主制度之下：

“掌权者不再说‘你必须跟我想的一样，否则就得去死’，而是说：‘你是自由的，不必跟我想的一样，你的生命、财产，所有的一切都仍然归你所有。不过，你在我

---

1 译文摘自《论美国的民主》（曹冬雪译，译林出版社，2012）。——译者注

2 译文出处同上。——译者注

们当中从此将变成一个外人。你的公民权得到保留，但是对你已经没有实际用处。因为如果你参加选举，人们不会将票投给你；如果你想得到的只是他们的尊重，他们也只是假装尊重你。你虽然还留在人群当中，却失去了做人的权利。’”[1]民主制度下，势利的运行机制隐蔽于专制主义中，它不仅在托克维尔的著作中出现，在《论道德的谱系》(*La Généalogie de la morale*)的第一篇论述中也被提及，作者尼采(Nietzsche)对“弱者就一定是善的，强者就一定是恶的”的说法进行了反驳，因为强者的评估方式并不比弱者的评估方式更有权势。事实上，软弱之人的评估方式影响力更大：认同某种想法的人数越多，想法的范围越窄，它就越有效、越逼真。与“一人独裁政府”借着武力强制实施某些规则不同，多数人的暴政更倾向于对个体的思想进行塑造，而不会去约束个体的人身自由：“掌权者不再说‘你必须跟我想的一样，否则就得去死’，而是说：‘你是自由的，不必跟我想的一样，你的生命、财产，所有的一切都仍然归你所有。不过，你在我们当中从此将变成一个外人。’”[2]

阿：托克维尔所说的“我们当中的外人”都是谁呢？

---

1 译文摘自《论美国的民主》(曹冬雪译，译林出版社，2012)。——译者注

2 译文出处同上。——译者注

昂托旺：可以是剧院里的那名女士，因为她气味难闻、衣衫褴褛，而且名不见经传，这些都让特权者感到不悦；可以是让－保罗·萨特，因为他始终被法国共产党视为资产阶级者；可以是阿尔贝·加缪，因为他没有陷入对历史的狂热崇拜，便被萨特的支持者批评为“轻浮”；可以是不愿意参与“邻居节”[1]活动的那个不好相处的邻人；还可以是19世纪上半叶宾夕法尼亚的某个美国黑人，因为他居然去投票站行使自己的选举权，而在那个年代，没有比这更荒唐的事了。[2]

阿：那么在如今这个时代，“我们当中的外人”又能指谁呢？

昂托旺：若一名法国人不配合街头采访，公然发表不和谐的意见，那么他的声音就会在成片剪辑的过程中被删去；在音乐节当晚或在除夕夜，保持着友好的情绪和氛围是众人的默契，若有拒不遵守的人便是异端……简而言之，任何不体面或“不配合游戏”的人都是“外人”——正如加缪借《局外人》默尔索（Meursault）之口所说的那样。个体在维护自己的个性领域时，如果不是采取自我封闭的

1　邻居节，在法国等欧洲国家，这是一个为推动社区居民建设融洽的邻里关系而举办的节日。——译者注

2　托克维尔在《论美国的民主》题为"多数人的暴政"一章中说：“黑人原则上有参加选举的权利，但他们往往自愿放弃参加选举……”——原注

方式，而是选择对强加于他的持定性观念加以初步的检查，那么甘于顺从的群众就会用无意识的势利压制他的行为，因为只要情况有利于自己，群众会在不知不觉之中中止对规则的执行，他们错将奴役当作自由，还积极为它而斗争。

趣味问题？康德和休谟（Hume）

阿：为了更好地思考势利者的特征，我们运用了多种方式去描述它，比如通过文学肖像（如普鲁斯特）或戏剧人物（如王尔德），接着通过帕斯卡的保守主义与托克维尔的民主国家观念，我们阐述了促使势利者产生的政治条件。

假如我想说某人是个势利者，我会含蓄地称他为“瞧不上别人的人”。举个讽刺的例子：某个迷恋歌剧的人瞧不起诗喃[1]（slam）爱好者，但反过来说，诗喃爱好者也同样会鄙视……

昂托旺：这正是我想说的！诗喃粉丝群体中的势利者可不比歌剧粉丝中的数量少。《女人心》[2]（*Cosi fan tutte*）……

1　“诗喃”是一种起源于1986年的演说艺术，旨在使诗的阅读更普及、更有趣，它为参与者留出了很大的自由空间，仅在最小程度上保留规则。——译者注

2　《女人心》：莫扎特的歌剧，剧名直译应该为《女人都是如此》，此处昂托旺可能想借歌剧名称，代指每个群体中都存在势利者。——译者注

再说，尽管诗喃爱好者对着正装的要求没那么严格，但他们也有自己的一套规范，就像音乐爱好者要打蝴蝶结一样。势利是可逆的，势利者在各个领域都存在，正如我们所看到的那样，这些人（从维尔迪兰家到嘻哈迷）把势利归结为一个社会学问题，还认为自己已经摆脱了势利的影响。

阿：因此我要提出疑问了，势利在成为一个政治或社会关系问题之前，难道不是一个关乎兴趣的问题吗？

昂托旺：正是因为势利关乎人的兴趣和厌恶，所以它在民主制度中是一个政治问题。让我们回顾一下，势利在成为一种阶级意识之前，或者说成为一种对外部世界的跨阶级的伤怀之情（如醉心于贵族的小市民，或如夏吕斯男爵和“下等人的势利”）之前，指的是在清楚地知道自己的矫揉造作与不真诚的情况下，仍然坚信自己所说的是真理。最与此契合的体制，莫过于民主制度了（尤其当民主制度之前不存在其他旧政权时）。人们用“社会电梯”（l’ascenseur social）的说法代替了等级制度，使我们能够将其与特权阶级分开考虑，不再将特权视为对出人头地的兴致勃勃，而将其看作一种存在方式，甚至是一种不适当的模式。此外，在民主国家，权利的平等往往使人产生一种错觉，即人人拥有同样的才能，虽然为每个人争取同等权利是有必要的，但我们同样应该认识到，不是每个人都拥有同样的能力来评价或创造一件作品。虽然我们提倡（并希望）人人生来自由，享有平等的权利，可这并不意味着人人都有相同的能力。民主的弊病之一——甚至可以说是最主要的弱点——就是将形式上的平等和真正的平等混为一谈，将法律上的平等和物质上的平等一概而论，即便目的是使后者受益，但也很容易使人的法律行为能力和艺术创作能力混淆起来。因此，文化相对主义凭借过度宽容的“各有所好”，来巩固那个强调“一切平等”，且具有过分约束力的教条，无论是诗喃还是歌剧，是米开朗基罗（Michel-Ange）还是赛·托姆布雷（Cy Twombly），是愤怒还是反抗……“您的意见对我们很重要。”民主派人士会这么说（事实上，他的意见比您重要得多）。

最终，一种自说自话的演讲由此产生了，它因缺乏文化素养而显得可被预见、单一且傲慢。也许皮耶罗·曼佐尼（Piero Manzoni）在把自己的排泄物装进罐头时，并不觉得自己做得有多妙[1]：在这个一切皆可产生文化的时代，势利者不再信口开河，而是试图让自己的大便成为珍贵的东西。势利者的民主制就如同一家夜总会，在打扮得体（穿着足够暴露）的前提下，人人都可以进入其中。

阿：您将势利定义为“把某种确定性当作唯一的真

1 《艺术家之屎》（*Merde d'artiste*），制作于1961年，由90个密封的圆柱形金属罐（4.8厘米×6厘米）组成，并分别贴上标签、编号、签名，据称里面装着艺术家的排泄物。——原注理”，但趣味问题的加入使事情复杂化了。显而易见，趣味不就是让我们把真实、愉悦与美混为一谈的东西吗？正如康德在《判断力批判》中阐释的那样，就因为我觉得夕阳非常壮丽，所以我绝对无法想象您居然会有不同的看法。但非要说您是错的而我是对的，那也没什么意义，因为真理的标准并不适用于趣味。

昂托旺：将快乐和真理混为一谈以及对普遍意义上的美的直觉，二者属于不同的范畴。康德把“非功利的愉悦”看作美感的条件之一，我们有必要先谈一下人们对这一定义的误读。比方说，人们在看到漂亮的臀部时会情不自禁地想把手放上去，然后试图拿着这一论据反驳康德的观点，那其实是毫无道理的，因为“非功利”并不是指超脱出肉体，康德也并不会在意他人的反驳。

康德的目的不是使审美当中的愉悦脱离肉体，而是要把它与那些会使人沉沦在琐碎激情中的事物分开看待。为了使趣味的评判能够被接受，做出评判的人不必撇开自己的欲望不谈，而是应该避免考虑那些被他当作欲望、实为自身需要（或偏见）的东西。若某人夸赞一个自然景观、一本书或一幅画是美的，那么他并不是在以自己的名义说话，而是在以人类的名义发言。在那一刻，他无意间成为全人类的使者。认为一次日落具有普遍意义上的美，这一看法中不存在任何专制色彩，正如“这只是我的观点”这句话中不存在任何谦逊。（不恰当地）把迎合自身看法与虚荣心的东西本身当作亲切可爱的，以及认为夕阳的美感具有普遍意义（虽然并非事实），这二者之间并无多大关联。第一种情况会引发一场注定无法达成共识的对话；第二种情况则可能会转化为一次辩论。

阿：康德说，人们可以就各自的不同趣味进行讨论，但没必要为此争吵，因为根本没人能在辩论中说服对方，没人能让对方心甘情愿地接纳自己的趣味。对于民主的反思确实不是最主要的问题，但它为我们揭示了一些关于趣味本质的宝贵事实，即个人想使自己的趣味成为被大众接受的规范。但把个人趣味当作唯一的、最好的趣味，和势利者自以为很博学是一个道理。事实上，他们只不过是依赖成见罢了。

昂托旺：不，我并不认为政治问题是次要的。汉娜·阿伦特表明《判断力批判》在某种意义上也是一篇政治文本，为我们的交流提供了基础，否则如果人人对此都有一套自己的标准，那么日常交流也只能流于反馈的层面，大家通过对比反馈与自己的观点的相似程度，再去评判对方所说的是否恰当：“人各有所好。”尼采说：“我们不必为此争论……可事实上呢，人人都在争论！”

每个人都可以拥有自己的看法，并有自由表达意见的（基本）权利，然而这就将导致个体对自身看法的滥用，即将其设想为某种闭合的真理（或令人费解的作品）。即便人的一生十分短暂，单个的日子却总显得漫长。与此相似的是，民主制度虽然是一个开放的社会，身处其中的成员却将自己封闭起来。举个例子吧，我们思考一下这个被冠以“自我虚构”之名的真正的民主风尚。它并没能从生活的磨难中汲取能量，也没能把现实提升到名著的高度，反而是把黄金变成了铅块，让故事受到其作者狭隘视野的制约。在民主制度下，人们尝试用记录自身情绪的方式，创作一部专属自己生活的作品，就好像人们在发表个人意见时总觉得自己在传递真理一样。这样下去，甚至只要呕吐或排泄，人人就都能创作一些作品，创作的门槛也太低了。文学是要从自己出发，而不是谈论自己。除非您是让-雅克·卢梭，人们（至少）需要像他那样的才华，才能胜任这样平淡到乏味的工作。

接下来看您问题的第二部分，其实一切都取决于标准是如何实施的。是靠强制力，还是靠证据？如果靠强制力，趣味上的势利者就会把自己的观点神圣化，用自己也不喜欢的东西来恶心别人；如果靠证据，那么我们就必须等待，直到夕阳那无可争议的美，随着时间推移，使透纳[1]那幅描绘夕阳的画作也拥有无可争议的美丽。当势利者依靠强制力实施自己的标准时，就会将自己之外的其他看法都宣判为无意义；当势利者依靠证据实施标准时，就会锻炼自己伪装坦率天真的能力，因为这是唯一可评判他者的尺度，比如他会出于习惯和成见，愤愤不平于马奈（Manet）的《奥林匹亚》（*Olympia*）居然可以与《蒙娜丽莎》（*La Joconde*）相提并论。

趣味的标准不基于任何决定性的判断、任何客观的表达方式、任何概念，而是基于一种主观性，它能够借助美的力量，使人对比自身更为广博的事物有所体验。因此，趣味的标准若想超越时代，就不能被视为具有威慑作用的教条，而应借助每个旁观者的力量，苏醒复活、重焕生机。为了使这种不以客观判断为基础的普遍性能力存续，就需要审慎的批评家、指导者以及高雅趣味者，他们具有丰富（且较为规范）的独创性，能为那些被自身束缚、只会对事物和生命施以偏见、无法明辨是非的人指明方向。大卫·休谟正是用这种方式，通过呼唤最优秀的裁判者，从而解决了怀疑论的明显矛盾，这种怀疑论中虽然存在疑问，但仍坚持对美与不美加以评断。

---

1 透纳（1775—1851），英国浪漫主义风景画家，著名的水彩画家和版画家，他的作品对后期的印象派绘画发展有相当大的影响。——译者注

阿：以下选段摘自休谟的《论趣味的标准》(*Essai sur la norme du goût*, 1757)：

“缺少敏感的批评家往往是随意论断，不做区分，只着眼于对象中那些比较粗陋显著的品质；细致一些的笔触他就一眼看过，视而不见。如果缺乏训练，他的评语又会有混乱和迟疑的弊病。不运用比较的结果会使他对浅薄可哂、其实应该算作缺陷的‘美’佩服得五体投地。偏见的影响会败坏他的自然感受。没有高明的见识，他就不能看到在一切美当中最优越的应居首位的布局和推断的美。大多数人总不免要犯以上几种毛病中的一种；因此即使在风气最优雅的时代能对高级艺术作出正确判断的人也是极少见的；只有卓越的智力加上敏锐的感受，由于训练而得到改进，通过比较而进一步完善，最后还清除了一切偏见——只有这样的批评家对上述称号才能当之无愧。这类批评家，不管在哪里找到，如果彼此意见符合，就是趣味和美的真实标准。”[1]

昂托旺：敏感是最为重要的，只有敏锐的感知能力才能树立标准。对作品的批评完成之后，势利者的专断力量才会介入，他们将敏感者所下的判断占为己有，将其塑

1 译文摘自吴兴华《石头与星宿：译文集》(广西师范大学出版社，2017)。——译者注

造为不容置疑的准则，最后再这样胡说一通：“在梅里美（Mérimée）之后，人们还能对司汤达（Stendhal）做出什么别的评价呢？”又或者（康布尔梅侯爵夫人说）：“普桑……您什么意思？他的画作根本不能被称为画。莫奈、德加（Degas）、马奈，没错，他们才是真正的画家呢！”

阿：那么，当“好的趣味”在被设定为一种标准之后，它是否有变得专制的风险？就像我们之前提到的多数人暴政一样。我们可将其称为良好趣味的势利，或者说少数人暴政……

昂托旺：“多数人暴政”会在不自知的状况下对人进行审查、阉割、羞辱和放逐，我们现在所说的“俱乐部”的情况与之前不同，它从未强制或胁迫过他人，所以不存在任何的强迫意味。

达尼埃尔·阿拉斯[1]（Daniel Arasse）或赫克托·奥巴克[2]（Hector Obalk）并不会强迫任何人喜欢维米尔（Vermeer）、莫奈、拉斐尔（Raphaël）或波提切利（Botticelli），但他们如此真诚又可靠，以至于我们不会有别的选择了。借助印象和记忆，梅里美才将司汤达从圣伯夫[3]（Sainte-Beuve）的恶毒诽谤中拯救出来。大多

1 达尼埃尔·阿拉斯（1944—2003），法国艺术史学家，重点研究意大利艺术史。——译者注
2 赫克托·奥巴克，法国艺术史学家、艺评家、作家、导演、插画家和策展人。——译者注
3 查尔斯·奥古斯汀·圣伯夫（1804—1869），法国文学评论家。——译者注

数人的构造和质量，都令他们暴露在普罗克汝斯特斯综合征[1]（le syndrome de Procuste）的影响之下，他们会在屈服于简化且直白的批评，凡是突出的意见都会被唾弃，而那些选择更艰难的赞美之路的朋友，他们谦逊的敏锐感会在格拉克[2]（Gracq）所说的“充满爱意的评论”中达到顶点。

您看，这个虚拟俱乐部的成员可以通过善意彼此相认，所以必须同时从道德和生理的角度去看，才能理解他们的“敏感”。这一群体并非凭借某种第七感或立足于充足的论据才去做出鉴别，从而告诉其他人哪些是美的、哪些又不是，其实他们几乎不使用二次感受去评价作品。

阿：那么他们这种对作品的评价，又是基于怎样的标准呢？

昂托旺：他们只靠消除偏见的方式去评价。您还记得帕特里克·聚斯金德（Patrick Süskind）的《香水》（*Parfum*）（我引用了一本畅销书，如果有势利者为此而感到愤怒，我向他们道歉……）吗？阴沉的让-巴蒂斯特·格雷诺耶（Jean-Baptiste Grenouille）生来就有一只特殊的鼻子，然而他灵敏的嗅觉并非来自其鼻腔器官的特殊性，

1　这个名字来自一个患强迫症的强盗，他会把受害者绑在一张床上，要求人与床的大小正吻合。如果受害者个子过高，就会被分尸；如果客人不够高，就会被肢解。——原注

2　朱利安·格拉克（1910—2007），20世纪法国当代作家，“超现实主义第二浪潮”的主要旗手。——译者注

而是由于鼻子的主人本身没有气味。他之所以什么都闻得到，是因为自己闻起来没有任何味道。格雷诺耶的嗅觉感知能力未曾被自身的气味所影响，这才产生了令人震惊的效果，使任何香味、气息与芬芳都无法逃过他的鼻子。这就是消除偏见的方式——将混淆我们感官的中介剔除出去。

为了描述这种美德，休谟在《论趣味的标准》中讲述了这样一个故事［他借用了塞万提斯（Cervantès）书中的故事］。两位著名的葡萄酒专家被村民叫去评估葡萄酒的质量，品酒师们到达后坐在桌边，村民打开酒桶，给他们一人一个杯子。第一个品酒师尝了一口酒，品鉴了一下，在仔细考虑后宣布这种酒非常不错，可惜他在其中察觉到一点皮革味，使口感略有损失；第二个人同样小心地品尝了一番，也对酒做出了好评，但他可以品出一股轻微的铁味，显得酒有些美中不足。村民们纷纷爆发出讥讽的大笑，因为这两位专家都对自己口味很有把握，可他们居然尝出了不同的味道……但在把桶倒干了以后，村民们发现桶底果然有一把旧钥匙，还有一根皮条被拴在上面，于是先前的嘲笑者被反过来挖苦了一番。这个故事的寓意是什么？那就是：虽然真相只有一个，但需要好几个人才能找到。两位品酒师虽然意见不同，但他们都是正确的，他们的判断并不相互对立，反而互补；内行人凭借其经验丰富的味觉，可以对所品尝东西制定（非强制性的）规则，展示其真实、客观的品质。简而言之，存在分歧并不总意味着相互对立，在更多情况下其实意味着互补。真正重要的，是凭借自身感受发现真相的能力。在上文的这类情况下，只要拥有足够敏锐的味觉就能找到真相。如果一个患上感冒的人大胆地提出他不喜欢某种葡萄酒，那么他的意见与另一个味觉敏锐、能尝出饮料中所有味道的人相比，就显得缺乏说服力，不会被人接受。休谟想表达的意思正是如此，不是每个人都有平等的接触真相的机会。谁又能不赞同他呢？其中又存在着怎样的约束呢？

阿：但是味觉的敏锐程度取决于生理条件，所以在确认酒桶底确实有把钥匙之后，那个发现葡萄酒有铁味的人获得了大众的认可；但审美的趣味允许大家对艺术作品的美丑各自发表意见。这两种趣味之间的差距有多大？如果我认为这幅透纳的画很美，您却觉得它很丑，那也无法使用任何生理意义上的标准对我们的评价进行裁定，也就不存在肯定的孰是孰非，这与酒桶中钥匙的情形可大不一样了。

昂托旺：确实没有对错之分。但是势利者会根据大众对画家作品或褒或贬的偏见来评价透纳的画作，这也只是一种愚弄自己的方式罢了。那些坚持将自身感受与事实混为一谈的“势利者”，有时也会成为优秀的艺术品收藏家……透纳之所以被视作天才，到底是因为他真是个天才，还是因为所有人都赞同他是天才？我们怎样才能相信真正对他有所研究的人的判断，而不立刻陷入诉诸权威的谬误中呢？如果缺少评价透纳作品所必需的偏见，就会催生出新的偏见，也就是“即便我没有见过透纳的这幅画，但我仍然认为它非常伟大”，那么又该如何避免此类状况呢？我们总是要回过头去探讨势利（某人明知自己在对世界进行预先评判，还是认为自己所说的是事实）和直觉（某人借助感觉这一不牢靠的工具来把握现实）之间奇怪的相似之处。有趣的是，在这方面，休谟本人认为名不见经传的约翰·霍姆（John Home）作为剧作家比莎士比亚更为杰出……但就我个人而言，即便没有读过霍姆的作品，我还是觉得它（非常）让人失望！

阿：如果仅仅因为别人都喜欢透纳的画，就去喜欢它，那其实是用前人的话语代替了这幅画可能会为自己带来的审美体验。

昂托旺：几乎没有人会公开表示（即使是真的），“因为其他人都喜欢”所以自己才喜欢透纳。一般情况下，势利者喜爱为他们的兴趣勾勒出合适的轮廓，使它看上去仿佛是出于个人内在的信念。我不无温情地回忆起，一位黎巴嫩朋友曾声称自己“十分崇敬”马塞尔·普鲁斯特，但当我跟她谈到巴尔贝克（叙述者少年时期与祖母在芒什海峡边度假的地方）时，她却以为我说的是巴勒贝克（古罗马人时期的赫利奥波利斯［Héliopolis］，如今是黎巴嫩巴勒贝克［Baalbek］县的首府）……一个笼罩在权威光环下的个体宣布了某项决定，其他人则盲目地遵循他的意旨，于是滑稽的误会就此而产生了。如果拿电影举例，这一点体现在大众真正喜爱的电影和他们自称喜爱的电影间的区别上。有多少《黑客帝国》（*Matrix*）的粉丝会骄傲地宣称自己是《第七封印》（*Septième Sceau*）的爱好者？有多少爱看《天堂的孩子》（*Enfants du paradis*）的人会出大价钱，偷偷去大银幕上观看《地心引力》（*Gravity*）的3D版本？

阿：那些不愿意承认自己喜爱《黑客帝国》胜过《第七封印》的人，其实目的在于想加入《第七封印》的粉丝圈子。让我们继续探讨柏格森的看法——势利者通过发表个人意见（并装作这是一个对于趣味的评判），力图将那些能展示自己身份的标签显摆出来，但这么做的代价就是，他们牺牲了发表自己真正的想法的时机，甚至牺牲了体验自身趣味的机会。

昂托旺：还有那些会高声宣布自己只去电影院看爆款大片、欣赏尚格·云顿（Van Damme）的二头肌或重看第二十遍《黑客帝国》的人，他们与您所说的状况相差无几，也可以归入势利者的行列。

阿：别忘了那些赌咒发誓只看伯格曼（Bergman）的人，他们也一样势利。

昂托旺：确实如此。无论是诗喃还是歌剧，尚格·云顿还是伯格曼，侯麦（Rohmer）还是麦克斯·佩卡斯（Max Pécas），希区柯克还是沃卓斯基（Wachowski）姐妹[1]……势利者的战场无处不在。即便还未对某事有深入了解，他们也能对它做出评判，因为最重要的是保全自己的面子。

当代艺术（所有人的势利）

阿：我们再举一个具体的例子。您从没放过任何机会对当代艺术大加抨击，但说到底，它也只是无数戏剧场景中的一个而已。当代艺术的捍卫者和诋毁者在舞台上对峙，纷纷指责对方是最为势利的。

昂托旺：我承认崇拜者和诋毁者有相像之处，就如同赞美与憎恶彼此相似一样。但我们能说二者在势利这一点上情感相通吗？那不一定。通常情况下，诋毁者会指责崇拜者只是喜爱一种想法、钟爱一种勇气（而不是喜爱因勇气而诞生的

1　以上人名皆为知名电影导演。——译者注

“作品”本身)，而崇拜者则往往会责备诋毁者过于古板。但在这场古人和现代人的争吵当中，我不确定现代性是否会支持现代主义艺术。原因如下：

“在所有的从众行为中，自称最不随大流的从众行为才是最虚伪的，但它在如今也最为普遍。”伟大的弗拉基米尔·扬科列维奇[1](Vladimir Jankélévitch)在《未完成的某处》(*Quelque part dans l'inachevé*)开头说：“这就是窥伺、监视、守候着我们的恶魔……”事实上，艺术退化的核心就在于“当代艺术”的流行，它将颠覆与破坏视作准则：最终，当代艺术的崇拜者们无可避免地陷于势利当中，而同样势利的诋毁者则会被扣上“反动派”的帽子。

那些周六下午(当外面的天气不怎么好的时候)去参观国际当代艺术博览会(FIAC)的人，面对当代艺术，往往会产生两种反应：(1)这是什么鬼东西？(2)老实说，这种事情要我来也能做到。

我们该怎样理解这两个不言而喻的事实呢？当代艺术为何会在精英化的同时呈现出大众化倾向，或者说，在显得难以理解的同时又那样通俗易懂？首先，这是因为当代艺术的质量参差不齐，若要创造更大的影响力，就需要凭

1　弗拉基米尔·扬科列维奇（1903—1985），法国犹太裔哲学家。——译者注

借一种“难懂的作品才能体现作者的才华横溢”的感觉。若您要出售一些将空洞无物掩藏在极简主义之下的作品，诸如泡沫制的狗、残缺不全的浴缸、放置在柱座上的西瓜之类，那怎么可能不把赌注押在观众的势利上呢？如此一来，观众会以为揣测到了作品的隐藏含义而自鸣得意，然后以一种古怪的暴躁和执拗，将所有怀疑的声音驱逐出去。

正如让·克莱尔（Jean Clair）所说，当代艺术沦为一种“让个体自以为不依靠任何外物，表达自身的幼稚与任性的惯用方式”，当代艺术是存在于剧院里的身份调换表演，多亏了它，成为艺术家比当观众还要容易。但矛盾之处在于，当代艺术的晦涩难懂或精英主义，恰恰来自艺术家大众化的举动，自视甚高的艺术家们将表达自己的勇气视为重中之重，而不再强调才华的重要性，并依靠这种方式使自己不用再做任何努力，他们最先放弃的就是创造出可被理解的作品的努力。

最终，当代艺术为了成就思想而牺牲了情感。与传统的美术不同，当代艺术强调展示。在这个意义上，当代艺术打着先锋主义的幌子复活了柏拉图式的美学。根据这种美学理论，美只是通向真理的手段，艺术的目的并非其本身，艺术必须服务于一个更宏大的目标。柏格森喜爱的说法“贴标签”完全适用于这类场景：如果一部作品更多的是与智慧相关，而非与感受相关，那么一般来说，它的价值只取决于它的市场价格。

阿：但为何要尤其针对当代艺术进行指责呢？首先，外行人无法理解某些艺术作品，而对它进行批评的行为存在已久。您也可以因此而批评歌剧，因为只有那些手里拿着剧本、掌握了理解故事关键问题所必需的文化的人，才能享受至高无上的愉悦体验。除了歌曲在大众身上激发的情感之外，自身的学识让他们感受到了别样的乐趣。其次，当我们面对一件艺术作品，产生“我也可以做同样的事”的想法时，其实并不一定会引起旁人的蔑视。比如罗斯科[1]（Rothko）在红色画布上画了黄色的条纹。毋庸置疑，每个人都“可以做到”这件事，但难道不是只有艺术家一人真正去做了吗？再说了，创造这件作品也需要在颜色上下功夫，没有才能和本领是做不到的……最后，艺术史缩短了艺术家和观众之间的距离，令观众觉得自己可以与他们欣赏的艺术家相媲美——这也不失为一件好事！基于这些论据，为什么您仍对如今的当代艺术采取一种（坚决的）否定态度？

1　马克·罗斯科（1903—1970），美国抽象派画家，抽象派运动早期领袖之一，代表作品有《红色中的赭色和红色》《绿色和栗色》。——译者注昂托旺：坚决的否定态度？那您说错了。我是喜欢美的，只是觉得当代艺术中的美不如其他地方多罢了。如果我试图让自己的观点变得温和且更具说服力，甚至达到会被人误以为是真理的地步，我会对您这么说：第一，我非常喜欢罗斯科的作品，以我的感觉来看，所有的日落都被包含在作品当中了。第二，当代艺术（或当代戏剧）是一场在房间内部完成的演出。

当代艺术的奇妙之处在于，它会在从事艺术活动且乐于显摆的人身上激起汹涌的势利心。您一定记得电影《曼哈顿》（*Manhattan*）中的角色艾萨克·戴维斯［伍迪·艾伦饰］和玛丽［黛安·基顿（Diane Keaton）饰］在当代艺术展览上的第一次会面。玛丽的艺术观点完全与艾萨克相悖——两人间的这点差异本来并不是大问题，可她多次打断对话，一再强调自己观点的正确性，还用蔑视的目光瞪着对方。摄影展（他认为“非常出色”）？她则认为“被过分吹捧了”，因为它缺乏“黛安·阿勃丝（Diane Arbus）的灵魂”。有机玻璃雕塑（他觉得“令人惊喜”）？她则感觉它就像其他东西一样，简直一团烂糟。反之，“钢制立方体”在艾萨克看来是骗人的东西，在她看来却是“绝对的杰作”“完美的融合”，并具有“奇妙的消极能力”……即便只有她自己才能明白自己在说些什么，但这也不妨碍她坚决地认为任何提出异议的人都是白痴。问题的关键并不在于那些走在百老汇大道上，穿着牛仔裤的势利者的看法是什么，而在于他们自负到了何种程度。伍迪·艾伦正处于他艺术生涯的巅峰。两位纽约知识分子在长达一分钟的争论当中，就能把展会开幕式时如背景音乐一般的闲言碎语概括了个大概，并为我们揭示了一个显而易见的悖论：当代艺术毫无价值，这正是因为当代艺术过于精明。在这一领域，若要寻到激发人类情感的良方，就需要了解如何欣赏或过度使用价值10美元的词语（或五音节的词）。但在夕阳面前，情况可能就不是这样了，相比于夕阳所引发的愉悦体验，一切概念艺术活动都不值一提。人们若想在当代艺术中体验到快乐，概念的支撑似乎是不可或缺的，就如同疲惫的人无法提起性欲，所以需要繁多的花样和越轨行为的刺激，才能稍微恢复一些年轻时（他们并不假装自己仍然年轻）自然而然便能产生的活力。

创作当代艺术作品，只需要把一件件物品放进罩子里，或放在博物馆里就够了，因为物品的用途被剥离了，它可以不拘形式地唤起人们对美的感受；或者也可以在习惯的可逆性上略施小计，尝试把寻常的东西看作独特的物品。这种艺术的优势在于能让我们以全新的视角去发现世界的奇特之处。如果事实就是这样，那么一切就会好起来，每个人都能够成为艺术家，甚至（尤其）是势利者。然而，纠缠这些并无实际作用的东西，并不足以让世界重拾对奇异事物的记忆，就好比神圣化自身的情感并不足以让某人撰写出一部小说，提出自己的意见并不足以让某人生产出一篇论文，表达出自己的情感一般来说也不足以让某人成为艺术家。回归无用是当代艺术创作的必要条件，但绝不是充分条件，然而当代艺术却将创作的过程简化为创造性，随便什么玩意儿都能被它胡乱吹嘘一通。

阿："随便什么玩意儿"……您居然这么说！

昂托旺：不，这是（暗含在）当代艺术本身之中的东西。这话可不是我独创的。当代艺术的诞生就是为了在斯多葛式的直觉中，证明行为本身的意义比行为导致的结果更为重要。所以最终的局面就是，艺术家互相比拼谁的举动更大胆，看谁更能以自命不凡的姿态进行创作。比方说，单色画（monochrome）之所以会引起大家的注意，仅仅是因为将只有一种颜色的画作为绘画作品呈现出来的举动十分疯狂，具有彻底的颠覆性。但是就这幅画本身而言，老实说……势利者对它的赞叹有多狂热，它本身就有多空洞无物。

阿：但比起某些迅速让人视觉疲劳的形象艺术画作，克莱因蓝[1]（Les bleus de Klein）确实更具美感。这种颜色可不是凭空产生的，不是供艺术家随意取用的，创作过程也并非简简单单把颜色放在画布上就大功告成了！克莱因需要把这种蓝色发明、创造出来，接着再去寻找一种能使蓝色如此密集、明亮的画布材质。再说了，将色彩作为画作的唯一主题也是需要极大的勇气的。单色画向大众表明，颜色也具备成为绘画和讨论中心的价值——颜色不会将任何意义强加给观众，它使观众的感受从会对自身判断力造成影响的一切可能的形式规则中解放出来，它的存在本身无比纯粹，且给人带来十足的愉悦感受。还有什么能与之相比呢？

昂托旺：您说得当然有道理，但也不能说我是错的。您所提到的“蓝色”很有意思，正如我们此前所说，蓝是普鲁斯特作品中代表势利者的颜色。可以说非常凑巧了，克莱因进一步证实了这个规则……我记得在一次关于单色画的探讨当中，对方告诉我，一个画廊老板曾用1000美元的价格拍下了一幅白色的单色画，然后又以100倍的价格卖了出去。“这能说明什么呢？”我问他。“说明他很有

1　1957年，法国艺术家伊夫·克莱因在米兰展出了11幅几乎完全相同的蓝色单色画，这种蓝被誉为一种绝对之蓝，其明净空旷使人迷失其中。——译者注

眼光……”那么这位老板究竟是有鉴赏艺术作品的眼光，还是有做生意的眼光？我们是否能假设，依靠颠覆性势利的当代艺术就是这样一种非凡的幻术？它将金融投机活动包装成形而上学的思辨，并使作品沦为只能靠其价格来衡量其价值的地步。

另一个能证实这点的事实是，上述假设比其他说法更能被大众接受，大家并非出于某些理由而接受它，而是出于谴责与社会学意义上的非难（“资产阶级分子”“反动分子”……），好像此类问题是如此令人难以忍受，就像对一位国王说他的君权来自其出身的偶然性，而非神授的权力……人们不应揭开国王的衣物，尤其是当他已经衣不蔽体时。将不喜爱当代艺术的孩子划为“反动者”的行列之中，其愚蠢程度不亚于“认为不喜欢安迪·沃霍尔[1]（Andy Warhol）电影的人都患上了电影恐惧症”。但是，势利者会尽全力为自己辩护，他们无法忍受人们把标签摘下来——尤其当标签掩盖了空虚，遮蔽了裸体，点明了价格时。

阿：您说得确实有一定道理。我想，我们可以在一点上达成共识，那就是您所提及的情况仅占当代艺术中的一小部分。让我们瞧瞧“当代艺术”标签背后的真实情况是

1　安迪·沃霍尔（1928—1987），美国近代艺术家、电影制片人、作家、波普艺术的倡导者和领袖，20世纪最有名的艺术家之一。——译者注

怎样的吧……而并不仅限于您之前所说的国际当代艺术博览会。

昂托旺："博览会"（是个好名字）的组织者听到您的话一定会感到很抱歉的。但问题并不出在国际当代艺术博览会上（我们在那里确实也能找到一些很美的东西），而在于"创造性"，或者说在于那种技巧，它让大部分人即便不是艺术家，也可以以艺术家的身份生存下去。正如我们所看到的那样，民主制度之下，权利的平等可能会被误解为人人应当拥有同等的才能；而当代艺术宣称可以邀请观众来成为艺术家，从而消除艺术家与观众之间的边界（在我看来，艺术作品不应该采取这种方式来激发观众的想象力）。

如今，每个当代艺术展览中都有触摸屏，邀请每个观众以自己的方式排列康定斯基[1]（Kandinsky）或瓦萨雷里[2]（Vasarely）作品之中的构成元素（立方体、圆、三角形等）。这是什么意思呢？就是说一切都取决于您！您也可以成为康定斯基！人要有创造力，要自由。将资产阶级对传统那永恒的尊敬踩在脚下，大家轮流来成为艺术家。民主制度下，人人都可以这样做……当代艺术是一种民主的现实主义（在这个意义上，也

1 瓦西里·康定斯基（1866—1944），法国画家和美术理论家，现代抽象艺术在理论和实践上的奠基人。——译者注

2 维克托·瓦萨雷里（1908—1997），匈牙利艺术家，光效应绘画的奠基人之一，被誉为"欧普艺术之父"。——译者注

可以说是一种“社会主义的现实主义”)，它建立在个人对支配主权的要求之上：如果说康定斯基能做到，而且我也有这个权利去做，那么我为什么不能做到呢？您确实有这个权利，但缺乏相应的才能。您可以去做，但无法把它做好。对个人创造力贪得无厌（和厚颜无耻）的推崇导致“多样性”的出现，但归根结底，这种多样性本身是单调和同质化的，就像街头采访所收集到的那些意见一样。既然如此，我们为了给当代艺术开脱，可以说它使人获得的快乐与手淫是一样的，这倒是没什么坏处。

论怨恨：势利者的复仇（尼采与布尔迪厄[1][Bourdieu]，萨特与加缪）

阿：势利是否并不仅仅是一种性格特征，同样也是怨恨的表现，是对外部社会的报复？人们通过确立自己与他人之间的显著区别，使自己显得与众不同，甚至高于他人。

昂托旺：如何超越我们所羡慕的人（而不是克制住自己的羡慕之心）？对势利者而言，这是个无法解决的问题。因为他无

1　皮埃尔·布尔迪厄（1930—2002），当代法国著名思想家、社会学家，借助其“习性”“资本”“场”等概念，对资本主义社会进行了深刻的批判。——译者注

论用如何高尚的幌子掩饰自己的怨恨，想要提升自己，都必须失去尊严。比如说，如何面对肉体的美？大众该如何适应客观存在的关于美感的不平等？这种不公正的现象是否应该得到整顿？为此应采取什么策略？势利者已经预见到了一切问题，他们会说，美确实不是被公平分配的，但众所周知，美只是故弄玄虚的东西，而丑陋则是内在美的外衣。这种说法在尼采看来就是一种诡辩，是苏格拉底为了羞辱那些拥有令他赞叹的青春与美貌的人的借口，然后苏格拉底又适时地杜撰出一种隐秘的美，说这种美以丑做屏障，若不细细端详，就只能从它身上感受到丑。由此得出，既然我看上去是丑陋的，那么我就拥有真正的美。论证完毕。

上述其实是阿尔西比亚德（Alcibiade）对苏格拉底的评价，他把苏格拉底比作西勒努斯（silène），也就是一尊线条粗糙、模样却十分快活的雕像，其丑陋不堪的轮廓下掩藏着的却是璀璨的珠宝。但比起表象之下掩盖的真相，尼采则更关心表象。他在《偶像的黄昏》（*Crépuscule des idoles*）中，对苏格拉底的丑陋做出了自己的阐释：苏格拉底是丑陋的，因此他也是邪恶的。身为师长，他使用雄辩术与其说是为了揭示真相，不如说是用来羞辱他渴望且倾慕的美丽的。在“世界上最古怪的等式‘理性＝美德＝幸福’”中，尼采所说的“佝偻病人的恶毒”达到了它的顶峰。尼采补充说：“在苏格拉底之前，雄辩术会被一个良好的社会排斥在外，人们将其视为歪门邪道，因为它会使人出丑。人们告诫青年人不要去理会它，也对它提出论据的全部行为表示怀疑。真正有价值的事物就像老实本分的人一样，并不会大张旗鼓地炫耀自己的合理性。炫耀是不得当的举动，像他这样大肆炫耀就更不体面了。凡是需要被加以证明的东西，其实都没有什么价值。”关键不在于判断尼采的观点是对是错，而在于其发挥的作用：他用苏格拉底的方法提出的系谱学有一个优势，就是能使任何所谓“客观”陈述事实的批评都站不住脚。他指出，这种“客观性”的功能首先在于使人鼓起勇气展示自己的怨恨，并变得如同数据一般冷漠。

阿：从尼采的角度来看，今天的苏格拉底又会是哪些人呢？

昂托旺：要我实话实说？今天的苏格拉底，就是所有那些认为自己看问题的视角与科学真理拥有同等价值的人。尼采认为这是最高级的弄虚作假，因为厌恶理智并不意味着要摒弃对理性的使用，而是要提醒人们，理性与其他情感并无多大差别。以布尔迪厄为例，在几十个（或许更多些）曲线图和表格的支撑下，《继承人》（*Héritiers*）的论题大致能概括成什么？一个事实。或者说，至少他将结论以一个事实的方式提了出来：“由于社会差异问题，并非所有大学生都具备接触古典文化的必要工具。”只有“继承者们”（或几乎只有他们，且不包括布尔迪厄本人）可以获取知识，从而拥有在研究中取得成功的才能。另外，在平等主义的虚饰之下，考试（它将技术能力与文化能力相结合，而后者的习得取决于社会阶层）的目的其实是维持这种不平等。帕斯隆[1]（Passeron）和布尔迪厄借助大量的数据，描述出一个“学术理性的诡计”，指出“（富有魅力的）教学只能让本就掌握了丰富知识的学生有所启发”。为什么会这样呢？其实他们并没有说错，问题不在于他们为之辩护的论点，而在于他们展开论题时所用的那种具有蒙骗性的方式。虽然帕斯隆和布尔迪厄借助数字得出了精英阶级再生产的结论，但这些数字本身受到了作者先入为主的信念影响，他们认为共和国的学校是一个将不公正延续下去的机构，而“机会平等”只是合乎道德的虚饰，目的是掩盖这一内部消化的机制，它的唯一使命就是维持既定的秩序。

换句话说，他们的判断并非出于科学的客观性，而是出于先入为主的信念（和其他任何信念一样，在部分时候是真实的）。为了证实某一结论，他们有目的地从现实中找出相应的数字。

1　J.-C. 帕斯隆（1930— ），当代法国社会学家，跨学科杂志《调查》的负责人，与布尔迪厄合著《继承人》《再生产》等。——译者注

因此，我认为布尔迪厄的思想本身确实足够丰富，但鼓吹和奉承这一思想的人却使它变得乏味无趣了。他们不合时宜地将它当作人类社会中各种力量关系的始与终，反而使思想失去了原本的力量。此处又出现了这样一个情况，即人们相信自己是明白的，其实却并不了解自己所认同的事物。为了这一目的，人们只为他们所做的数字统计留下两个选项，要么您同意他们的结论，要么您就没道理（在这种情况下，您若开口争辩，就会被视为对所属阶级特权的捍卫）。社会学意义上的势利者会使用如下策略：提出一种建立在真实数字基础上的对世界的解读，但这些数字是由一种预先形成的、能左右人选择的信念所决定的。布尔迪厄和所有人一样，他先下结论，然后再对其加以证明。所以说，并不是这些数字证明了他说的有道理，而是他希望自己是正确的，于是（由他来选定的）这些数字才被展示出来。他的思想总让我联想起一整块大理石，而那些无法坚持自己的信念的人则打着他旗号，以达到自己的利益。然而，这一真理并非尽善尽美，无法逻辑自洽。布尔迪厄相信自己说的是实话，但他把怨恨给数字化了。

阿：您所说的并不只适用于某个社会学潮流。我还联想到了让-保罗·萨特曾对他的同僚阿尔贝·加缪摆出架子……

昂托旺：萨特那荒谬可笑、令人生厌的花架子！在谈到教皇，萨特如何将异端加缪逐出教会之前，我们有必要回顾一下萨特在他的著作《关于犹太人问题的思考》(*Réflexions sur la question juive*)（也就是说，本作写于他与法国共产党成为同路人的几年前，否则他也不可能再去使用这种表达方式了）中所展现的“穷人的势利”这一明显的矛盾。

他说：“所以我把反犹主义称为穷人的势利。事实上，似乎大多数富人都没有沉溺于这种势利当中，而是选择对这种激情加以利用。他们有更有意义的事要做。反犹主义通常在中产阶级当中蔓延，这是因为中产阶级没有任何土地、城堡和房子，他们只有一些存在银行里的现金和股票。”“穷人的势利”在这里有两层含义。首先，它让势利不再像一般意义上一样，只是富裕的嫉妒者的专属；第二，也是很重要的一点，它表明了反犹主义本身就是一种势利，这种大众的势利产生于那类需要约拿(Jonas)现身，为他们的苦难和不幸做出一番解释的人，他们乐观地认为——虽然这永远不可能发生——只要犹太民族这个充当替罪羊的种族被消灭了，世界就能恢复其淳朴、公正、真诚、温暖且真实的本来面貌。反犹主义是一种需要依靠想象力而存在的势利，因为它与其他种类的仇视不同——也许只和恐同症有些相似，它所承载的怨恨并不来自客观的差异。在反犹主义中，人们会用仇恨去构建憎恶的对象。萨特说：“即便犹太人不存在，反犹主义者也会创造出一类犹太人来。”我们可以反复使用这一精辟的公式：即便无产者不存在，资产阶级也会把他们创造出来；即便资产阶级不存在，贵族也会将他们臆想出来；即便反动分子不存在，进步者也会把他们创造出来（反之亦然）；等等。势利是一种独立自主的情感，一种内心深处的愁闷，它用先入为主的憎恶或偏爱塑造情感投射的对象，并将其化为自己的行事动机。

阿：可这并不妨碍萨特本人在这之后仍然表现得像个势利者。

昂托旺：是的，而且是两次。第一次他信仰了共产党，即便苏联劳动收容所的存在已被证实，萨特也拒绝因此而反对苏联（1950年1月，他在《现代》杂志［*Temps modernes*］的一篇社论中写道：“无论目前苏联的社会性质为何，在力量平衡之中，苏联总体而言是站在与我们熟知的种种剥削进行斗争的人一边的……”）。正是出于势利——而不是由于兴趣——萨特这一最自由的人认为，人们不可能“既对无产阶级肩负的历史使命深信不疑，同时却背叛共产党，因为这两者是互相成就的关系”。作为《关于犹太人问题的思考》的作者，他（据我所知）并未对“苏联医生案件”[1]和斯大林（Staline）的反犹主义表示出谴责，而是采取了忽略态度，这是不是由于他的自我憎恨，由于他希望融入无产阶级的愿望？在萨特会见布拉格的大学生时，学生们争先恐后地想听他谈论自由。但他最终令他们失望了，他还要求人们禁止放映《肮脏的手》[2]（*Les Mains sales*），仅仅因为该片中的反共主义冒犯了捷克斯洛伐克共产党，他这般憎恨自己，真的有必要吗？正是在这样沉重的背景下，加缪在1951年出版了《反抗者》（*L'Homme révolté*）。该书所犯的错误（也恰恰是其伟大之处）就在于与当时热衷于偶像崇拜的民众采取了相反的态度，并拒绝让暴力心安理得地存在于世间。我们在这里不去回顾萨特和加缪决裂的细节和利害关系，只是大略地提及一下。当时萨特的支持者们担心加缪的观点会使自己的事业毁于一旦，同时他们也因为加缪将他们比作只会把“安乐椅放在顺应历史潮流的方向”的爱说教者而愤怒。他们看不起加缪，觉得摆起架子来攻击他是正确的做法。

先是弗朗西斯·让松（Francis Jeanson）针对《反抗者》撰

1 “苏联医生案件”，一起发生于1952—1953年苏联斯大林统治之下的反犹事件，由此“揭开”了一群医生试图刺杀苏联领导人的阴谋。——译者注。

2 《肮脏的手》，萨特观念戏剧的代表作品之一，1951年被改编为电影在法国上映。——译者注。

写了一篇不掩鄙夷之情的书评，发表在了《现代》杂志[1]上，随后加缪在一封名为“致《现代》杂志编辑”的信中对此进行了反击。接着，萨特针对此信进行了一番轻蔑、不公正且愚蠢的回应《对阿尔贝·加缪的答复》（*Réponse à Albert Camus*）：“上帝啊，加缪，您是多么严肃啊，用您的话说，您是何等轻浮啊！假如您大错特错了呢？假如您的著作只证明了您在哲学领域的无能呢？假如您的著作只充斥着匆忙收集的二手知识呢？［……］如果您所谓的理性推论并不准确呢？如果您的想法含糊不清又毫无创见呢？［……］我都不敢劳烦您去翻阅一下《存在与虚无》[2]（*l'Etre et le Néant*）了，因为阅读的过程对您而言似乎过于艰难，且徒劳无益：毕竟您那么厌恶思考中会遇到的困难……”加缪曾因患肺结核而错失了参加教师学衔考试的机会，所以信中的最后那句话在萨特眼中极具杀伤力：他打着捍卫革命理想的幌子，向加缪炫耀着自己获得的文凭。萨特端起的架子是一种属于巴黎人、属于师范大学学生、属于通过会考取得教师职衔者的势利，他绝不能忍受被一个学历比不上自己的人质疑。

阿：我不禁联想到了那个有名的说法（它晚于您所说的事

1 《现代》杂志，第82号，1952年8月。——原注

2 《存在与虚无》：萨特创作的哲学著作，首次出版于1943年。——译者注

件），即把加缪看作一位“给高中毕业班学生写文章的哲学家”……这句话中带着尖刻的势利，但我倒觉得它未尝不是种恭维。如果想让一个没有任何哲学背景的学生接受并理解某种思想，就要求哲学家有清晰的思路和简洁的表达，要做到这一点是非常困难的！

昂托旺：这句话是让-雅克布·罗希尔（Jean-Jacques Brochier）说的，他是萨特思想最狂热的支持者，他的态度基本上与萨特对《反抗者》充满鄙夷的回应保持一致。加缪？一个业余人士，一个乡巴佬，一个从沙漠里来的农民。简而言之，他是一个试图通过牢记自己的出身，从而消除成为资产阶级的羞耻感的穷人——即便他同时也为此感到高兴。

阿：而加缪恰恰不是这样的人。

昂托旺：加缪是一位伟大的哲学家。资本家们借着斯大林主义装腔作势，加缪则凭借清晰的条理、简练的语言粉碎了他们浮夸做作的伪善。可是在那个时代，萨特的话近乎神谕，他所造成的负面影响直到现在也没完全消除。在势利者眼中，加缪的思想不够深奥玄妙，所以他不足以被称为伟大的人，他的思想也不够宗派主义，所以不足以令其成为一名颠覆者。事实上，加缪自己也认识到了这一点，他说：“那些把文章写得晦涩难懂的人是幸运的，他们会拥有评论家。无法做到这点的人只能拥有读者，而这在一些人眼中便是可鄙的。”

我们有可能避免成为势利者吗？

阿：不管是端起架子的人，还是深受其害的人，任何人都无法幸免于势利。您之前也提到，反对势利的人反而尤其会被它影响。但是，难道在势利和反势利之间就没有一条出路了吗？我们有可能避免成为一个势利者吗？

昂托旺：某人一旦成了势利者，想摆脱势利就非常困难了。这不是因为人们在其中找到了乐趣（在最好的情况下，势利令人反感；在最坏的情况下，势利则使人痛苦），而是因为势利与其说是内容问题，不如说它关乎形式。使一个人成为势利者的并非其意见的性质，而是他对这些意见的重视程度。偏见与此没有多大关联。势利取决于人们对它的信任程度，以及人们对自己的重视程度。并不是傲慢导致势利，而是势利造就了卑微。出于同样的道理，“颠倒的柏拉图主义”仍然是柏拉图主义，而激进的无神论仍然属于宗教范畴，所以势利也并不能被另一方的势利所纠正。就像阿道克（Haddock）船长的创可贴（出自《丁丁在西藏》［*Tintin au Tibet*］）紧紧粘住了试图将它撕下的手指一样，势利也会让人在试图摆脱它的同时变得依附于它。人越挣扎，就在这种情感的流沙之中陷得越深。

我们可以拙劣地模仿一下叔本华的说法，用他的方式说，生活就是在对附庸风雅的势利和对反对附庸风雅的势利之间持续不断的摇摆的过程，前者包括阶级势利、宗族势利、贵族的势利、智慧的势利、文化的势利、认为文化能纠正一切错误的势利、醉心于贵族的小市民或奉承的朝臣的势利，还有那个被献殷勤了的人的势利，假如他自以为了不起，把自己所享的特权看作神授的礼物……后者则包括左翼的侯爵夫人的势利，发了财的自由主义者转而谴责市场经济的势利，以及无人能够幸免的、群众毫无自觉的势利，我们因此而愤慨、下禁令、制定规则、变得愚钝、阻止言论的发表，并自愿摒弃思考带来的痛苦。这两种机制都包含在普鲁斯特描写的“下等人的装腔作势”中，其中既有因为喜爱下等人而自鸣得意的夏吕斯男爵的（客观意义上的）势利，也有身为下等人本身（主观意义上）的势利，比如因自己是“下等人”之子而苦闷的男妓莫雷尔（Morel），他对折磨着他的阶级地位怀有渴望，并极力索求上等人的身份。区别或许就在于后者的自我意识较弱。前者是一种有充足自我意识的愚蠢行为，而后者则刻意忽视了自己（也）很愚蠢的事实，自以为是睿智的。总而言之，无论是天真地认为自己是由上帝选定的王子，还是讶异于穷人也和她一样有五根手指的公主，或者自以为在道歉认错，其实却使种族主义借着“多样性”的幌子延续下去的土生土长的法国人，他们的势利单纯且坦率。所以相比之下，那些嫉妒者的可耻、阴险的势利会更令人厌恶，因为他们把怨恨伪装成平等主义，自认为捍卫了善就能逃避恶。事实上人们没有出路，只会在其中越陷越深……

阿：说白了就是，人们无法从势利中解脱出来，但可以承认它的存在。

昂托旺：当然是这样了！势利首先是一个自嘲的绝好机会。人们必须借助内心的恶魔才能平息它，必须对它微笑才能打碎它，必须用笑声才能治愈它，哪怕是以伤害自己为代价。顺便一提，您还记得那本叫《白狗》(*Chien blanc*)的书吗？故事中，罗曼·加里(Romain Gary)和他的妻子珍·茜宝[1](Jean Seberg，黑豹党占用了她的别墅，花光了她银行账户里的钱)救了一只德国牧羊犬巴特卡(Batka)，然后发现它其实是一只“攻击犬”，也就是一只被训练来扑咬黑人的警犬。加里对它说：“听我说，老兄，我不要求你不去咬黑人，只要求你不要只咬黑人。”这本书的关键主题就在于此：与其用

---

1 珍·茜宝同情和支持黑豹党（美国左翼黑人民权组织），并积极参加各种会议，进行了多次捐款。——译者注

一种仇恨取代另一种，不如憎恨所有人。遗憾的是，加里没有完成他的教化任务，一名担任饲养场管理员的狠毒黑人凯斯（Keys），通过棍棒的教训将狗的愤怒投射对象转变成了白人，把它训练成了一只专咬白人的黑狗。这只狗最终因绝望而死。人们没办法通过给自己注射瘟疫的方式来治愈霍乱。尼采说："幻觉无疑是代价高昂的快乐，但破坏幻觉的代价更大……"

阿：您认为可以将势利思想和种族主义相提并论吗？

昂托旺：种族主义的性质显然更严重，但同样也更简单。说实话，我认为种族主义在势利思想面前简直不值一提。这种憎恶明白自己诞生于仇恨，且无法容忍一丁点的怀疑，因此它非常脆弱。种族主义一直都是可以被治愈的，各种宽容思想的触动之下，再迟钝的人也不会无动于衷的，只需要花上些精力，走出自我封闭就可以了，所以反对种族主义并不困难。

但势利思想却永远不会真正消失，因为一旦人们以为自己能通过改变立场的方式摆脱势利，其实就会重新陷入其中。在这个意义上，势利思想与极端主义更类似，而非与种族主义相似。正如玛丽娜·勒庞（Marine Le Pen）最近对希腊激进左派表示支持，虽然极端左派和极端右派在表面上是对立的（意识形态上的对立），但这往往使人忽略了它们之间事实上（在话语、表达、行动和分析方面）是多么相似；这就能解释为何在这虚伪的两极间存在那么多变节者。种族主义者因肤色而排斥黑人，极端主义者则将所有他们认为宽容度不如自己的人排除在社会之外。极端主义者拥有煽动双方仇恨的意图，除此之外，他们这些所谓“全人类的好朋友”与种族主义者还有什么区别？我们可以将那唯一的区别总结为：种族主义者是可被纠正的，因为他知道自己是个坏家伙；但对于极端主义者，除非您受到他们的雇用，否则尽量不要与他们产生交集。人人都是势利者，永远牢记这一点。我认为这就是避免自己成为势利者的最好办法。

阿：准确地说，在菲利普·穆雷（Philippe Muray）所说的“好人阵营”中，我们是否可以发现一种当代形式下的势利？显然，菲利普·穆雷本人对“好人阵营”表现出了最大程度上的势利。

昂托旺：在穆雷看来，“好人阵营”指的是那些将暴力包裹在由美好的情感组成的糖衣之下的人。在一首题为《延展的儿童室》[1]（*La Nursery S'étend*）的引人发笑的小诗中，穆雷让五星级酒店菜单上的精致菜肴与一个“讨人厌的妓

1　出自《最低限度的尊重》（*Minimum respect*），纯文学（Les Belles Lettres）出版社，2010。——原注

女”相映成趣，她公开对自己小儿子的可爱粪便赞叹不已：“还有那么多的鸡蛋串/羊肉面包配辣椒粉/鲑鱼配蛋黄酱配查尔特勒利口酒/鲷鱼排配鳄梨花/而臭名昭著的妓女正在大张旗鼓地打扫卫生/醉心于清理小家伙的屁股/她会用粪便覆盖整个地球/还有天空和大海，一处都不放过……”一面是登峰造极的矫揉造作，“肉油烧卷心菜配明虾”，另一方面是污秽不堪的底层世界，“周围都是粪便”：在充斥着假象的世界面前，是货真价实的吵闹与喧嚣。不把自己放在眼里的菜单和过于重视自己的女士，有关势利的一切都可被概括在这二者当中了。让我们回到戏剧的话题，穆雷的举动带有拯救的意味，他让自己的猎物变得聪明起来了。最近几年来，法布莱斯·鲁奇尼[1]（Fabrice Luchini）一直在舞台上朗读这位小册子作者的诗作，观众们基本上都是些装腔作势、假装正经的左派，可听见那些取笑他们的诗歌反而哈哈大笑，比如《塞戈莱恩·贺雅尔的灵魂》（*Le Sourire de Ségolène Royal*）或者《给无辜旅人的坟墓》（*Tombeau Pour une Touriste Innocente*）。奇怪的是，既然这群观众能被鲁奇尼和穆雷针对他们的辛辣讽刺所逗乐，那么他们难道不是最不势利的人了吗？全体听众一致进行自嘲是很罕见的现象。

1　法布莱斯·鲁奇尼，法国男演员及制片人。——译者注

无论穆雷是胡说八道还是说了实话，人群中的笑声美化了身处其中的每个个体。

阿：嘲笑自己……也许我们能将自嘲看作摆脱势利的唯一途径？人们将自己的势利思想放到专职讽刺别人的人面前，听他们嘲笑那些做作和虚伪，并为此哈哈大笑。

昂托旺：很明显是这样。在《泰阿泰德篇》的结尾，柏拉图将思想描述为“灵魂与其本身的对话”；这种对话当中最富有成效的方式之一，不就是取笑自己的小怪癖吗？那些被自视甚高者捧上神坛的东西，自嘲者反而能从它们之中发现滑稽的共性。

在这方面，人们的笑只有在将自己作为嘲笑对象时才会有效。喜剧演员可区分为两类，一类人知道如何取笑自己，另一类人则缺乏这方面的才能，只好通过恶毒的措辞来弥补缺陷。奇怪的是，后者自己倒免受恶毒的言语所害。伟大的科鲁彻[1]（Coluche）总以胆小怕事、刻薄易怒的形象出现，所以他给了自己嘲笑所有其他人的权利。才华横溢的德普罗日[2]（Desproges）选择用一个文字游戏来宣布自己的病情（“严重到无以复加的癌症，再严重点就要死了！”），并说他对此抱有很大的怀疑态度，以至于他开始“对怀疑主义本身产生了怀

1 科鲁彻（1944—1986），法国著名编剧、演员、幽默大师。——译者注

2 皮埃尔·德普罗日（1939—1988），法国艺术表演家、幽默大师。——译者注

疑”。用不着给这两位著名笑星赋予政治色彩，自嘲使他们不受任何政治派别的束缚。但笑星当中还有另一类人，比如迪厄多内[1](Dieudonné)。他针对种族问题施以刻薄的回应与恶毒的嘲讽，对他来说，无礼是通行证，卑鄙是天赋。当嘲讽只被用来为某种世界观或政治派别服务时，它就成了一种势利，因为它认定自己所捍卫的事业是正确的。它打着言论自由的旗号，以为自己在行使嘲笑一切的绝对权利，但实际上却表现得像个审查员，针对某个个体进行讨人厌的嘲讽，还将嘲讽的权利与人身攻击混淆一气。不自嘲的人是不严肃的。那个以笑为借口来为某项事业辩护的人，并不是想用哈哈大笑来破除势利思想，而是任由势利思想玷污了笑声。正如尼采在《论道德的谱系》的第一篇文章中写道：

“道德中的奴隶起义开始于怨恨本身变得有创造力并表现出价值之时：这样一些造物们的怨恨，他们不被允许有真正的反应，即有所作为地反应，而只有通过某种想象的复仇来保护自己不受伤害。所有高尚的道德都是从一声欢呼胜利的‘肯定’中成长为自身，而奴隶道德则从一开始就对着某个‘外面’说不，对着某个‘别处’或者某个

1　迪厄多内，法国著名喜剧演员，曾因诽谤、使用侮辱性言词、仇恨言论以及种族歧视、使用挑衅性手势等多次被罚款。——译者注

‘非自身’说不，这一声‘不’就是他们的创造行动。”[1]

阿：您认为势利思想在当代的代表形象会是怎样的？

昂托旺：“代表形象”，或者说面孔……势利无处不在，它涵盖了生活中许许多多种情况，包括骄傲、蔑视、误解、徒劳的崇拜、屈从等等。我还记得那个经营避难所的萨瓦[2]妇女，可真是段倒霉的经历。当时我想向她讨要一杯可乐，她却一副觉得我在说胡话的模样，回答说：“哦，不，真的不行，这不可能……”我记得那个势利的出租车司机，从认出我的那刻起，他便开始向我滔滔不绝地读起那些坐过他车的著名人物，并认为这些人多少都算是自己的熟人了。我记得在伊兰·哈利米[3](Ilan Halimi)被谋杀的第二天，一个外邦人给我打来电话表示慰问，好像他“非常热爱”的犹太人都是一家人。我记得所有那些宁愿效忠于自己所奉行的原则，而不愿展现自己个性的人。他们这么做并非为了提升自己，而是想在失败时让心里好受一些；一对富有的夫妇在拜访萨沙·吉特里[4](Sacha Guitry)时（“那位女士的头发已经白了，而那位先生的头发还没白”），表示

---

1 摘自《论道德的谱系》(赵千帆译，商务印书馆，2016)。——译者注

2 萨瓦（Savoie），法国东南部地区名。——译者注

3 2006年，23岁的犹太人伊兰·哈利米被一伙人折磨并杀害，该事件最终涉及的共犯多达数十人。——译者注

4 萨沙·吉特里（1885—1957），法国演员、剧作家，被视为法国两次大战之间的轻松喜剧代表作家。——译者注

他们最喜欢的画是《德加 (Degas) 的小舞女》，因为她“是那样的可爱”——好像一幅画的好坏取决于画中人物的面容美丑一样；那些自认为受了侮辱的外省人带着地域歧视，坚定地认为巴黎人“并不把法国人真正关心的问题放在心上”。

那名虚荣的巴黎人总是端着玄乎且抽象的架子，说他“拿着护照去了蒙特鲁日 (Montrouge)”；那位文学评论家曾一字一句地向我保证：“菲利普·罗斯[1] (Philip Roth) 的第一部作品之于他的新书，就像《自恋回忆录》[2] (*Souvenirs d'égotisme*) 之于爱德华·勒维[3] (Edouard Levé) 的《日记》(*Journal*) 一样……”那名女演员在离开戏剧工作坊后，最喜欢做的事是“在流行街区闲逛一会儿”；那个长着强壮小腿肚和无精打采的小胡子的年迈嬉皮士，说他“只喜欢年轻人”；您看，“年轻人们”总爱宣告：“我们是年轻人！”似乎 (极为短暂的) 未成年身份本身具有很大的价值一样；儒勒·雷纳尔[4] (Jules Renard) 讨人喜欢的不怀好意 (“别人获得成功让我觉得难受，但假如那人名副其实，我

1 菲利普·罗斯（1933—），美国小说家、作家，也是当代获奖最多的美国作家之一。——译者注

2 《自恋回忆录》，司汤达在写作生涯后期对自己感情与创作历程的回顾。——译者注

3 爱德华·勒维（1965—2007），法国作家、艺术家、摄影师。——译者注

4 儒勒·雷纳尔（1864—1910），法国小说家、散文家。——译者注

不舒服的程度就会减轻一些”）；让－皮埃尔·拉法兰[1]（Jean-Pierre Raffarin）在谈到“自下而上的法国”时却从没想过，这样的表达方式就意味着他在用一种自上而下的方式思考法国；那位深受马克思主义影响的法语教师对居伊·德·莫泊桑（Guy de Maupassant）的抨击（“这个作家被高估太多了，他向人们讲述如何利用与资产阶级妇女睡觉的机会，让自己的事业大获成功！”）；所有那些仅仅因为我教哲学，便一会儿把我贬为猴子，一会儿又尊我为贤者的人；歌蒂·韩（Goldie Hawn）在伍迪·艾伦的《人人都说我爱你》（*Everyone Says I Love You*）中饰演的那个角色，在公园大道的公寓中召开新闻发布会，认为应该捍卫囚犯的权利，给每名囚犯配一个与其拥有相同国籍的厨师；还有盖尔芒特公爵，他对不同人会用不同的态度说话，在称呼他的妻子时会说“公爵夫人”，但有时又会讲些本该出自农民之口的通俗语言，比如向叙述者提议“脱掉（他）的外套”……

阿：在列出这份名单的同时，您不觉得自己似乎变得与您所谴责的对象一样势利了吗？

昂托旺：事实就是这样的。但我要是坚持认为自己并没有与他们一样端起架子，那我就更势利了。我认为很有意思的一点是，人们无法通过改变自己的想法来摆脱势

1　让－皮埃尔·拉法兰（1948—），法国保守派政治家和维埃纳省参议员。——译者注

利，因为势利是一个关于思维方式的问题，而不是关于思维本质的问题。虽然这么说很奇怪，但蒙田（我从他那里借用了这个二元结构[1]）并不是一个势利者，我努力寻找也没发现他有任何势利之处。在他的思想中，我始终没有找到和这种奇怪、形态繁多又易被识别的情感相似的痕迹。即便蒙田什么都知道，但他还是动不动就问："我知道什么呢？"蒙田在做出判断时，总是将脚踩在一片充斥着质疑的疏松土壤上，而且他对自己进行描述时毫无自满之意，认为自己所具备的价值非常普通，"并不能算得上杰出"。然而也正是此人，在区分"本质"和"方式"的那一章节中，对"真正的力量不在于说服别人，而在于被别人说服"这一观点表示了赞同："在激烈的论战中，我会让自己屈服于对手的推理能力，此时我会为战胜了自我而自豪，远比找准对手的弱点再将其击败更为自豪……"势利者将自己的观点当作真理，尽管他知道事实并非如此；蒙田则认为真理本身就是一种观点——尽管他有时也会对此产生怀疑，毕竟没有人是完美的……这两者之间的区别，就像在一位艺术展上闲逛并大肆传播自己观点的纽约妇女和甘地之间的区别一样，要知道，甘地也可是在自己拒绝吃甜食后，

1　原作注：可以在《随笔集》第三卷第8章找到这一点，这章专门讨论"谈话的艺术"。

才谨慎地建议孩子少吃甜食的。

萨特和加缪之间的区别也在于此。萨特认为每个“反共分子”都是“狗”，而加缪则对他那位曾经的朋友说：“如果我最终发现真理确实掌握在右派手中，我会投奔他们的。”但是（哦，这句话多么势利啊！）比蒙田更强大的是格鲁乔·马克思[1]（Groucho Marx），他说：“任何一个乐于让我成为会员的俱乐部，我都不屑于加入。”说得多棒啊。那些欢迎大家光临的地方总是缺乏吸引力的……永远占据优越地位的小团体是不存在的！就像罗曼·加里笔下的兰黛夫人（Lady L.），作者将她设定为英国仅次于女王的第二夫人，她更广为人知（对她自己而言）的名字是安妮特·布丹（Annette Boudin），这个妓女爱上了一名恐怖分子，因为只有他知道如何用“缺乏尊重”的方式对待她，这也恰恰合了她的意……蒙田、格鲁乔·马克思、甘地、加缪、加里……他们可真优雅，对吧？

阿：所以，我们有两种方式与自己心中的势利相处，一个是笑，一个是避免自视甚高。

昂托旺：我来告诉您一个秘密。要摆脱势利，那就要爱母亲胜过爱朋友。势利几乎是一种普遍的性格倾向，但

1　格鲁乔·马克思（1890—1977），美国的喜剧演员与电影明星，以机智问答及比喻闻名。——译者注

它是后天形成的。人们不是生来就是势利者，但他们只因母亲在学校门口、众多朋友面前亲吻了自己就勃然大怒，从那一刻起，他们就成了一个势利者。“别这样，妈妈！……”仍未成熟的青春期少年发出了一声呻吟，这也是他们第一声装腔作势的哀号。除此之外，还有一个案例能证明我所说的情况绝非偶然，《追忆似水年华》的叙述者（当人们还没读这本书，并认为它“太长，很美，但有点无聊”时，可能会以为叙述者是个拿腔捏调的人，但事实与此相反，他是所有角色之中最不势利的人了）对他的朋友罗伯特·德·圣卢普（Robert de Saint-Loup）进行了严厉的批评，因为德·圣卢普在公众场合没有以亲切的态度对待自己的母亲。

同样并非偶然的是，罗曼·加里曾因“士兵们嘲弄的目光”试图躲避他那手握拐杖、满口粗话的母亲，可母亲颤抖着嘴唇对他说：“那么，你为你的老母亲感到羞耻吗？”他听闻此话，不禁为自己的想法而痛心羞愧，并向正暗暗嘲笑他的战友们竖起了中指。最后一个可以证明此观点的例子是阿尔贝·加缪，他“出生在一片苦难中，但阳光使他免受忌妒之心的折磨”[1]，他的母亲沉默地看着他在贝尔库区（Belcourt）小公寓的地板上奔跑。作家以让沉默的人发声为己任，并将其作品的中心主题设定为：一个母亲令人钦佩的沉默，一个人为了追寻平衡这种沉默的正义与爱而做出的努力。

1　这个表达出现在《反与正》的序言中，是加缪在写完这本书的（Gallimard，1937）二十多年之后写的。——原注

羞耻心

阿代尔·范·雷斯—埃里克·菲亚特（Éric Fiat）

开场白

“把你的双乳遮起来，别让我看见。”[1]

阿：直截了当地说吧，这章的内容既有关于羞耻心的反思，也有对它的赞美。

但称赞羞耻心难道不就是一种自相矛盾的行为吗？

埃里克·菲亚特（以下简称菲亚特）：确实如您所说……是的，无论对自己还是他人羞耻心的赞美，都是自相矛盾的行为。人无法赞美自己的羞耻心，因为羞耻心是一种脆弱的美德，就如虚心、单纯、纯洁、尊严感和谦逊一样，人们宣称自己拥有这些美德的那一刻，也就是丢失了它们的那一刻。展示美德的存在，就意味着美德的消亡。但我依旧很想赞美它们，实话说，我对这些珍贵的美德抱有好感，正是因为美德具有脆弱性，所以它们才如此珍贵。这些美德的共同点在于，若有人大肆炫耀自己拥有美德的事实，那么他恰恰就通过这种方式证明了自己缺乏美德……举个例子来证实我的观点。您应该会注意到，一个人不可能在宣称自己谦虚的同时保持谦虚。若某人扬扬得意地鼓

1　出自莫里哀的戏剧作品《伪君子》（*Tartuffe*，*ou l'Imposteur*）。——译者注

着眼睛，把大拇指插在马甲的两侧，向众人宣布：“女士们、先生们，为了成为一个谦虚的人，我无所畏惧！我是个异常谦虚的人。”事实上，没人能比他更自满了！

单纯也是这种类型的美德：当某人声称自己单纯时，他立即就变得不再单纯了，因为真正单纯的人往往会忽略掉自己的这一特质。那些无时无刻都在强调自己单纯的人，其本质是多么复杂、多么狡猾啊！人不可能在清楚自身纯洁性的同时保持纯洁。正如扬科列维奇[1]在《纯洁与不纯洁》(*Le Pur et l'Impur*)一书中所提到的那样，纯洁只存在于不自知当中，也就是说，只存在于对自我的忽视之中：“孩子是纯洁的，但他对这点一无所知，自身的无知正是他保持纯洁性的条件；而具有自我意识的成年人会对纯洁产生概念，甚至明白得过于透彻了。而正是因为他洞悉了纯洁，所以其自身便不再纯洁了！”这么说的原因并不难理解，纯洁是一种美妙的统一，而拥有了自我意识就意味着将自己一分为二：一个是凝视他人的主体(sujet)，一个是被他人凝视的客体(object)。当然，谦逊也是如此……在卢梭撰写的《忏悔录》上卷中，我们会读到这样一段不同寻常的话：“我以为人类当中，没有谁

1　弗拉基米尔·扬科列维奇（1903–1985），法国哲学家。——译者注

的虚荣心生来就比我要小。”这句话显然自相矛盾了，因为我们恰恰能从中发现卢梭具有最为纯粹的自命不凡！而这些与虚心、单纯、纯洁、尊严感和谦逊相关的情形，同样也适用于我们所珍视的羞耻心。羞耻心是无法被大肆宣扬的，那些宣称自己有羞耻心的人，马上就会暴露自己的无耻。我们应警惕扬科列维奇所说的“大喊大叫着宣传自己的矜持”，我很喜欢这个说法……但也有一类羞耻心是可以成立的，即在最好的朋友耳边偷偷吐露的话语，但在这种情况下，羞耻心基本都是不情不愿或不经意间才流露出来的，它也就此突破了扬科列维奇所说的“道德上哗众取宠”。假如对羞耻心的供认形式甚至让说话者都感到惊讶，那么它也就不会随着被人说出而消亡，也许它需要在半明半暗的烛光里，或是飘散着袅袅烟雾的夜幕之下才能存在……

但是公然将羞耻心大肆宣扬的行为显然是厚颜无耻的。人们要么对它缄口不言，要么只会在私密的谈话中才会吐露，绝不应为了出风头而大说特说。一旦它伴随着公众的议论声成为流言蜚语的对象，一旦人们仅仅是为了收获观赏者的掌声与欢呼才将其表露，羞耻心就会堕落为献媚 (la coquetterie)。有关羞耻心的表述永远不会是废话连篇、喋喋不休、虚张声势的，也不会存在任何沾沾自喜的成分。假如确实存在一种关于羞耻心的美，那它也与献媚之人所追求的美大相径庭。

阿：您把羞耻心定义为一类同虚心、谦逊一般脆弱的美德。那么它与“卖弄风骚”之间到底有什么区别呢？难道羞耻心不正是献媚的反义词吗？

菲亚特：真正的羞耻心是自发产生的，而献媚则是一种对自我有着过于清醒认知的羞耻心，它因此使得羞耻心成了场游戏。当然了，它们二者之间也有几个共同的外部特征，正如马克斯·舍勒[1]（Max Scheler）所指出的那样，献媚的女子与有羞耻心的女子都会垂下视线，都会逃避退却。但是，这两类女性垂下视线或抽回手的方式有着天壤之别。献媚的女子在低下眼帘的一刹那，就已经在思索该用怎样的方式抬起眼睛看看对方的反应了，她不会有丝毫自保或逃离的想法；归根结底，献媚者的根本目的在于自我展示，而有羞耻心的人的实际意图在于自我隐藏。

阿：再举个例子，我们还能联想到萨特在《存在与虚无》（*L'Être et le Neéant*）一书中刻画的无耻女人形象。这个女人拒绝了她的追求者，接着却又向他伸出了手，目的就是在不

1　马克斯·舍勒（1874—1928），德国著名基督教思想家，现象学价值伦理学的创立者，知识社会学的先驱，现代哲学人类学的奠基人。——译者注

做出任何坦率决定的情况下，以对方的欲望为乐。即便这个女人自己不承认，她也确实是在算计人，她的羞耻心因此也被献媚的心机所取代了。

菲亚特：正是如此，您说得很对。正如我们必须找到自发和算计的区别一样，将献媚和羞耻心区分开来是很有必要的。献媚是种虚伪的羞耻心。献媚的女人假意怯怯羞羞，通过假扮羞耻的姿态来勾起他人的情欲。她装作自己正因肉体而窘迫，其实是为了引起旁人更多的注意。她一面展示自己，一面假意遮掩，因为遮遮掩掩的方式能使她更巧妙地展示自己。献媚是一场欺诈游戏，是一种装腔作势的伪装，而羞耻心则是——我们可以这么说——无辜的，它不带丝毫企图。所以，我们当然有必要把这两种情况区分开来了。有一类女子，当她意识到自己衣服上有一颗纽扣是开着的时候，会情不自禁地脸红，并尽可能不引人注目地把扣子扣好；另一种女子则会故意解开扣子，并只有在确信有人在打量她的时候，才会重新扣上纽扣。因此我认为，羞耻心中有谦逊的成分，而献媚中则存在着傲慢。有羞耻心的女子出于谦逊的思想垂下眼眸，从不故意吸引他人的目光。

为了完善上述分析，我们还要补充：有羞耻心的女子之所以选择自保，是因为她内心隐隐感到自己所遮掩的东西具有重要的价值；她所遮掩的事物必须得到保护，必须远离那些色眯眯的视线和黏糊糊的手，才能逃离被亵渎的危险。另一方面，献媚的女子通常被认为是极为傲慢的，因为她想在他人的目光面前炫耀自己，但也许在内心深处，她会认为自己不具备像她羞怯的姐妹那样高的隐私价值。我敢打赌，有羞耻心的灰姑娘虽然谦虚，但并不轻视自己；而不知羞耻的聒噪女子虽然傲慢，却暗自轻视自己。那些需要不停寻求外部赞美的人，该有多么缺乏自我价值感啊！

当然了，我也不想为羞耻心和献媚设定一个过于明显的分界线，因为当二者在人身上体现出来时，它们之间的边界常常脆弱且不稳固。当知耻者意识到自己羞耻心的存在时，她就掌握了通过献媚来调情的方法。一名女子在经历了羞耻心引起的局促不安后逐渐清醒过来，意识到假如自己对此前的纷乱心绪不加掩饰，也许反而会为此内心激动，甚至感到享受，于是这位有羞耻心的女子也开始思考自己能从中获得的好处了。谁又能对这种现实存在的情况表示否认呢？但我赞同您的想法，觉得把羞耻心和献媚区分开来确实是有必要的，不仅因为前者是自发的情感，后者是经过算计的心机，还因为有羞耻心的女子会局促不安，而献媚的女人则时刻泰然自若。

阿：我注意到，当您谈到羞耻心和献媚时，只列举了女性的例子。您是在对羞耻心进行“性别化”的解读吗？难道羞耻心是一种专属于女性的美德吗？

菲亚特：您听得很认真啊！这下您抓住了我关于……“性别”(genrage) 的把柄。这个词不是很妙……但可以用来玩文字游戏。我会告诉您，我很生气[1](j'enrage)，因为我们被我们还年轻那会儿的语言惯例所困扰了，确切地说，是我还年轻时的惯例，也就是说（正如克劳德·哈比卜［Claude Habib］在他的一篇关于羞耻心的美文《女性的美德？》［*Vertu de femme* ?］中所说的那样，这篇文章被收录进欧特蒙［Autrement］出版社1992年出版的《羞耻心》［*La Pudeur*］合集中），当涉及男性时，“美德”一词会被理解为勇气，而涉及女性时它会被理解为羞耻心。

但显而易见的是，女性也有勇气，男性也有羞耻心！其实我并不觉得羞耻心是一种专属于女性的美德。那么，我先前所举的例子是出于我的个人喜好吗？大概就是这样吧。我的意思是说，我对女性羞耻心或献媚的话题更感兴趣一些。好吧，我认罪了，因为我是个男人，而且是个执迷不悟的异性恋者。然而在我看来——无论我对性别理论持何种程度的保留态度，将羞耻心归于女性，而将勇气归

1　法语中，菲亚特此处使用的“我很生气”和“性别”两个表达同音。——译者注

于男性的分配方式确实荒谬且粗俗，西方社会的现代性正在努力克服这一点。

也许确实有一些情感在女性身上比在男性身上表现得更明显，就比如客观的羞耻感，因为女性的性别倾向于内隐和保守，而男性的性别则偏外露和开放。既然我们的谈话内容会被收录于名为《性格》（*Caractère*）的文集中，那就让我们大胆地发表意见吧，即便会有些不庄重，但那又何妨呢？其实存在一种一目了然的勃起性格，与另一种含混不清的湿润性格。正如克劳德·哈比卜教导我们的那样，男性的享受是明确无误的，而女性的享受则无法被核实。因此，从这种被称为客观的羞耻心出发，人们立刻就会将羞耻心在主观上与女性的美德联系在一起，而不会联想到男性的美德——这确实是一种急于求成的思考模式。所以，不，我并不认为可以按“性别化”的方式来解读羞耻心。我对性别理论的保留态度源于这样一个事实：在我看来，对性别差异的某种刻意消除可能会使恋爱关系失去一些刺激感。尽管如此，我们仍应承认，男性的羞耻心与女性的勇气都是确实存在的。

现在的问题是要弄明白，一旦我们在男人身上发现了女性气质，或是在女人身上发现了男性气质，我们是否应该坚持认为具有羞耻心更偏向女性美德，而非男性美德，但又不希望它只在女人身上出现，就像列维纳斯[1]（Levinas）所持的观点那样。我认为这个问题有相当大的讨论空间。我们是否应该把男人身上的女性气质看作一种迷人的被动状态呢？

阿：对于尊严感（la dignité）这一伦理美德，羞耻心会在审美意义甚至是色情意义上成为它的反面吗？

菲亚特：羞耻心和尊严感之间的关系是不言而喻的，人们会用“摆出自尊感神圣不可侵犯的架子”这样的表达。羞耻心受到侵犯，就意味着尊严感被损害了。但在我看来，如果说尊严感是一种态度，一种不甚优美的举止，那么羞耻心中倒存在着些许优雅的成分了。这里的尊严感不是康德所说的本体论意义上的尊严感，而是一种资产阶级的、姿态上的尊严感，是一种克制自己的、举止文雅的艺术。某次葬礼结束之后，如果人们将其评价为一场有尊严感的仪式，那就意味着过程中没有人举止随便。对极富尊严感的女士而言，除非双手、嘴唇和臀部都被尊严感紧紧包裹住，否则她是不会走到市镇大街上的：她身体直立，克制自己，绝不让自己身上出现任何与人类兽性相关的事物，如尿液、打嗝、肠胃胀气、体毛。总之，任何

---

1 伊曼纽尔·列维纳斯（1906—1995），犹太裔法国哲学家，跟随胡塞尔研究现象学，对海德格尔的《存在与时间》有深入的研究。——译者注

出现在公共场合会引起其他资产者不适的东西都会被摒弃……她始终保持着庄重的姿态，这种坚持既有道德上的原因，也有社会上的原因，但既无任何迷人性感之处，也无任何吸引力。

我举这个例子是想说明有羞耻心的女人会在不自觉的情况下激起他人的欲望，而我在这里所描写的有尊严感的女人则会排斥他人的欲望。所以，我确实认为羞耻心具有审美层面上的价值，而尊严感只具有道德层面上的价值。羞耻心具有能被欣赏的美丽，它与献媚之美不一样，献媚之美会向你迫不及待地展示过多的美，但当尊严感没有丝毫美丽时，羞耻心的美丽便显现出来了。羞耻心温和柔软，尊严感严厉坚硬；羞耻心使人退却，尊严感使人挺拔；羞耻心湿润又令人局促不安，尊严感干燥又呆板生硬；尊严感无法打动我分毫，羞耻心却能深深触动我的心。

阿：也许还因为尊严感是一种社会美德，而羞耻心则揭示了一种与自己极为亲密的关系。

菲亚特：正是如此。而且这也能让我们对羞耻心和体面（la décence）进行一个区分，后者与尊严感相当接近。虽然羞耻心和体面也很接近，但二者并不能混为一谈，因为体面是一种来自社会和外部的规定，而羞耻心则是一种来自伦理和审美意义上的、内在的规定。“体面”一词来自拉丁语动词“*decet*”，意思是“做某事是合时宜的”。我认为体面是一种被规定所约束了的羞耻心，即社会化了的羞耻心，而羞耻心本身则是自发的。体面是被制度化了的羞耻心；人们具有羞耻心，但从不会反思自己是否应该具有它，然而人们对体面、合时宜、合规和礼仪的关注则往往伴随着对某一行为是否合适的反思。如扬科列维奇所说，羞耻心不会去精心算计关于礼节的问题。

另外，这也解释了我们在谈话开始时所提到的一点，假如对他人羞耻心的称颂以合规的形式进行，那么这种赞美的举动本身便是自相矛盾的。人们可以把体面规定为一种社会义务：为了合其他人的意，你必须去做某些事。但羞耻心是一种自发的行为，它无法被规定。试图支配一种自发的行为是荒谬的。此外我注意到，十诫中的第六条是“不可奸淫……”而不是“要有羞耻心”。对羞耻心做出规定的意图是自相矛盾的；若将羞耻心视为大肆宣传的对象，那么羞耻心便会悲剧性地转变为一种体面了：您必须要有羞耻心！……

在这一点上，我必须明确指出，我对您提及的这些对于羞耻心的赞美，并不包括强迫妇女戴上面纱、穿上罩袍的野蛮行为。在某些国家，拒绝戴面纱的妇女甚至会遭到鞭打。毫无疑问，这种所谓的羞耻心是因胁迫而产生的。我再次说明我的观点：因为羞耻心是自发产生的，所以不能以外部约束的方式强加于人。这样一来，若某个男人（您看，阿代尔，我说的是“男人”而不是“女人”！）的无耻程度让我非常震惊，以至于我要对他说：“您多少该有点羞耻心吧，先生！”我这里提到的就不是真正的羞耻心，而是对它的模仿、虚构与假扮。因此，保持体面、合乎礼节、尊重礼仪是一回事，而具有羞耻心是另外一回事。

阿：这也能说明有羞耻心和过分的拘谨（la pruderie）之间的差别有多大！

菲亚特：拘谨只是羞耻感的一种社会表达形式。而当我们羞耻心的表达形式范围被缩小时，它就转变成了过分的拘谨，即马克斯·舍勒所说的：“任何与活生生的人相关、与曾支撑起众多表达形式的羞耻感相关的感情。”过分的拘谨，也就是刻意将羞耻感已经不存在了的表达形式维持下去的尝试。

此外，司汤达也赞扬了羞耻心。他写道：“既然它是爱之母，那人们就没有什么理由去否认它。”随即他又说道，我们必须当心过分的拘谨，因为这是“一种最糟糕的吝啬”。此外司汤达还补充说，过分的拘谨是一种终会停止运转的羞耻心，它会在封闭当中逐渐内耗殆尽。很明显，这种拘谨的态度会被视作一种老姑娘的形象特征。我还记得一位童年时期令我非常害怕的人物。那时，我们在祖母位于蒂勒（Tulle）的公寓里暂住了几天，祖母经常叫我们注意秩序，因为必须当心，不要打扰到“那位小姐”。“那位小姐”是她的邻居，也是公寓的房东。她非常吝啬——在她死后，人们才发现她其实非常富有！同时，她还是个大言不惭的假正经。为什么这么说呢？因为她似乎总是挖空心思地批判当今的普罗大众是多么不知羞耻，从而抓紧一切机会展示她是个多么有羞耻心的人。我看着这位年纪差不多有100岁的老小姐在蒂勒的街道上满怀激情地搜寻着，她先是走进一家食品杂货店，因为那里卖的酸奶比别家店要便宜1分钱，接着她不断寻找机会，表达她对情侣们不停地在公共长椅上拥抱亲吻的愤怒。假如她某天看见一个将她的两样敏感点结合在一起的广告——为了促销酸奶而展示出了女人的乳房——想象一下她会是何种心情？

我能想象到她晚上躺在隔壁房间的床上，头戴睡帽，就像塞居尔伯爵夫人（Sophie Rostopchine）笔下的麦克米什[1]（Mac'Miche）夫人一样，眼睛里燃烧着邪恶的喜悦，因为她在

1　小说《漂亮的小魔鬼》（*Un Bon Petit Diable*）中的人物名。——译者注

一天之内收集到了两卷新的2分钱硬币，还见到了不计其数的新时代大众寡廉鲜耻的可怕形象。因为说到底，当她看到男孩和女孩在街上亲热时，居然会因这种心头油然而生的愤怒而觉得享受！她在尼采的批评面前败下阵来，暴露了她满心怨恨的假正经人的真实身份。和我祖母在相伴生活很多年之后，这位老小姐曾向她坦白，说她以前曾被一个男人“邀请”（求婚），但她在订婚后却得知，这个男人已经与另一个女人“有来往”，于是她立即解除了婚约，因为这个男人显然是个下流胚，是个厚颜无耻的人。她对曾经未婚夫的怨恨逐渐蔓延到所有男人身上，进而认为所有男人都是下流胚，这种怨恨随后又延伸到所有女人身上，因为她觉得之所以世上会有下流胚男人，显然是因为存在着许多下流胚女人……这种近乎狂热地瞅准时机对“男女们”的无耻行为表示愤慨的背后，在这种对愤怒的追求当中，藏有一种隐秘的快感，这也是性满足的最终形式，但除此之外还有什么呢？

我认为随着这种过分拘谨的态度而来的，也许会是大胆的冒犯，甚至是淫秽的行为。您应该知道，有一些犬儒学派（le cynisme）人士喜欢在公共场合自慰和排泄，比方说第欧根尼（Diogène）。在我看来，他们的无礼行为更多的是针对假正经，而非针对羞耻心的，更多的是针对羞耻感的统治形式和外部表现，而非针对其隐秘的本质的。犬儒主义者会展现出一种纯粹自愿的侵犯，这不是对羞耻感的侵犯，而是对其已经消失的表达方式的侵犯。虽然在某种程度上，我可以理解犬儒主义是对过分拘谨的一种回应，但我还是希望在不支持任何一方的情况下，把双方都打发出我的视线，因为他们都对羞耻心的奥秘一无所知。

阿：达尔杜弗[1]（Tartuffe）也是一个很好的例子，他让我们明白过分拘谨和犬儒主义总是并存的，因为他大肆炫耀自己拘谨（而不是羞耻心！），目的仅仅在于更好地操纵它，使事情往对自己有利的方向发展，同时也让观众见识到了他的淫秽行为。

菲亚特：他确实是个很不错的例子。

阿："把你的双乳遮起来，别让我看见……"这句话没有丝毫表达羞耻感的意思，因为这个请求背后的真实意图恰恰与其字面意思完全相反。

菲亚特：正是如此。事实上，我既不认同道德败坏之人玩世不恭的讽刺，也不赞成畏首畏尾之人愚昧无知的过分拘谨。双方都对何为羞耻感一无所知，二者间的对立给

1 《伪君子》中的角色名。——译者注

人以错觉，好像他们能构成一个完整的世界，但他们的共同之处就在于对羞耻感的不理解。他们不知道这种自发产生的情感是多么动人，这是一种因自身肉体而产生的精神上的局促与窘迫。就好比道德败坏者和维多利亚女王之间即便差异巨大，但也存在着联系。犬儒主义者与过分拘谨者之间也具有一种隐秘的默契，这两种姿态并不会引起自发性行为，而会产生协调一致的、有意识的行动。前文中的老小姐寻找机会对男男女女的无礼行为表示愤慨，她的举止不是自发产生的，而是经过深思熟虑后才进行的。犬儒主义者的行为也同样如此。

阿：它们之间的最后一个区别与马塞尔·帕尼奥尔[1]（Marcel Pagnol）创造的一个考究的词语密切相关——埃斯卡特弗格（Escartefigue）的个性[2]（“l'escartefiguerie”）。这个词来自他笔下的人物埃斯卡特弗格，我们来看看原文：

> **塞萨尔**（César）：伯恩（Brun），先生您请坐！我的小塞萨里奥特（Césariot）今天早上和那个小无赖司机一起离开了（……）。小塞萨里奥特透露了他们此行是去拜访一位朋友。嗯，我感觉吧，这个朋友是个女的。

1　马塞尔·帕尼奥尔（1895—1974），法国剧作家、小说家、电影导演。——译者注

2　《塞萨尔》（*César*），巴黎，Fallois出版社，《幸运》（*Fortunio*）书集，2004。——原注

埃斯卡特弗格：但要我说，如果这位年轻人说他要去见一个男性朋友，那么也没有理由认为他去见的朋友是女性。有什么理由不相信他呢？

塞萨尔：因为他是出于羞耻心而撒谎。你知道什么是撒谎吗？你听说过谎言吗？

埃斯卡特弗格：啊，塞萨尔，这你就说得有点过分了！居然问我知不知道什么是谎言！我可对它了如指掌呢，从出生起我就一直在撒谎，对奶妈撒谎，对母亲撒谎，对父亲撒谎，对兄弟们撒谎，对士官撒谎，对妻子撒谎，对朋友们撒谎……

所有的朋友：啊啊啊啊啊！

埃斯卡特弗格：是的，是的，是的，是的，我对所有人都撒了谎，甚至就在此时此刻，或许我也在对您撒谎。而您却跑到我面前，说我不知道什么是谎言！

塞萨尔：伯恩先生，在他做完这番辩白之后——也许这又是一个新的谎言呢——我认为很难再质疑他作为一个撒谎者的素质了。

帕里斯（Panisse）：既然这位撒谎者断定小塞萨里奥特没有说谎，那你为什么觉得塞萨里奥特会对你撒谎呢，塞萨尔？

> **塞萨尔：**我已经告诉过你了，但这个词你完全无法理解。出于羞耻心！羞耻心是一种微妙且细腻的情感，是一种非常纯粹且美丽的感受。羞耻心完完全全与埃斯卡特弗格的个性是两个极端！

菲亚特：我发现那些曾对羞耻心进行思考的哲学家很少考虑到它和埃斯卡特弗格的个性之间非常重要的区别，这着实令人遗憾。在哲学家们的著作中，我们能找到羞耻心与献媚、尊严感、体面以及过分拘谨之间的区别，但令人惋惜的是，最重要的区别却被大家忽略了，即羞耻心与埃斯卡特弗格的个性之间的区别……帕尼奥尔把羞耻心描述为一种“微妙且细腻的”情感，他说得多有道理啊！正如我们在本章开头所说，羞耻心是一种脆弱的美德，而且正因为如此，它才更令人动容，它的脆弱使它的珍贵性更为突出，假如人们竭尽全力去赞美羞耻心，那么就面临着失去它的风险：赞美自己羞耻心的人会马上使它沦为一种献媚的姿态，赞美他人羞耻心的人会马上使它降级为一种体面。

为了防止这两种降级发生在我们身上，也为了让气氛不至于太过沉闷，您不认为我们现在可以调暗灯光，结束这一章了吗？

当精神对身体感到脸红时，羞耻心会是一种美德吗？

阿：因此，羞耻心既不是献媚，也不是尊严感，既不是体面，也不是过分拘谨……您可以不用否定的方式来定义它吗？您又为什么认为它是一种美德呢？

菲亚特：羞耻心是当人意识到自己是精神和肉体的同一体时，感受到的那种动人的局促不安。羞耻心是精神替身体感到脸红。面红耳赤具有某种美学上的吸引力，这也是它的矛盾之处。羞耻心是最能煽动起情欲的美德，我们将在后续谈话中探讨这一点。

事实上，我之所以和许多大思想家一样，把羞耻心作为一种美德，是因为在我看来，有羞耻心的人比不知羞耻或过分腼腆的人能更好地承担生而为人的责任。我觉得美德是一种道德品质，对美德的实践使人更有人情味，正如蒙田所说，遵守道德习俗使人能够“好好做人”。对哲学家们来说，做个有德行的人，并不意味着要穿着得体，遵守优良风俗或对丈夫保持忠诚。不是这样的。有德行只意味着承担好自己生而为人的职责，例如勇气、公正、慷慨、节制这样的美德。有自制力的人比无节制的人更能好好做人，慷慨的人比吝啬者或挥霍者更能好好做人，公正的人比不公正的人更能好好做人，勇敢的人比懦夫或莽夫更能好好做人。所以在我看来，有羞耻心的人确实是有德行的，因为比起下流的人或假正经的人，他能更好地承担自己作为人的责任。

“美德”一词来源于拉丁文词语“*virtus*”，其中包含一个拉丁文名词“*vir*”，意思是“人”；这里的“人”不是指人类，而特指男性、男子。因此从词源上看，美德（*virtus*）特指属于男子的品质（因此在很长一段时间内，美德是勇气的同义词）。好吧，让我们稍微偏离一下词源学层面上的解释，不把“*vir*”理解为男人，而是将其看作人类。简而言之，让我们违背拉丁语的原意，把拉丁语当中的“*vir*”和希腊语中的“人类”（*anthropos*）混同起来。好了，这下我们就能理解什么是美德了。事实上，美德是人类对高尚品德的遵守和实践。

我们回忆一下，在亚里士多德看来，美德从来都是一个介于两种恶习之间的那个恰如其分的尺度，标尺的一头的恶习源于缺陷（缺乏足够的美德），另一头的恶习源于过度（德行的滥用）。更确切地说：勇气作为一种美德，也就是介于缺乏勇气或勇气不足（懦弱或懒惰）与滥用勇气（鲁莽冒失）这两种恶习之间的一个恰当的尺度。同样的道理，慷慨是介于吝啬和挥霍这两种恶习之间的一个恰当的尺度。

让我们效仿亚里士多德来总结一下，羞耻心作为一种美德，是介于缺乏羞耻感或羞耻感不足（猥琐下流或恬不知耻）与羞耻心泛滥（过分拘谨或假正经）这两种恶习之间的一个恰当的尺度。

亚里士多德使用的“mésotès”一词，可以被翻译为“恰如其分的尺度”。我坚持认为他指的是恰当的尺度，而不是恰如其分的折中，因为亚里士多德的伦理学中没有任何一点提及人应该保持冷淡或平庸的节制。我想说明的是，美德并不处于一条两端分别是源于缺陷的恶习与源于过度的恶习的直线中间。不是这样的。美德事实上位于一个三角形的顶点。在这个三角形中，两种恶习之间的距离比较近，而美德离这两种恶习距离较远。

我再详细解释一下：勇气并不处于一条联结懦弱与鲁莽的直线正中间，而是位于一个三角形的顶点。在这个三角形的构造中，懦弱与鲁莽较为接近，而这两者离勇气距离较远。为什么懦弱者与鲁莽者之间的距离会如此之短呢？因为懦夫和莽夫都不是出色的士兵。懦夫在战斗刚打响时就落荒而逃，而莽夫在应当撤退时盲目逞能，继续战斗，所以他们都算不上出色的士兵。只有勇敢的人才是出色的士兵，他们总是坚持斗争，但也懂得适时撤退，因为有些时候，撤退并不意味着懦弱，而是取得最终胜利的必要条件。我想补充的是，莽夫往往曾经是名懦夫，他为自己的逃跑行为而羞愧，便自作主张，以一人之力去对抗四十人的军队。这种行为显然是愚蠢的，不能称得上勇敢。

在谈论羞耻心之前，我再举一个例子，吝啬鬼之所以比慷慨的人与挥霍无度者更相近，是因为吝啬鬼和挥霍无度者都没有与金钱建立良好的关系。守财奴将本应该给予他人的东西死守在怀里，挥霍无度者则尽情滥用他本该珍惜的东西。那么，什么样的人算得上慷慨大方呢？答案是：一个时常给予，但懂得在必要时有所保留的人。正如亚里士多德所说："人们不应急于放弃自己慷慨的能力。"因此，正如吉特利（Guitry）所说，我们不应该支持开空头支票的人，也不应该拥护身无分文却疯狂消费的行为。

阿：但是若将羞耻心划入美德的范畴中，将其与亚里士多德所倡导的人类美好生活的规范，即恰如其分的尺度，放在同等地位上去看，那么人们是否有可能提出一个针对羞耻心的规范性定义呢？比如明确规定一个人必须做什么、不做什么，才能称得上有羞耻心……这样就使羞耻心的定义自相矛盾了，因为它是一种对于自身的态度，是出于内在、自发形成的。

菲亚特：是的，的确存在这样的风险，但我不认为——如您之前所说——将它与亚里士多德式的美德相提并论，就意味着否定它“内在、自发的”存在方式，也不认为这使它的定义过于规范化了。首先，在亚里士多德看来，德行是人的第二天性，而非生来就存在。这种自发性是后天形成的，即便天性使人从小拥有了感受羞耻心的能力，也需要一定的时间才能将其体现在行动上。另外，对作家们来说，一个人只有在具体的情形下才是有德行的——蒙田对这一点做了精辟的总结，他说要想把事情做好，就必须“恰当地”行动。这就体现了契机(kaïros)，即合适的场合或时机的重要性：恶行往往来自不恰当的行为方式，来自人在应该贯彻某种德行时，却将另一种德行付诸实践。比方说，某人在本应勇敢的时候错误地选择了克制，在本应温柔的时候表现得异常坚决——但这并不能说明克制、勇敢、坚定和温柔就不是美德了。因此，我们不可能事先从外部确定哪些行为是有羞耻心的举动，因为一切都取决于人物个性与其所处场合的适配性。

若在卧房的昏暗灯光下在爱人耳边低声诉说自己的隐秘心事，这样的举动便是有羞耻心的；可同一桩心事，若是在精心调整了声音和图像效果后，在投影仪的大灯下对着记者的麦克风大声宣告出来，那这种行为便是恬不知耻的！有德行的人懂得“牢牢把握住契机”，而契机总是转瞬即逝的（扬科列维奇称其为易逝的显现或明面上的消失），这意味着我们只能去自发把握住契机，而无法事先从外部固定住它。因此，是否具有羞耻心取决于具体的时机选择。就好比我裸体出现在某些场合不会有任何不妥，但在另一些场合可能就会严重冒犯到大家了。

最后，我们之所以无法给羞耻心下一个规范性定义，是因为规范是固定不变的事物，但对羞耻心而言，只要其略有摇摆或稍稍失去平衡，其中的某些东西就可以轻松从任何不变的规定中溜走。羞耻心其实是一种动态的感觉，因为在我看来，它是一种羞耻的可能性，或是一种能够产生羞耻感的能力。我明白羞耻心一词来自拉丁文“*pudere*”，意思是感到羞怯，然而这一定义让我有些困惑，因为它似乎表明羞耻心和羞怯完完全全是同一件事。

一个人即便问心无愧，也同样可以保持自己的羞耻心。因为始终存在着这样的可能性，即正好发生了某些事件，让羞耻心转变为羞怯的情绪。由此看来，我们不能先验地为羞耻心制定规则：只要在接触他人时把握好规定的分寸，对方就不会产生羞怯情绪；反之就会激起对方的羞耻感……因此，有羞耻心的人处在一个变化不定的中间地带，那里不是能容他安身的稳定住所，而是一个介于地窖、凹地和奥斯曼风格大厦二楼之间的半层，是一个联结着两个极端的通道，使人随时可能跌入羞怯的深渊，抑或是升入宁静的天国。

阿：说到底，羞耻心是一种不会成为强制规范的道德品质，也就是说它与外部规则的制定并无关联，我们不必为了让某人成为一个有羞耻心的人，而规定他应该做什么、不应做什么。

菲亚特：是的，我认为没有一种美德具有真正的规范作用，因为当人们处于三角形的顶端时，就意味着他们站在了两个深渊间的山脊上，有羞耻心的人一旦受到他人的审视，他的形象就不可避免地、悲剧性地转变为一个体面人或假正经的人。除了始终存在的脆弱、不稳定和危险之外，道德三角的顶点再没有其他平衡了。人们如履薄冰，因为稍有不慎就可能使自己跌入缺陷或滥用的深渊之中。我再次强调羞耻心和体面之间存在的差异，我们无法从外部教导人们什么才是有羞耻心的。

对情欲的刺激：康德与吊带袜

阿：羞耻心是介于淫秽和羞怯之间的一个恰当的尺度，但它实际上并不像其表面形象那般庄重、睿智。因为在其道德尺度和审美价值之外，羞耻心还拥有一种强大的情欲刺激效果。

菲亚特：当然了，羞耻心的魅力是一种脆弱的、不稳定的、珍贵的、摇摆不定的、动态的美德，这无疑是因为它处于道德和情欲的边缘。

羞耻心是在性冲动与道德规范的冲突后产生的。亲爱的康德教导我们，道德规范不会告诉我们太多有价值的东西，只是非常简单地这么说："永远不要把他人仅仅作为一种手段，而应同时将他们作为一种目的来对待。"

这个说法非常有意思，因为如果我放任自己的性冲动，那么我恐怕就会将对方——我欲望的投射对象——仅仅视为实现我个人欢愉所需要采取的手段。当心，我们不要歪曲康德的意思，不能将他的话理解为"尊重他人，就意味着永远不要把他们当作一种手段，而总是要将他们看作一种目的"。

康德可没有这么说！他的意思是说，尊重他人绝不是仅仅把他们当作一种手段，而总是同时将他人作为一种目的。我们也可以说，尊重他人决不是把他们仅仅视为一个客体，而要同时把他们当作一个主体。这也体现了康德现实主义的一种形式。

康德经常因他严格的作风和唯心主义道德而受到批

评，也许人们指责得并没错……但此处康德也展示了自己精细的一面，他明白在与他人的关系当中，有些时候其实是可以把他人视为手段或客体的。青春期的欲望难道不就是把青春期的肉体部分客体化了吗？那些助我一臂之力的人，在某种意义上难道不就是被我当作手段吗？难道医生不就是病人恢复健康的手段，老师不就是孩子学习知识的手段吗？因此把某人看成客体，或把他们当作一种手段，正如费南代尔所说："主啊，这不是原罪。"真正有原罪的（我继续使用这一神学词语），是仅仅把对方的地位贬低为一个客体，或一种手段。

阿：您认为康德在说明道德规范时，是否考虑到了其中的情欲层面？

菲亚特：他在说明道德规范时当然没有考虑到，但在康德所写的关于人类品尝了分辨善恶树的果实后会发生什么的文本中，我敢说他确实考虑到了。康德虽然不被认为是爱情问题的相关专家（贝特朗·波洛-德尔佩什［Bertrand Poirot-Delpech］20世纪80年代曾在《世界报》（*Le Monde*）上发表了一篇题为《康德去世时还是处男吗？》的文章，他在文中严肃地提出了假设，并认为这一提问的答案很可能是肯定的），但我仍然相信——用鲁奇尼（Luchini）那略显不正经的方式说——康德即便"可能对姑娘们没什么兴趣"，但他对羞耻心与欲望之间的联系有着非常准确的认识。

阿：我们不能忽视一点，康德可是吊带袜的发明者啊！

菲亚特：是这样！顺便一提，他发明吊带袜是为了让自己穿……康德有以各种方式掌控自己身体的癖好，但他的长筒袜总是在傍晚滑落到脚踝，他因此非常恼火！而那时裤袜还没被发明出来……所以说，康德确实发明了一种用于固定长筒袜的别针，也就是吊带袜的前身。仅仅因为这一点，我认为人们应该热烈庆祝康德来过这个世界……

让我们回到羞耻心的话题吧：康德在《关于人类历史开端的猜想》(*Conjectures sur le commencement de l'histoire humaine*)中的一段文字里，对情色做了一番相当惊人的专业鉴定。这段文字非常出色地解释了羞耻心和情欲之间的联系。我认为出自缺陷的恶习与源于过度的恶习相近，所以不知羞耻的人与过分腼腆的人更相似，而非与有羞耻心的人相似。正因如此，与羞怯相像的淫秽或与过分腼腆相像的不知羞耻使情欲变得难以满足，羞耻心和情欲之间也就此建立起了一种隐秘的联合。情欲被淫秽所取代，假正经则阻碍了情欲的产生。淫秽如此迅速地显现出来，以至于我们还没来得及对情欲进行一番想象，就失去了渴望的快乐。为什么会这样呢？因为如您所知，没有想象力就没有情欲。欲望一词来自拉丁文的“*desidere*”，意思是“为得不到某种东西而感到遗憾”，这个词又来自拉丁文“*desiderium*”，意思是“得不到星星”（sidus，sideris指星星，您可以想象一下布满繁星的夜空……），总之，得不到星星的后果是灾难性的。这个词乍看上去的意思是，人们只对得不到的东西有所渴望。

我们因淫秽迅速占领了舞台而失望，因为它隐藏自己的程度不够；我们同样因假正经躲在幕布之后太久而沮丧，因为它展示自己的程度不够。一边是期望不足、唾手可得和不加掩饰，另一边是过分的期望、求之不得和东遮西掩，在这两种情况下，欲望都被压抑了。

我在此引用一下康德的文字，它总能深深触动到我：

“无花果树叶（原作注：亚当和夏娃在咀嚼了分辨善恶树的果实后产生了性别意识，于是他们用无花果叶遮羞——也有人说是葡萄树的叶子）与其说是发展的第一个阶段的佐证，不如说是更加强大的理性的产物。因为将物体撤离感官以制造一种更加紧密和长久的趋势本身已经显示了对于冲动的某种理性的控制，这不像在理性第一阶段那样仅仅是一种能力，多多少少地听从冲动的摆布。拒绝是一种办法。它是理想主义的助推器，它展现了从纯粹的动物欲望发展成爱情的过程，也展现了从单纯是惬意的感觉到对美的欣赏（最初只限于对人本身的美的欣赏，后来也包括欣赏大自然的美）。”康德还写道：“男人们很快发现性的驱动力对动物来说仅仅是阶段性的，而对他们来说不仅可以延长，甚至可以由于想象力的作用而变得更为兴奋。”[1]

这段文字很吸引人，这两人借着无花果叶的遮蔽，使自己避免被感知的事物是什么？是的，对亚当来说，那是夏娃的性征；而对夏娃来说，则是亚当的性征。

我们不禁要思考，康德到底在多大程度上是一位情色专家呢……在我看来，这段文字相当淫秽，因为康德使用了复数的“感官”(sens)，而没有用单数。您明白我的意思吗？康德想悄悄告诉我们的是，无花果叶不仅把夏娃的性征从亚当的视线中移除了，而且从他的触觉、嗅觉、听觉，甚至从……他的味觉中抹去了。简而言之，平日里极为正经的伊曼努尔·康德在此处向我们暗示了一些色情行为，我的羞耻心不允许我把它们说明白。由此可见，康德十分清楚，羞耻心兼具道德与审美的双重价值，而基于后者，被羞耻心所遮掩的事物反而更能够激起情欲。

阿：谁又能想到呢？正是极富理智的康德为我们展现了羞耻心的色情层面。它不仅没有使欲望消退，反而将它唤醒，给予它滋养和刺激……这还是在最好的情况下！相

1　《对“什么是启蒙”的回答（英汉对照）》（肖树乔译，中译出版社，2015）。——译者注

反，弗洛伊德将羞耻心与一种压制欲望自由表达的审查形式联系了起来。但情色主义的本质，不正是通过玩弄审查制度的方式，进一步增强情欲吗？

菲亚特：您说得对极了。即便我非常钦佩弗洛伊德，但我承认，当他把羞耻心当作审查的形式或方法之一时，也许就搞错了羞耻心的本质。审查是压抑欲望抒发的障碍，也是阻碍表达的方式之一，将其废除总是喜事一桩，而对其维护总是具有危害性的坏事。也许是因为弗洛伊德——考虑到他所处的时代和环境——不得不与假装正经的人打交道，而不是与有羞耻心的人接触，而且他那个年代的维也纳资产阶级已经将羞耻心制度化了，以至于弗洛伊德忽略了它的本质。

阿：但如今，羞耻心确实是个有些过时的概念。

菲亚特：那些视羞耻心为过时、落伍的美德的人，我认为有必要与他们保持距离，因为他们将羞耻心与徒劳无用的体面、有罪的羞怯、阴郁的过分拘谨混为一谈了。羞耻心与这些概念可不一样，它是保护欲望、与欲望衔接的东西。何塞·莫雷尔·辛克－马尔斯（José Morel Cinq-Mars）是一位精神分析学家，也是弗洛伊德思想的继承者，他为羞耻心做了一番出色的辩护，将其定义为“欲望的眼睑，或者说，一种与窥探的欲望相衔接的遮掩的欲望”。事实上，我认为“令人局促不安的事物不会给人愉悦的体验”这句谚语纯属捏造。是的，我承认，那种不光彩的、毫无魅力的尴尬局面确实存在，比如过分腼腆、假正经、强撑着维持的体面。但也确实存在另一种充满魅力、令人愉悦的局促，也就是羞耻心。羞耻心分享了欲望的欢愉。我认为情欲是处于期待之中的性行为，是对令它迫不及待的事物的渴求。也就是说，我产生欲望的同时，也强烈渴望能得到我欲望投射的对象……所以如饥似渴，无法再多等一秒……但同时我也明白，如果我立刻得到了自己欲望的对象，就必将失去一些重要的东西。

另外，我相信康德对这一点也非常了解。在他的另一篇文章《从实用主义角度看人类学》(*l'Anthropologie du point de vue pragmatique*)中，面对情欲的伎俩，他表现出惊人的彬彬有礼，面对羞耻心的双重性和诱惑力，他展现出非同寻常的洞察力。他写道：“端庄的仪态是一种外在表现，能引起他人的敬意……”(这意味着不应与随便什么人交往！)然后他继续写道：“事实上，如果先生们没有对女士们的美貌和魅力致意，她们就会觉得不高兴……”这是在暗示，他在柯尼斯堡街头遇到的那位十分威严的资产阶级妇女，虽然她属于资产阶级，但同时也是个女人，或许她也希望得到男人的关注！

康德还写道："矜持是一种对自己的约束，以掩盖激情，它有时会构建出一种有益的幻觉，以在两个性别之间建立一种不可或缺的敬意，避免一方沦为另一方单纯的享乐工具。"羞耻心是一种矜持的美德，这种保守可以防止人堕落为手段，却又使处于它隐藏之下的事物变得更能刺激情欲。举一个粗俗的例子，我并不认为母牛的乳房会激发公牛的强烈性幻想，因为公牛们每时每刻都能看到那些不加遮掩的乳房。但相反的是，我们清楚女人的乳房是男人强烈性幻想的对象，这正是因为它们是被隐藏起来的。此外，人类学家告诉我们，在袒露乳房的文明中，乳房在性幻想中的地位就远不如将乳房遮掩起来的文明，它们更接近于哺乳器官，而非色情幻想的投射对象。

因此，羞耻心能激发情欲。对性含含糊糊的禁忌，一方面能够防止其堕落为兽性，另一方面又使其增添了几分情色的意味。路易丝·德·维尔莫兰[1]（Louise de Vilmorin）说："羞耻心决定了毫无保留地交付自己的价值，这也是爱的魅力所在。"换句话说，交出自己的那一刻被推迟得越久，就显得越有魅力。阿尔莱蒂[2]（Arletty）使用的言辞更为露骨，

1 路易丝·德·维尔莫兰（1902—1969），作家，闻名于在自家城堡所举办的巴黎名流聚会"蓝色沙龙"。——译者注

2 阿尔莱蒂（1898—1992），法国女演员。——译者注

她给一个刚开始恋爱的年轻女孩如下建议："我的美人儿，永远不要在第一夜就把自己交出去！"

阿：您提到了阿尔莱蒂，我们就此可以联想到《危险的关系》[1]（*Les Liaisons dangereuses*）中瓦尔蒙（Valmont）子爵和梅特伊（Mertuil）侯爵夫人给出的众多建议，他们都是通过欲擒故纵激发情欲的老手……但在书中的情况下，羞耻心成了玩弄心机、打小算盘的手段，它来自某人在深思熟虑之下对身体有意识地操纵，换句话说，一旦羞耻心被当作一种挑逗情欲的媒介，难道它不会有堕落为献媚的风险吗？之前我们谨慎地对这两个概念加以了区分。

菲亚特：嗯，是的。随着这种工具化和精心策划的拖延，羞耻心沦为献媚。在此就产生了一种悖论：交付自己的时刻被拖延得越久，就越有价值；但如果这种拖延是经过精心设计的，是一种蓄意的举动，那么它就会沦落至献媚的范畴。只有自然而然产生的羞耻心才能保持本质，但它随时可能转向它的姐妹——献媚。

阿：但这也未必是件坏事！适当的献媚在有关情色的场合可能还颇有益处呢……

菲亚特：您说得对，这种堕落可能有它的迷人之处。

1　《危险的关系》，法国作家拉克洛创作的长篇书信体小说。——译者注

但我认为，如果说羞耻心唤醒了爱情，那么献媚就会刺激欲望。或者说，在我看来，献媚比羞耻心更难唤起爱情。献媚者装腔作势、精于算计，同时还保持着某种冷漠和清醒，所有这些特征都与有羞耻心的女子形成了鲜明对比，后者会因为不知道自己身上发生了什么而烦恼，并进行自我反省——我究竟怎么了？因此，她们身上具有一种献媚者所不具备的动人魅力。虽然这两种情况都会让人期待，但等待的状态是不一样的，献媚的女人让自己等待，而有羞耻心的女人则通过自身的某些特质，引发她们伴侣的期待。

献媚是一种展示自身的意图，而羞耻心是一种隐藏自身的意图。献媚者装模作样地遮遮掩掩是为了使最终的展示产生更好的效果，若不能如愿就会觉得遗憾，而有羞耻心的人则确确实实地想尽可能隐藏自己。因此，羞耻心不对欲望构成障碍，反而不由自主地成了欲望的盟友，使人未经考虑就能激起情欲。

保尔·瓦莱里（Paul Valéry）在他收录于《幻美集》（*Charmes*）中的《脚步》（*Les pas*）一诗中，很好地展现了欲望与羞耻心、欲望与等待之间的关系：

如果，你噘翘起来的双唇，

是为了我万千思绪的户主，

以一个亲吻的美味养分
筹划准备着的慰勉安抚，
不必急于这温柔的动作。
生存与死亡的甜蜜甘露，
因为我就是等待着你而生活，
我的心房正是你的脚步。[1]

这些诗句非常优美，但在我看来，比起某人要求对方推迟的一个亲吻，还是由对方自发推迟这个吻更有魅力。这么说只是出于我的个人立场……

淫秽读物或情色文学：从萨德和卡萨诺瓦[2] (Casanova) 开始

阿：羞耻心与献媚之间的矛盾情感在18世纪的情色文学中尤其突出，它在半明半暗间不断发展，其痕迹时而显露，时而被掩藏。以《危险的关系》为例，梅特伊侯爵夫人是个经验丰富、道德败坏的调情专家，而塞西尔·沃朗热（Cécile de Volanges）则是羞耻心的完美展现。在萨

1 舒啸译。——译者注

2 贾科莫·卡萨诺瓦（1725—1798），意大利冒险家、作家、“追寻女色的风流才子”，18世纪享誉欧洲的大情圣。——译者注

德的作品中，这种矛盾的情感有两副面孔——善良的朱斯蒂娜（Justine）与恶毒的朱丽叶（Juliette），两者互相对立。而“性启蒙”场景（通常来说是强奸）在色情层面上——与哲学层面上——最关键的一点就在于，使天真沦落为一种纯熟的技巧。

菲亚特：确实如此。您提到了拉克洛的作品《危险的关系》，但我倾向于把萨德和卡萨诺瓦这两位做家做比较。他们几乎在同一时期写了一些毫无矜持、假正经或毫无体面可言的文章，也就是色情小说，但问题在于探究这些文本从何时起成了色情读物。萨德、卡萨诺瓦和拉克洛三人的共同点是，他们都理解欲望和僭越之间的关系。巴塔耶[1]在他关于情色的著作中说，没有僭越感，就不存在情色。

这也是巴塔耶认为动物身上不存在色情问题的原因。为什么人是唯一遮掩着自己的肉体走入婚姻的动物？因为我们不愿意被人看到，我们一想到在这些时刻被人看到就会觉得尴尬。我们在日常生活中都是穿戴整齐的，赤裸对我们而言是一种不自然的状态，所以脱去衣物的举动会让我们觉得窘迫，而动物们显然不会产生这种感受。如果某

1　乔治·巴塔耶（1897–1962），法国著名哲学家、评论家、小说家。巴塔耶的思想颇具反叛精神，被誉为“后现代的思想策源地之一”。——译者注。

人像蚯蚓一样一丝不挂，那么他眼中的赤裸和蚯蚓眼中的赤裸也完全是两码事，因为后者对自己的赤裸一无所知，也就不会面临赤裸或不赤裸的抉择。对它来说，“要不要裸体”（To be, or not to be naked）根本不构成问题。为他人宽衣解带或自己被除去衣物的快乐，动物们是不会明白的。在赤裸着的胸脯或臀部浮现出的那种凉爽的气息中，在无边的黑暗里亮起的那种柔和的光芒中，存在着某种非常能勾起情欲的东西。因此，巴塔耶是正确的，他认为对性含糊的禁忌为性欲的产生提供了条件。正是因为存在禁忌，存在对禁忌的僭越，才会存在情色。性直面禁忌、道德要求和羞耻心，从而使自己精练、完善，而完善的产物正是情色。情色是一门不折不扣的时刻学（kairologie），也就是一门关于契机的学问，即追寻时机，找准对方跨越矜持、突破羞耻心束缚的自由时刻。接下来，一些装腔作势的姿态、表白、举动、卖弄、动作和言语就挨个儿登场了，即便它们在其他情况下永远不可能出现，但假如它们在特定场合不早不晚地登场，那就正如蒙田所说，出现得“正合时宜”，可以给人带来愉悦的体验，甚至给人以享受。但若太急于握住对方的手，就会遭到拒绝，因为人家本想晚一些再交付于你；在恰当的时刻说些露骨的话，会带给人强烈的快感，但若是说得太迟，它们就会显得淫秽了。

尊重对方的羞耻心，就是尊重对方的节奏，不应该不耐烦地等待对方“屈服”于自己，而应该细心、耐心地等待对方愿意抛弃羞耻心，等待对方暂且将自己的地位降至手段和客体的那一刻的到来。因此，在尊重羞耻心的前提下，情色就能区别于扬科列维奇所说的“一种卑微可笑、失去尊严的皈依，一种对至高目标的崇高性的亵渎性侵犯，也是一种游戏和享乐”。

因此，即便两位作家之间有许多相似之处，我也更倾向于支持卡萨诺瓦，而不是萨德。无论他们在情色方面有什么专长——比如找准时机脱下衣服、适度地强硬一点、说些出了卧房就显得失礼的话等，两人之间还是有很大区别的：卡萨诺瓦喜欢女人的羞耻心，而且一般都会尊重她，这点就与萨德不同。

阿：即便是在萨德的作品中，关于羞耻心的表述也不是很清晰……

菲亚特：完全正确，因为萨德身上有一种矛盾性。在《朱斯蒂娜或美德的不幸》(*Justine ou les Malheurs de la vertu*)一书中，我们读到：“人在独处时不会对任何事情感到羞怯。只有突然被其他人撞见时，羞耻心才会显露出来，这证明羞耻心是一种可笑的偏见，是完全与天性背道而驰的。人的天性就是不知羞耻的。文明能够改变这一法则，但它未曾将哲学家心中的这种天性扼杀。”在这一点上，萨德站在了启蒙运动的哲学家们那一边。对他们来说，光明总是好的，阴影总是不好的。但在我看来，人要是摆脱了羞耻心，就等于丢失了做爱过程中美妙的僭越感，这种感受的消失会使爱情缺少了一个重要的调味剂。

阿：然而，对于萨德笔下的主人公来说，最令人兴奋的事情莫过于让一名极为腼腆的年轻女孩失去童贞了。他可没有忽视羞耻心具有的潜在的色情吸引力……

菲亚特：是的，因为萨德始终是游移不定的。有些时候，他将羞耻心设定为需要被迫切克服的对象，也就正如我们此前所说，将其看作一种对欲望表现的压制和阻碍，所以尽快抛弃羞耻心才是正确的行为，而勉强维持它则是错误的做法。但即便他把羞耻心视作一种滑稽的成见，这位超凡脱俗的侯爵还是在其中发现了一些魅力。于是，他在另一些作品中写道：“羞耻心只来自（……）一种过分讲究的色情：人们很乐意为了增强自己的兴奋感而故意延长渴望的时间，羞耻心的唯一目的就是寻求放纵，而傻瓜们却还将其当作一种美德。”

即便萨德式的主角们有些时候需要女性的羞耻心，那也只是为了享受冒犯她们的欢乐。而卡萨诺瓦却能与女人共谱一曲和谐的乐章——基本可以理解为音乐意义上的和谐。这就是为什么《我的一生》(*Histoire de ma vie*)算是一部情色文学，而《朱斯蒂娜或美德的不幸》则是一部淫秽小说。

阿：您是如何区分情色文学和淫秽文学的？我们是否更能从羞耻心的角度去理解前者，而后者则具有更浓的色情意味？

菲亚特：是的，当然如此。比方说，情色文学更尊重人的羞耻心，而淫秽文学则不会尊重。我知道，我们不应该只根据单一的定义，就为情色和淫秽设立过于明确的界限。阿兰·罗伯-格里耶[1](Alain Robbe-Grillet)曾经说过，你眼中的淫秽读物，在他人看来或许就是情色文学……所以想抓住二者之间的区别并不是件易事，情色和淫秽的边界常常是模糊不清的。

卡萨诺瓦尊重受欲望所困之人的局促不安，甚至将其看作一种诱惑。相反，这种慌乱的窘迫却被萨德肆意践踏。“淫秽”一词来自两个希腊语词，一个是“graphein”，意思是写或画，另一个是“pornê”，即妓女。这就是为什么淫秽只存在于有书写文字的地方，正如安德烈·孔特-斯庞维尔(André Comte-Sponville)在《性与死亡》(*Le Sexe ni la Mort*)中所说的那样，淫秽是一种“性行为书面的或视觉上的表现”。

1 阿兰·罗伯-格里耶(1922—2008)，法国“新小说”流派的创始人、理论家和代表作家，电影大师。——译者注同样的场景，发生在卧室昏暗灯光下是情色的，但出现在电脑屏幕上就是淫秽的了。安德烈·孔特–斯庞维尔补充说，性“一旦被展示出来，就成了淫秽的东西；一旦被表现出来，就成了不知廉耻、下流且不堪入目的东西”。但在这一点上，我并不赞同他。一方面，我认为不应该将视觉和书面上的表现相提并论：文字能够唤起想象力，但图像总会阻止想象力的蔓延。《斯万的一次爱情》的每位读者都可以根据各种内心偏好，不受约束地塑造出一个奥黛特的形象。而在施隆多夫（Schlöndorff）执导的电影中，观众却必须接受一个具有奥内拉·穆蒂（Ornella Muti）样貌特征的奥黛特，其实她如果不出演这一角色，还是非常令人喜欢的。我的意思是，文学中的羞耻心是内在的、固有的（可以让人对奥黛特的裸体抱有幻想，而不将它直接呈现出来），但电影制作者则需要运用艺术技巧，才能在不对羞耻心有所冒犯的前提下，将它表现出来。

此外，我依然认为即便是在文学范畴内，情色和淫秽之间也有区别，正如卡萨诺瓦的《我的一生》和《朱斯蒂娜或美德的不幸》之间存在的区别一样。这与作者对期待的重视程度有关，因此也与羞耻心有关。同样在书写性，卡萨诺瓦的写法就与萨德的写法大相径庭，我们只需阅读他们的文本就能理解这一点。

让我们看看卡萨诺瓦是如何描写的：“我与利亚（Lia）

始终形影不离，直到午夜三点，我使她燃起了熊熊的激情，让她用美丽的手心收集起我融化了的灵魂。”我认为，“让她用美丽的手心收集起我融化了的灵魂”的说法简直绝妙，因为它对羞耻心的存在表示了尊重；如果让萨德来写，也许他就会直接点明“手中的精液”。“我怀着满腔的热情，将唇贴上那张诱人的嘴，它已经品尝过了来自我灵魂与心的精华”，这样的情色描写手法，在我看来就是可借鉴的、有羞耻心的。反观如今的许多当代作家，好像不使用“吞下精液”或“口交”一类的词语，他们就不知道该如何谈论性了！

显然，我并不认同审查制度，因为在我看来，审查是假正经的人才会做的事，而不是有羞耻心的人该做的。我发现，之所以文学作品中会有情色的存在，是因为伟大的作家无法写出粗俗露骨的文字。《包法利夫人》中有一段关于马车的描写。其中，艾玛和她的情人拉上窗帘，命令马车夫不停歇地随意行驶，然后他们便在城市的街道上驰骋了几个小时，把那个可怜的人和他的马累得精疲力尽。还有什么比这个段落更具美感呢？

作家并没有直接描写两人温存的场景，但一切都尽在不言中：“一辆放下窗帘的马车，比坟墓还封闭，像船一样颠簸”；从车里传来的低沉声音说“继续，继续走”，

"一只裸露的手从黄布小帘下探了出来";黄昏时分,马车终于停了下来,"一个女人下了车,面网下垂,头也不回地走了"……

隐喻、迂回的说法以及借代还有其他修辞手法,这些都是发挥情色艺术的手段,而情色文学的灵魂就在于对羞耻心的巧妙运用。

当然,卡萨诺瓦的文字比福楼拜更露骨一些,他不太玩文字游戏:"毋庸置疑的是:当一名虔诚的女孩在和她的情人发生肉体关系时,她享受到的欢乐会比不信教的人高出百倍。"我们能从这句话看出,卡萨诺瓦早在巴塔耶之前就注意到了这一点:没有僭越感,也就不存在情色。但这一发现让他陷入矛盾当中,他一方面想摧毁所有压抑人性的迷信;另一方面,又不想把欲望明明白白地展示出来。这就能解释为什么他的文字有时会与萨德的类似,甚至接近淫秽的地步,但他从不会任由淫秽发展下去,因为羞耻心令他动容,所以他不会凌驾于羞耻心之上。卡萨诺瓦经常陷入恋爱当中……

阿:您的意思是,他坠入爱河了。更确切地说,卡萨诺瓦认为欲望不是一种游戏,他与萨德的差异难道不也在于此吗?与唐璜(don Juan)不同,卡萨诺瓦的爱意每次都是发自真心的。或许他会诱惑女子——有时他也消费女色,但他的爱意十分深沉。

菲亚特：确实如此。您完全理解了我的意思。我在之前就说过，献媚可以激发情欲，但很少能唤起爱情，因为它太像一场心照不宣、假情假意的游戏，但羞耻心却可以引发爱情。事实上，卡萨诺瓦在《我的一生》中对女性羞耻心表现出的那些尊重与他的处事方式有关，他从不将欲望与爱情割裂过久。他没有忽略这样一个事实，即毫无爱意的情欲也是存在的！但即使在描写无爱的情欲时，卡萨诺瓦也总是精准地避免使用萨德那样具有性虐倾向的言语和修辞。而当他坠入爱河时，例如当他爱上了那位在修道院遇到的女子阿尔梅林（Armeline）时，他是这样描写她的："她面色苍白，神情悲伤，看起来是由于逼迫自己压抑了大量的欲望。"主人公的心愿一目了然了，他希望她别再把情欲遏制在心底了！

即便卡萨诺瓦以萨德的方式抨击羞耻心是一种"虚幻的东西"，但在谈到阿尔梅林时，他又说："我越觉得她无辜，就越不能下定决心占有她。"但如果是一名萨德笔下的主角察觉了这种无辜，那么毫无疑问，他会下定决心立刻将她强行占有。我喜欢这个段落中的极其微妙之处，这表明卡萨诺瓦发自内心地尊重羞耻心这种感情。

最后，卡萨诺瓦还在其他段落中写道："放荡不是罪恶的同义词，某人风流倜傥并不意味着他罪大恶极。我的一生都是这样度过的，甚至可以说，我时常会在放荡之举中展现出美德。”

因此，在埃多斯（Aidôs）和厄洛斯[1]（Eros）之间存在着一种奇异的联结。“Aidôs”一词在希腊语中意为羞耻，或矜持、克制。值得一提的是，在希腊神话中，阿弗洛狄忒[2]诞生时埃多斯也在场。所以我再次强调，羞耻心并非情色的对立面，而是情色的调味剂。卡萨诺瓦能准确地将美、欲望和羞耻心之间的内在关系说清楚，并向我们展示羞耻心就像一种笼罩在人身边的光环。

由此可见，羞耻心是一种充满谜团、秘而不宣、懂得矜持的文化。卡萨诺瓦会细致且耐心地对待女性的羞耻心，但对于萨德来说，羞耻心更可能引起漫不经心的焦躁情绪。

那么爱情呢？埃多斯和厄洛斯奇异地结合

阿：羞耻心作为激发情欲的媒介，只有当它将动物的冲动升华到爱情的高度时，才会受到最大程度上的尊重。

1 译注：厄洛斯，希腊神话中的小爱神，是一切爱欲和情欲的象征。——译者注

2 译注：阿弗洛狄忒，古希腊神话中爱情与美丽的女神，同时也是性欲女神，奥林匹斯十二主神之一。——译者注

但是事情状况——或者说人——的复杂程度，通常远胜于大情圣卡萨诺瓦和极端推崇情欲的萨德之间的概要式划分。爱情会不会只是一种被羞耻心所克制的情欲呢？这也正是柏拉图在《斐德若篇》[1]（*Phèdre*；246b-255a）中所提出的观点：

“我们姑且把灵魂比譬为一种协合的动力，一对飞马和一个御车人。神所使用的马和御车人本身都是好的，而且血统也是好的，此外一切生物所使用的马和御车人却是复杂不纯的。就我们人类来说，御车人要驾驭两匹马，一匹驯良，另一匹顽劣，因此我们的驾驭是一件麻烦的工作。（……）在这故事的开始，我把每个灵魂划分为三部分，两部分像两匹马，第三部分像一个御车人。我们现在姑且还依这种划分。你也许还记得，这两匹马之中一匹驯良、一匹顽劣。究竟它们驯良在哪里、顽劣在哪里，我们还没有说明，现在就要说明了。

“头一匹马占较尊的位置，样子顶美，身材挺直，颈项高举，鼻子像鹰钩，白毛黑眼。它爱好荣誉、谦逊和节制，因为懂事，要驾驭它并不要鞭策，只消劝导一声就行。至于顽劣的马恰相反，庞大，头发蜷曲，相貌丑

1　原作注：柏拉图，《斐德若篇》，弗拉玛里翁（Flammarion）出版集团，1993。

陋，颈项短而粗，面庞平板，皮毛黝黑，眼睛灰土色里带血红色，不规矩而又骄横，耳朵长满了乱毛，又聋，鞭打脚踢都难得使它听调度。所以每逢御车人看到引起爱情的对象，整个灵魂让感觉惹得发烧，情欲刺戳得他又痒又疼的时候，那匹驯良的马知羞识耻，不肯向那爱人贸然跳去；而那匹顽劣的马却不顾主人的鞭策或刺棍，就乱蹦乱跳，给它的主人和马伴惹出说不尽的麻烦，逼主人向那爱人跑，去追求爱情的欢乐。它的主人和马伴起初对它所怂恿的那种违法失礼的罪行都愤然抗拒，可是后来被它闹得不休，也就顺从了它，让它带着走，做它所怂恿的事了。因此，他们来到那美少年面前，看见他满面红光。那御车人因而回想起美的本体，回想起她和节制并肩站在一个神座上。他在这幅景象面前一边惶恐，一边肃然起敬，不觉失足向后倒在地上；这一失足猛地把缰子往后一拉，拉得两匹马都屁股坐地，一匹很驯服地不动，另一匹却挣扎个不休。人马倒退了几步之后，那匹驯良的马又羞又惧，浑身汗湿；而那匹顽劣的马在跌倒和被口铁碰击之后刚止了疼、刚喘了一口气，就破口痛骂，骂它的主人和马伴，骂他们懦弱，退了队伍，不守约。它又催他们向前冲，尽管他们不肯，它还是催，他们央求下次再说，它才勉强应允。

“约定的时候到了，他们装着忘记了这回事，它提醒他们，蹦着叫着拖着要走，逼他们再度到那爱人面前去做同前次一样的提议。后来他们人马快要走到了，它向前低下头，咬紧口铁，死劲向前拖。但是御车人又感到前次的那种情绪，而且更强烈，像赛跑人跑到终点的栅栏一样，向后一倒退，缰子比前次拉得更猛，把那匹顽马的口铁往后猛扯，扯得它口破血流，屁股和腿都栽在地上栽破了，惹得它只好挨痛。这经验重复了许多次，那匹坏马终于学乖了，丢掉它的野性，俯首帖耳地听御车人的调度，一看到那美的对象就吓得浑身发抖。到了这个时候，情人的灵魂才带着肃敬和畏惧去追随爱人。”[1]

菲亚特：这篇文字真是太精彩了。柏拉图书写了人类的灵魂遇到美时会发生的情况。他将人类灵魂的形象视为一辆会飞的马车，一名御车人驱使两匹马拉着它，这两匹马对美的态度大相径庭。因此，与美的相遇使灵魂深深陷入无措，使它自我矛盾，使它分裂。注意了，我们要避免把美与漂亮、有诱惑力的、迷人、优雅、可爱、性感等概念混为一谈，因为与它们相遇并不会打破人的内在本质，也不会使灵魂感到真正意义上的困扰。波德莱尔说得好，

1　译文摘自《斐德若篇》（朱光潜译，商务印书馆，2018）。——译者注

美是高傲的。美具有一种超越性，它在令我们感到畏惧的同时，也不断吸引着我们。

让－路易·克雷蒂安（Jean-Louis Chrétien）对柏拉图这段文字发表了一篇优美的评论：“人们抬起双眼，注视那张美丽面容赐予的前所未有的恩典，还有笼罩在躯体之上的柔和的金色光辉，他们所受到的震撼远比自己原本所寻求的、所能预料的要多得多。”归根结底地说，任何曾坠入过爱河、遇到过美的人都会成为柏拉图主义者，因为他会在内心深处感受到一种本质上的混乱和困惑、一种奇异且细微的恐惧，这正是所谓的羞耻心（埃多斯）。与美的相遇之所以会为人的灵魂带来巨大的不安，是因为两匹马对美的反应是完全相反的。黑马（顽劣的马）在一种冲动的驱使之下，用尽全力拉动马车，渴望将美丽的脸庞、优美的躯体占为己有，而白马（驯良的马）则放慢了前进的速度，既胆怯又惶恐。柏拉图写道，白马非常知羞识耻，而劣马绝无半点羞耻心可言。马车被马毫无章法地牵动着，这种场面就很让御车人为难了。那么，该怎么做才好呢？那匹驯良的马对美保持着惶恐和敬意，而顽劣的马却没有展现出丝毫的尊重。

对此，柏拉图提出了一个相当高明的想法，即御车人必须控制住黑马，但不能消灭它。与美的相遇会激发出性冲动，这也是我们对美的反应的一部分。我们不用去否认它，而是要掌控它；不用急着逃离它，而是即便靠近也保持远观的状态。这不是缺席，而是在存在中保持一种缺席的形式。

同时，柏拉图还提到了两匹马最终都十分畏惧。但是，驯良的马与顽劣的马的恐惧完全不是一回事！因为黑马缺乏羞耻心，所以它可能会对美的对象施以暴行；如果它愿意的话，甚至可能会侵犯美的尊严，所以御车人必须吓唬住它，以免它把马车拖入厚颜无耻的深渊。御车人用鞭子威胁它，后扯缰绳令它口破血流。简而言之，黑马之所以畏惧，是因为害怕自己被伤害。

白马虽然也畏惧，但它并不害怕自己受到伤害。我认为它的恐惧来源于对自己可能会伤害到对方的担心，所以它必须对自己施以强制力，以便不对美的对象施以暴行。这让我想起了柏拉图在《法律篇》(*Les Lois*)中对两种恐惧的区分：一种是害怕自己会受到的伤害，另一种是害怕自己可能会对他人造成的伤害。在我看来，黑马只知道畏惧他人，害怕他人对自己造成伤害，而白马则懂得畏惧自己，害怕他人因自己而受到伤害。

这就是我所认为的羞耻心的本质：我为了对方而感到害怕，担心由于自己过于粗鲁地表达欲望而冒犯了对方，害怕我在未经对方允许的情况下，就把对方贬低为一个客体、一种手段。而且，我也很害怕自己，因为我觉得那些困扰着我的冲动在不断煽动着我。这就是埃多斯——一种克制的、保留的美德。我重申，它并不意味着拒绝情欲，而更像是一种模糊的意识，人们因此察觉到情欲并不能很快与尊重相适应结合。柏拉图在《斐德若篇》中告诉我们，灵魂的形象类似一辆由两匹马拉的飞车，由御车人管理。这一比方不仅适用于人，也同样适用于神。简单地说，诸神灵魂中的所有部分都是好的，因此他们能够立即达成和谐的状态；而人则不然，人要想达到身体和灵魂欲望间的和谐，只有通过长期的努力才能实现。而羞耻心就是这种不和谐的证据和征兆。

这就是为什么神无论是男是女，都可以赤身裸体却不失风度。希腊的雕像充分证明了这一点，它们并不是一种色情，因为它们赞颂了几何学意义上的完美。简而言之，它们颂扬了毕达哥拉斯的美学。但是人类的裸体总有让人觉得淫秽的风险。

阿：您的意思是说，是爱情让人变得有羞耻心吗？

菲亚特：哦，是的！确实是这样！

阿：人们说，爱情使人能量倍增……意思就是说，爱情带来的情感和激情上的震荡使人得以突破此前难以逾越的限制，从而拥有一种无法想象的力量，这种力量与审慎克制的矜持相去甚远。

菲亚特：柏拉图说，厄洛斯是一种将不平等的人联结在一起的感受，而友爱（*Philia*）是一种将相互平等的人联结在一起的感受。我们法国人喜欢将自己视为对爱情非常有研究的民族；在这个问题上，我们在世界上似乎享有盛誉。也许意大利人会与我们形成一些竞争关系，但自从贝卢斯科尼（Berlusconi）以来，我们发现那些居住在阿尔卑斯山另一边[1]的表亲们或许非常粗野……总之，法国人经常被看作一个擅长恋爱的民族。

然而，我们不应该过分骄傲自满了，因为我们用来表达爱意的语言是如此贫瘠，以至于只有aimer（爱）这一个动词。我们会说，某人爱覆盆子冰激凌，罗密欧爱朱丽叶，耶稣像爱自己一样爱他的同类。很明显，以上三种情况下的“爱”的意义完全不同。耶稣不可能像罗密欧爱朱丽叶那样爱他的同类，他的爱也不能和某人对覆盆子冰激凌的爱相提并论……所以，人们有时需要借助希腊语才能更好地谈论爱。您应该知道，希腊语中表达的“爱”的基本词语有三个：Eros（被译为情爱）、Philia（被译为友爱）和

1　指意大利。——译者注

Agape（被译为博爱）。如果说柏拉图在某种程度上是关于情爱的哲学家，那么亚里士多德才是真正关于友爱，即友谊的哲学家。

亚里士多德解释说，友爱只能约束那些彼此间保持平等，或至少互相存在一定平等关系的个体（可以说，这是一种动态而非静态的平等）。人无法和神做朋友的原因就在于此了。神比人地位高贵，所以人不能做神的朋友，但是自由人可以与奴隶成为朋友。正如亚里士多德所说，他友爱的对象不是奴隶，而是一个人。因此，友谊使平等或几乎平等的人联结在一起。

另一方面，情爱将不平等的人联结在一起，因为被爱者的地位高于求爱者。一个同时拥有欲望和爱慕之情的人，会把对方放在比自己更高的位置上：人们总会觉得自己不配得到所爱之人的爱意……正因为美具有超越性，所以它让我感到畏惧。那位陷入恋爱之中的少年，当他想到自己某天将不得不向自己心目中的公主坦白，他身上存在的某些不够庄重的事物（正如人们所说，“羞耻心”一词来自pudere，而pudere一词又来自pudenda，意思是男性的生殖器官）时，难道不会觉得有些窘迫吗？首先，相较于单纯的情欲对象，向所爱之人展示出自己的欲望要困难得多。同时，当人们能向所爱的人坦白自己的欲望，甚至是最大胆、最色情的欲望时，那一刻的美妙是无法言喻的。

论羞耻心与羞怯的区别，或为什么所有青少年都应该阅读柏拉图……

阿：您提到了羞耻心是精神替身体感到的羞怯。因此，当那位羞怯的恋人感到自己受躯体、四肢、器官、肌肤等所拖累，难以达到他渴望的狂喜时，这种体验对他而言就接近于羞怯。我们可以用二元论去看待羞耻心，它有好的一面，也有坏的一面……青少年对此都是有所了解的！

菲亚特：确实是这样。因此我要说，人类是有羞耻心的动物……当人咀嚼了那颗果实后，就拥有了分辨善恶的能力，知道了自己处于赤裸的状态，于是他感到局促不安，因为由上帝赐予的那种身体和灵魂的幸福统一性被打破了——这是二元论的起源，或者退一步说，是被我称为“二元的欲念”的起源。

我相信，无论多大年纪，如果某人认为自己遇到了真爱，就很容易表现得像个柏拉图主义者，但青春期或许是人们对柏拉图哲学最确信不疑的年龄段。您想让我就这一观点略作延伸吗？

阿：是的！并不是所有的青少年都读过柏拉图……

菲亚特：真是非常遗憾，我认为《斐德若篇》能让所有青少年都从中受益，因为那段文字所描绘的，正是青少年在真爱降临时会感受到的骚动不安。在我看来，没有哪位作者比柏拉图更擅长向这一芜杂的心绪致敬了。我相信无论对于多大年纪的人来说，渴望一个人，就意味着同时渴望对方的肉体和灵魂，因为吸引力若仅来自身体或灵魂二者中的一个，那都是远远不够的，人的内心很可能会因此而体会到一种紧张情绪、一种脱节感、一种挣扎于索取和放任两种欲望之间的撕裂感。简而言之，一种很难将肉体与灵魂两种欲望合二为一的困扰。

但我认为，这种紧张感在青春期时表现得最为强烈，而且很多时候，青少年在内心深处并不明白什么才是真正的羞耻心，他们常常从缺乏羞耻心的状态一下子转向羞耻心过度的状态，或者从羞耻心过度突然转变为缺乏羞耻心。青少年有时会任凭自己的灵魂接受那匹黑马的指引。正如柏拉图在《斐德若篇》中所说，黑马指的是在美的对象面前，“带着无穷的力量与对爱情欢乐的追求而乱蹦乱跳”的人。而在另一些时候，青少年会让那匹白马接管自己的灵魂。白马是知羞识耻的，正如柏拉图所说：“它一边充满惶恐，一边肃然起敬，在美的对象面前放慢了脚步，唯恐侮辱了美。”

我记得黑马和白马都曾主宰过我的灵魂。当我面对年轻女孩的美貌时，我完全不知所措了，同时还产生了一些羞怯感，因为她们能想象到我的生殖器——这一生长在躯体上的罪恶的突起部位！为了逃避与羞怯做斗争，我给自己找了一大堆理由，也不管它们是否合理。我将自身的惶恐视为崇高的感情，将胆怯看作光荣的象征，因为我无法承受我全新的身体的分量。弗朗索瓦兹·多尔多[1]（Françoise Dolto）在《说给青少年的话，或螯虾情结》（*Paroles pour adolescents ou le Complexe du homard*）中写道，青少年就像一个接受新身体的生命。只有上帝明白接受这个新身体的过程有多么复杂！

还有一些时候，我为自己的羞愧情绪而耻辱，为自己太过害羞而惭愧。接着，我从一个太容易害羞的人一下子转变成一个不知道害臊的人，泛滥的羞耻心一下消失不见了。我因过于不知耻而冒犯了女性——我以为那个年轻女孩希望我向她坦白身体的欲望，尽管这确实是可能发生的，但我或许不够克制，所以冒犯到了她。在黑马的引导下，我急于占有所渴望的东西。我迫切地渴求一个吻，也许对方是打算以后吻我的，但那时的我操之过急了，所以

1　弗朗索瓦兹·多尔多（1908—1988），法国著名精神分析学家、儿童教育家，其儿童教育理念闻名世界。——译者注

没能得到它。我们之前说过，情色主义是一门关于契机、关于合适时机的科学，一门时刻学……但通常情况下，青少年总是无法抓住合适的契机，这难道不是公认的事实吗？他们总是先等待太久，接着又急不可耐。因此，我并不认为青春期的少年懂得羞耻心。处于这个年龄段的人总是很难把握好滥用和缺乏之间的合适尺度，他们很难在这两个象征着罪恶的深渊中间的山脊上找到一个自己的位置，基本无法在羞怯和淫秽之间找到合适的平衡。

阿：人的肉体也在青春期变得越来越有存在感，因为身体会发生急剧转变，而我们却无法控制它的变化，只能当个旁观者。青春期产生了一种奇特的分裂效果，它将肉体的显著存在转变为一场人对自己的观赏——我在转变为另一个人，同时我又在观察自己的变化过程……我露出害羞的姿态，可能不单单是为了隐藏我的身体，还是为了隐藏那个我正在成为的人。

菲亚特：确实如此。虽然孩童在度过镜像阶段[1]（le stade du miroir）之后，就能对自己的身体有所意识了，但在我看来，他仍与自己的身体保持着相对和谐的关系。对他来说，照镜子并不是一场惹人焦虑的审问；他从容自若地走

1　镜像阶段，由法国精神分析学大师雅克·拉康（Jacques Lacan）提出，指的是婴儿首次从镜子中辨认出自己的映像的时刻，标志着婴儿完成了自我认证与自我确立。——译者注

到镜子前，摆弄着自己新长的、参差不齐的牙齿自娱自乐（在走上痛苦的正畸之路前，他觉得牙齿大小之间的差别是那样有趣），或是在出水痘的时候，以自己满脸的脓包为乐（当他服用了止痒的药物之后……），或是试着抹去一些滔天大罪的痕迹，他把偷来的巧克力像炭黑一样涂满面颊，做出一个滑稽的面具……

但到了青春期，照镜子的行为逐渐变得令人惶恐不安起来。牙龈炎（人们是这么称呼这种毛病的吗？），面颊上生出的疙疙瘩瘩的痤疮，这些迹象似乎预示着人无法避免地陷入了内瓦尔[1]式的命运，不是吗？“我是晦暗者，鳏夫，得不到慰藉之人，是塔楼被毁的阿基坦君王……”[2]于是，童年时存在于灵魂和肉体之间的那种几近完满的和谐被破坏了，这种和谐曾使人与天使或野兽相差无几。尽管出于完全不同的原因，但天使和野兽都轻轻松松地达到和谐状态。

青春期是实际意义上出现分裂的时期，而且这一年龄段确实有些令人生厌。米歇尔·雷里斯（Michel Leiris）在《划除》（*Biffures*）一书中告诉我们，伴随着“青春期”一词而来的，还有一系列能为我们揭示真相的相关词汇，例如阴部、发臭、气味、羞耻、假矜持……传统主义者

---

1 热拉尔·德·内瓦尔（Gérard de Nerval，1808—1855），法国诗人、散文家和翻译家，浪漫主义文学代表人物之一。——译者注

2 本句出自内瓦尔的代表诗作 *El Desdichado*。——译者注

(conventionnaliste) 和自然主义者 (naturaliste) 总会围绕着措辞方式展开争论，而雷里斯以这种方式证明自然主义者比传统主义者更在理一些。

传统主义者认为词语是被偶然选择的，所以夜莺可能会被称为“铁砧”，反之铁砧也有被叫作“夜莺”的可能性。而在自然主义者看来，词语并不是偶然选择的结果，事物的本质就反映在人们赋予它们的名称当中，例如“蜻蜓”(libellule) 这个词中存在许多字母“l”，这一现象也是自有其道理的。

自然主义者和传统主义者已然剑拔弩张，虽然我对双方的争论持保留态度(因为无论哪方都有着充足的论据)，但从对“青春期”一词的研究来看，我倾向于认为自然主义者的理论更占优势，因为青春期的某些特质与这个词本身具有关联。是的，在阴部确实发生了一些变化，它散发出新的气味，对赤裸的肉体产生了未曾有过的羞耻感……而且这种变化充满了戏剧性，让我们目睹了一场从天使向野兽的转变过程。

在青春期前，性别之间的差异并不重要，一名小男孩完全可以在圣托马斯教堂童声合唱团 (Thomanerchor) 中用女声演唱巴赫 (Bach) 创作的康塔塔 (cantate) 的女高音部分，该教堂也就是巴赫在莱比锡 (Leipzig) 时期任职的教堂。天使指的不就是无关性别差异或超越了性别差异的存在吗?

这一剧烈的转变是那样令人眼花缭乱，以至于在几个星期之内，就能使一名年轻女孩变得多毛、散发出气味、起痘痘、胸部胀大、带血腥气，而她不久前还好像一只轻盈的精灵，除了一头天使般的秀发以外，浑身几乎不长其他毛发，让人分辨不出性别，姿态优美(也就是说身材纤细、动人心弦)……总而言之，青春期让她变得不那么令人喜欢?我这番描述相当不客气，但青春期使人经历的身体变化有时确实令人觉得羞愧。

阿：确切地说，“羞耻心”这个词的语气似乎弱了一些，不足以指代那种伴随青春期蜕变而产生的感受。我们现在谈论的其实是过度的羞耻心，即羞怯(honte)。不是吗?也是出于这一原因，古代文学和古典主义文学才会对青春期的生活几乎只字不提。但当代文学和电影作品逐渐挖掘出了羞怯当中的喜剧潜力，于是状况开始发生了转变。我想到了利雅得·萨杜夫(Riad Sattouf)执导的电影《青春期的法国男孩》(*Les Beaux Gosses*)。这位导演凭借着一些有意为之的自嘲情节，指导青少年扮演属于自己的角色，而且不把羞耻心和羞怯相混淆。

菲亚特：正如我们之前所说，羞耻心是美的，它在一定程度上是优雅的，所以看起来颇为赏心悦目。然而青春期的少年总是活在羞怯当中，所以要说青春期是不讨人喜欢的年纪，也不是没有道理的。

您刚才点明的这种人们对青春期的避而不谈，也许恰恰呼应了那些青少年的沉默，他们很难将自身展现于世上。

将自己的身体展示给世人绝非易事，因为展现就意味着被看见。虽然在孩童时代，人们就算赤身裸体地出现都不会有什么困难，但到了青春期，情况就与之相反了。青少年仅仅想让自己现身于公众视线下都已经很难，那裸体出现就更难了。因为在社会上展现自己，就等于要立刻接受他人的评判；旁人带有审视性的目光会将人客体化。我们成了被凝视的“猎物”。由此可以看出，他人的目光是多么具有掠夺性。

我认为对大多数孩子来说，模样生得漂不漂亮并不是一个很严重的问题：孩子们很少为自己的外貌特征而觉得忧伤或高兴。但到了青春期，样貌的美丑一下子就成了件大问题了。若某人被公认是美的，那么他仿佛就拥有了童话故事中那种无比顺遂的人生。无论他说出的话语多么寻常，大家都会觉得这个幸运儿口中吐露的是玫瑰与钻石、美丽的白鸽和甜蜜的花瓣……但若某人被公认是丑陋的，那么他就要承担童话故事中的厄运了。即便他说的是有史以来最美好、最温柔的话语，那也无济于事。因为在旁人看来，他的口中只配吐出黏黏糊糊的老鼠、贪婪的毒蛇、碎石子或肮脏的蜘蛛……

因此青少年很难在众人面前公然现身，于是他在展示自己与隐藏自己的欲望之间摇摆不定。通常来说，前者会使人变得淫秽，后者则使人变得羞怯。青春期是个充满了裂痕的年纪。我再次强调，撕裂感、脱节感和紧张情绪在这个年龄段达到了顶峰。那么，我们如何才能将肉体和灵魂的欲望调和起来呢？

是否存在这样一个少年？可能他前一刻还在孜孜不倦地用手将他的骚动付诸实践——这就是“手淫”一词的起源，手淫总隐约带有见不得人的、机械的、昏暗的色彩，之后一刻就为自己的下流欲望而羞怯，并声称自己更欣赏“柏拉图式”的爱情，尽管他只读过两行柏拉图。而当他遇到那些“与他同龄，成双成对地走在街上，沉浸在幸福之中的少年少女们”时，还会装出一副鄙夷的神情。

阿：正如弗朗索瓦兹·哈迪（Françoise Hardy）所唱的那样！但我要向您提出一个猜想。文学和哲学领域之所以对青春期的羞怯感保持着一致的缄默，会不会是因为作家们自己的羞耻心呢？苏格拉底曾回答巴门尼德[1]（Parménide），说自己

1 巴门尼德，公元前5世纪的古希腊哲学家，最重要的“前苏格拉底”哲学家之一，主要著作是用韵文写成的《论自然》。——译者注

不愿意承认毛发、泥土、污垢这类微不足道的卑贱事物也有对应的理型。当他想起它们时，只能构建出一副可耻衰败的形象，这与您的观点十分相似，既然您提到青少年是不自知的柏拉图主义者，那么整个西方文化是否都和青少年一样支持柏拉图主义呢？事实恰恰相反，得益于巴门尼德的精神遗产，我们得以更好地接受那段所谓不讨人喜欢的年纪，正因为我们没有能力去想象出自己不爱看的事物，所以会对它们施以格外的关切。

菲亚特：您说得很有道理，这个假设令我着迷。阿代尔，我们应该在未来的某天组织一场非常严肃的座谈会，好好探讨一下人在青春期是受巴门尼德影响更大，还是受柏拉图的影响更大……柏拉图的文字中充满了张力，如果我们用一个出现在柏拉图时代之后、学究气十足的形容词“二元论的”来概括它，那实在是把这部杰出的作品放在普罗克汝斯特斯的床上了。不可否认的是，柏拉图确实展现出了一些二元论倾向。因为总的来说，他认为肉体和灵魂的结合是件坏事，而不是什么好事。为什么灵魂必须浸泡在肮脏的勒特[1]（Léthé）河水中？要是不这样该多好，它本不该沾染上污秽的。灵魂和肉体的结合，或许对肉体来说

1 勒特河，古希腊神话中冥界的五条大河之一。——译者注

是件好事，但对灵魂就没什么好处了。这是一桩平民与皇室结成的姻亲，一次本不该发生的结合，因为卑贱者本就不和高贵者门当户对。换句话说，当柏拉图式的哲学理念遭遇了物质性时，就会陷入困境，遭到贬低。

但与此同时，这位哲学家的作品也会表达出不同的意见，尤其是当他在《斐德若篇》中尝试对美进行思考时。首先，他的作品是对话体的，而且像所有伟大的作家一样，他呈现出的对话是自我分裂的，这也是灵魂与其自身对话的原则。柏拉图有时会着重强调灵魂因自身被具象化为肉体而羞耻，但有些时候，他又会帮助我们来赞美羞耻心。对羞耻心的赞美就表明了灵魂变为肉体确实不是件易事，但也不完全是坏事。这一具象化的过程可以为灵魂带来快乐，而若它没有化为肉体，也就无从体验这种快乐了。羞耻心是一种摇摆不定、模棱两可、混杂不清、犹豫不决的感觉：腼腆的人不能确定该为拥有身体而羞耻还是高兴，便会在两种可能性之间犹豫不决，这种犹疑不定的感受，被柏拉图书写在了他作品中某些精彩的段落中。

既然您之前提到了毛发，我想就此补充一点，认为孩子无辜、青少年有罪的想法显然是非常荒谬的。腼腆的少女没有犯下任何过错，因此她即便被人看到裸体，也不必感到窘迫不安。但她13岁时的裸体已经不可与她5岁时的模样同日而语了。此时，笼罩在她阴部的阴影已经改变了裸体的本质。严格意义上，她其实与此无关，她的肉体并未丢失从前的纯洁，可是体毛的存在似乎就是一种坦白：承认大自然已经接管了这具身体，并赋予它一个与性相关的目的，也就是繁殖。于是，少女有生以来第一次把浴室的门上了锁，一切都在发生变化，仿佛她原本充满自信的纯洁变得可疑了起来。让我们想象一下，如果她忘了关上门，就会有人注意到她的身体发生了变化……那么腼腆少女的面颊立刻就会染上红晕了，而矛盾之处在于，这种羞怯的表现反而会让旁人进一步注意到她想要隐藏的东西，从而促使她去供认那些本不存在的错误。

无辜的少女之所以受到谴责，正是因为她表现出了一副貌似不再纯真的模样！我之所以补充以上这点，是因为您引导我们“对体毛进行思考”，是因为曾经流行的“原生态”体毛如今已被全身脱毛的时尚所取代，潮流的变化也许昭示了羞耻心地位的改变。当所谓的脱毛不再是一种令人兴奋的越轨行为，而成了一种规范时，是否就揭示了人们对身体的掌控欲望？在很长一段时间内，体毛曾是羞耻心与坦白的隐喻，但在这种欲望的引导之下，它们不再动人心弦，反而变得“老套且庸俗”。

阿：您所描述的情况对青春期的少男少女同样适用……但是，羞怯与羞耻心一样，也是因为一个投向自己或他人的目光而产生的。那么，这种目光的本质是否能让我们将羞耻心和羞怯区分开来呢？

菲亚特：我认为完全可以，因为正如我们所说，羞耻心是羞怯的可能性的产生条件，这种羞怯是潜在的、未来可能发生的，拥有强大的力量。我们必须对羞耻心和羞怯做区分，就像把一件事的可能性条件和这件事本身区别开来一样。但羞耻心总是有转变为羞怯的可能性，而正如您刚刚提到的那样，使变化发生的恰恰就是目光，缺乏分寸的注视会促成这一转变。

我们亲爱的扬科列维奇将羞耻心和羞怯出色地区分了开来："羞怯的人想消失在地下，有羞耻心的人则慎重地展示自己。羞怯的人希望将自身在所有人的目光中隐去，有羞耻心的人则既想被看见，又想隐去自己。羞怯的人保持沉默，有羞耻心的人则通过微妙婉转的措辞表达自己。"

因此，我认为古典主义文学正是关于羞耻心的文学，换句话说，是一种由羞耻心造就的文学。浪漫主义在这方面总是会有些过分。古典主义采用间接、暗示、委婉的表达方式，用最少的话语，令人体会到最深的情感。在古典主义作品中，人们不会说“我爱你爱到疯狂”……而会说“你走吧，我一点也不恨你”……受您之前提到的帕尼奥尔的启发，我要再举一个例子。这场戏非常精彩，马里乌斯（Marius）要出发去远方了，而他的父亲塞萨尔对此毫不知情。在动身的前一夜，马里乌斯想告诉父亲，他爱他，但该如何向父亲表达出他的爱呢？更何况这个父亲还是性情粗暴的雷姆[1]（Raimu）。与父母的关系本质上不就是令人害羞的嘛，与父亲的关系就更是如此了，即便这种爱通常掺杂着畏惧的成分，但又不失为一种爱意。马里乌斯开口了：“哦，爸爸……”“嗯？”“你知道的，爸爸……我还挺爱你的！”“你说什么？”“我还挺爱你的……”儿子在“我爱你”之前嘀咕出的那个词“挺”，就很好地体现了羞耻心。下面我要举出第三个例子，以免让人以为我过于草率地抨击了浪漫主义。您大可放心，接下来要举的例子并非诋毁，因为我其实非常喜欢浪漫主义。听听斯维亚托斯拉夫·里希特[2]（Sviatoslav Richter）是如何演奏拉赫玛尼诺夫[3]（Rachmaninov）的《第二钢琴协奏曲》（*n°2 Concerto*

---

1 雷姆（Raimu，1883—1946），本名朱尔·穆拉尔（Jules Muraire），法国演员，在该剧中饰演塞萨尔一角。——译者注

2 斯维亚托斯拉夫·里希特（1915—1997），苏联钢琴大师，被公认为20世纪最伟大的钢琴家之一，以极广的演奏范围、举重若轻的技术以及富有诗意的分句闻名。——译者注

3 谢尔盖·拉赫玛尼诺夫（1873—1943），俄罗斯作曲家、钢琴家和指挥家，晚期浪漫主义音乐代表之一。——译者注

pour piano）的慢乐章的吧——多么浪漫的音乐，可以说是极致的浪漫！以主题的“回归段”为例（用让-克里斯多夫·阿维蒂[Jean-Christophe Averty]的话说，就是1959年的唱片DGG 447 420-422中，从8分44秒开始的段落）：其他很多钢琴家会在这一处变得沾沾自喜、煽情庸俗、逐渐放肆，但里希特则保持了克制与审慎，表现得几乎禁欲，他的演奏因此也比其他人更具有触动人心的力量。即便是在8分44秒，里希特也依然保有了一份羞耻心……希梅娜[1]（Chimène）、马里乌斯、里希特，他们在各自的战斗中展现出了共同的精神！令人感动的是，因为他们羞于放肆，所以他们能以比亚里士多德更好的方式，教导我们什么是正确的尺度，或者什么是甘斯布[2]（Gainsbourg）所谓的“感情的羞耻心”。

最后来说说羞怯和羞耻心的区别。我认为，它们之间的区别与扬科列维奇所认为的忧虑和焦虑之间的区别是一样的。忧虑者们明白什么使他苦恼（即使他并不总会把他的困扰诉说给他母亲听！“啊，我可以告诉您吗，妈妈？……”），而焦虑者们遭受着痛苦，却不知道自己为何而受折磨。忧虑的感情拥有一个已知的、可确定的、被决定的缘由，存在一个客观化的、可视

1　希梅娜·迪亚兹（1054—1115），1074年与西班牙卡斯蒂利亚军事领袖和民族英雄熙德结婚，并于1099年至1102年期间管理瓦伦西亚。——译者注

2　赛日·甘斯布（1928—1991），法国歌手、作曲家、钢琴家，是法国流行音乐中最重要的人物之一。——译者注

的起因；但焦虑与之不同，它似乎没有缘由或起因，或者说它的原因是不受我们掌握的。因此，忧虑是一种确定的恐惧，而焦虑则是一种不确定的恐惧，它恐惧着害怕这一情绪本身，是对恐惧的预感，是种没由来的忧虑。前者的恐惧实实在在，后者的恐惧则模糊不清。二者之间的对立是显而易见的。

可以这么说，我认为羞怯与羞耻心之间的区别与上述情况有异曲同工之处。羞怯是有缘由和起因的，而羞耻心则是一种局促不安的感受，其原因是无处寻觅的。羞怯具有一种存在于当下的、确定无疑的不光彩感。正如扬科列维奇所说，它就像吹进眼里的碎屑、卡在喉咙里的骨头、扎入皮肉里的刺、长在肾里的结石。而羞耻心所具有的可耻感则是可能会存在的、不能被确定的，或者说它是一种对不光彩感的预感。因此，羞耻心是一种没由来的羞怯感，我们仿佛生活在了一个窒息的氛围中，难以喘息，就好比一个在父母的朋友前来拜访时羞于现身的少年。前者的局促是确确实实存在的，后者的局促则是模糊不清的，二者之间的对立显而易见。我还想补充一点，那就是焦虑和羞耻心还有一个共同之处：这两种情感都会使人认为自己面临可能存在的威胁，或对威胁产生预感，而不是让人与真正存在的威胁直接进行对抗。

但焦虑和忧虑二者之间显然有相互转换的可能性。同理，正如您刚刚通过目光这一话题所揭示的那样，羞耻心与羞怯之间的转变也总是可以实现的，而这些变化过程类似于由气态到固态的转变。因此，人们从羞耻心转向羞怯的过程是一个结晶、沉淀、聚焦、石化的过程，是“grumelisation”（凝块化）〔我不知道这个词是否存在，但我认为它非常漂亮：确实存在着这样一个动词“grumeler”（使凝成块），能让人联想到煎饼面糊中的结块；我们可以创造出“grumelisation”这样一个新名词〕。羞耻心是一种可能的、模糊的羞怯，或者说人们对羞怯的预感，它会结晶、沉淀、凝结形成羞怯。如此一来，本该是雾状的、扩散性的、气态的羞耻心找到了使自己凝固成型的根本方法，变成了固态的羞怯感。要是没有别人的目光，这一转变根本就不会发生。正如从忧虑总有转变为焦虑的可能性，从羞怯到羞耻心的转变也总是可行的。它们之间的变化过程类似于固态到气态的转变：一个扩散、升华、溶解、泛化、色散、扩张、入侵的过程。此外，为了向米歇尔·奥迪亚[1]（Michel Audiard）和贝尔纳·布里埃[2]（Bernard Blier）致敬，我还想使用“通风换气”一词。您一定记得《亡命的老舅们》[3]（*Les tontons flingueur*）中的那

1 米歇尔·奥迪亚（1920—1985），法国剧作家，影视导演。——译者注

2 贝尔纳·布里埃（1916—1989），法国著名演员。——译者注

3 《亡命的老舅们》，由乔治·洛特内执导，奥迪亚编剧的法国黑帮喜剧电影，于1963年上映。布里埃在片中饰演沃尔福尼一角。——译者注

段话：拉乌尔·沃尔福尼（Raoul Volfoni）提醒我们，当别人过分招惹他时，他就不再“对其进行纠正，而是会将其炸毁、驱散——然后再通个风”……

一旦羞怯的时刻过去了——谚语中说羞耻的时刻总是很快就会过去，但这个说法并不正确——对它的记忆将在人的灵魂中留下一团模糊的、弥漫着的、不确定的羞怯感，也就是所谓羞耻心。拜它所赐，此人今后都将活在对某事的恐惧当中，而某事的发生又可能使羞耻心重新沉淀为羞怯。所以说，无论是从羞怯转化为羞耻心，还是从羞耻心变为羞怯，二者之间的双向转变都是可能实现的。羞耻心是长期存在的，而羞怯感则是突然发生且程度剧烈的。羞耻心是一种潜在的内疚感。另外，我再次强调，确实是他人的目光让羞耻心转变为羞怯的，而且这一过程不仅仅发生在青春期。

病床：对羞耻心的亵渎或对卤素灯[1]的赞美

阿：他人的目光揭示了我们身上存在着介于羞耻心和羞怯感之间的多孔界限，除了青春期之外，这种情感在其

1 卤素灯会被应用在需要集中照射的场合，如医院手术室。——译者注

他更为悲惨的情况下也很常见。当某人躺在医院的病床上时——他的名字就被“病人”这一称呼所代替了，他的躯体从未像此时一样暴露在旁人的目光下。家人、他爱的人、爱他的人、护理人员、看护人员、室友，各色人等在他身边往来交替、络绎不绝，而他却别无选择，只能任由自己的身体不断接受观察、审视与检查。此种经历当中存在着巨大的脆弱性，它难道不是一种对人羞耻心的伤害吗？

菲亚特：住院，就意味着病人的羞耻心始终有转变为羞怯的危险，因为当身体处于太多目光的注视下时，就会觉得耻辱。当然了，病人也可能因为没有得到足够多的关注而受辱！这种心思只属于有羞耻心的人，因为他对别人的目光既恐惧又渴望。他的生活中不能没有他人的存在，但不知该如何与他人相处，他希望能在可见性和不可见性之间，将自身维持在一种悬而未决的平衡状态，希望即便在亲近他人时，也与之保持一定的距离；即便在他人疏远时，也与之保持着接触；即便在向外展露自己时，也保全一些自己的内在性。因此，这类人既对可见性中存在着的亵渎的风险充满担忧，又完全懂得不可见性的弊端。

图尼埃[1]（Tournier）在《礼拜五或太平洋上的灵薄狱》

1　米歇尔·图尼埃（1924—2016），法国作家。其代表作长篇小说《礼拜五或太平洋上的灵薄狱》获法兰西学院小说奖。——译者注

(*Vendredi ou les Limbes du Pacifique*)中对鲁滨孙神话进行了哲学重塑，他明确指出，若想永远不被他人注视，那就要冒着极大的风险，甚至会失去对自己身体的意识。有时我会想到那些无家可归的人，没人愿意再多看他们一眼，所以他们可以大大方方在街上解手。酒精无疑能够帮助人们突破禁忌，变得毫无拘束……但我并不认为酒精是令某些羞耻心丧失的唯一原因，它起到的更多的是催化作用，而非问题的根本原因。当流浪者们脱下鞋子时，有时会发现自己的脚趾已经患了坏疽，而他们之前却对此毫无察觉。我经常觉得他们就像是兰波的诗作《惊慌的孩子》(*Les Effarés*)中那群小兄弟，那些看着面包师的孩子。

白雪和雾霭中的黑，
在地下窗口明亮的灯光前，
他们圆圆的屁股。
跪着的五个小家伙，——悲惨啊！
望着面包师制作出
沉甸甸的金黄面包，
(……)
可怜的耶稣们霜冻满身！(……)

无家可归之人有时也会被视为“霜冻满身的可怜耶稣们”……

从这个例子中我们可以发现：如果人不受任何人的注视，那么就会招致泯灭人性的结局，甚至使人失去对自己身体的感知。所以，我们确实需要他人的目光，但同时我们也应对它充满畏惧，用我们之前的话来解释，即身体既会因为没有得到足够的关注而蒙受耻辱，也会因为承受了太多的目光而受辱——这种状况经常会在身体处于医院"照料"之下时出现，因为医学治疗通常会"勒令人们将自身外露"。

问题是，必要的体检往往会迫使人们物化自己的身体。用胡塞尔[1]等现象学家的话来说，这种物化使得"Leib"（人体，主体的身体）被视作了"Körper"（一般的身体）。"Körper"仅指在空间中占有一定位置的东西。月亮是"Körper"，这只杯子是"Körper"，您和我的身体也都是"Körper"，但在这个房间中，只有我们俩的身体是"Leiben"（身体化的），因为它们是主体的身体，而不仅仅被视为客体。

诚然，为了仔仔细细地为病人做检查，医学界有时必须把"主体的身体"视为"一般的身体"。列维纳斯曾写道，注视一张面孔，不仅意味着看见了某个客体，还意味着看见了"对方凝视自己的目光"，这种凝视会迫使自己

1 埃德蒙德·胡塞尔（1859—1938），著名德国哲学家，现象学之父，被誉为近代最伟大哲学家之一。——译者注

把目光从对方身上移开。我想，尽管列维纳斯对现代物理学知之甚少，但他理应听说过空间是弯曲的。这位哲学家虽然不明白为什么物理学家说它是弯的，但仍在某天露出了他一贯迷人且略带讽刺的微笑，并如此说道：“真正使空间发生弯曲的，是人与他人的关系。”当我看向一个物体，以笔直的视线直截了当地注视它时，我的目光并不会对它有丝毫的不尊重，亦不会侵犯到它的羞耻心，因为它本就没有羞耻心。但相反的是，如果我用看物体的方式直截了当地凝视一张面孔，那么就是对他者的不尊重，就伤害了对方的羞耻心。因此，当我们面对另一个人时，有时会直视对方的眼睛，有时则不会这么做。

阿：对列维纳斯来说，目光超越了传统意义上的凝视，也超越了一般的视觉空间。面孔也是同样的道理，这位哲学家觉得面孔不单指每个个体可见的外部体貌特征，还代表了人类的人性。因此，列维纳斯将目光当作道德的基础。在他看来，没有目光也就没有道德。

菲亚特：没错。列维纳斯有时还会变换面孔的位置，比方说，使其出现在纳粹集中营里那个排在他前面的囚犯令人感动的脖颈上。他曾经说，即使对方双眼紧闭，他的面孔也注视着我。

但我要说，在以下两种情况，人仍然可以在不冒犯他人羞耻心的前提下直视对方的眼睛，将对方看作客体：第一种情况，这个人是眼科医生或光学技师。如果一名眼科医生在读了柏拉图的文字之后意识到眼睛是人类灵魂的窗户，那么他会作何反应呢？是否不再敢把眼睛视为物体了？

第二种情况，这是个坠入爱河的人。很多爱情故事都开始于双方间一次久久的眼神交错。不是吗？我老实和您说，亲爱的阿代尔，要是您问我眼科医生该怎么谈恋爱，那我就不知道该回答什么了，这实在超出了我的能力范围！

但这只是众多例子中的一个而已。如今的医学界为了检查人的身体，经常需要将人客体化。但人们是否忽略了这种物化的隐患呢？首要隐患就是羞耻心堕落为羞怯感的戏剧化过程。

在我看来，我们人类把自己的生活建立在一系列区别即隐匿和展示、私密和公开、内部性和外部性、删减和摘录、不可见和可见之间的区别之上。在去医院之前，人人都拥有设定界限的主动权，都能按自己的心意决定将某事公之于众还是隐藏起来，决定将其保存在私密范畴内还是展示给他人，等等。

然而这一界限显然并不只由主观因素决定，社会性质也会对它产生影响，因为界定羞耻心的标准会随着历史和地理因素的改变而变化。比方说，日本人即便与不同年龄、身份的人赤身裸体地混浴，他们的羞耻心也完全不会受到损害，而在大街上接吻——甚至都不是法式热吻——在他们看来就是不知羞耻的举动。鉴于每个个体都是独特的，因此造就了个体的大环境也无法完全决定每个人的特点。我重申，每个人都会跟随自己的心意选择将某事展示出来或隐匿起来，区分自己的外在和内在，并在划定界限的过程中完成自我建构。然而，住院往往会使人失去对设定界限的大部分掌控权。

阿：目光的本质被改变了，接着，人最为隐秘的尺度受到了怀疑。

菲亚特：确实，隐秘和外露的尺度都被质疑了。

直到住院之前，这名年轻女子还能凭主观意愿决定自己想要展示什么、隐藏什么。她大方地展示了她的笑脸、她的丈夫、她的孩子、她的幽默感和腿型，但她隐藏起了自己的乳房下垂、潜在的好胜心以及一点橘皮组织。但她在住院的过程中被剥夺了这一选择权，她感觉医生似乎追踪到了她最为隐秘的藏身之处。卧室不再是让人安睡的私密场所，反而成了接待拜访者的地方，惹人失眠。床也不再是孕育爱情的场所，而成了接受检查的地方。这样一来，这位受化疗折磨、有羞耻心的年轻女子不得不脱光衣服、摘掉假发，像一名关押在集中营里的囚犯，顶着光头被带到手术室，这幕凄惨的场景难道不会让她蒙受巨大的耻辱吗？

他人的目光具有多么大的力量啊！事实上，来自抬担架的人的注视既可以成为一剂膏药，也可以变成一次灼伤：如果这道视线不乏敬意，既不沉重也不具有压迫力，总之十分温和，那么它就是一剂膏药；如果这道视线是探寻的、冒昧的、冷冰冰的打量，那么它就会将人灼伤。您一定还记得《保尔与维吉妮》[1]（*Paul et Virginie*）中的那段话吧！维吉妮——这名字起得多么贴切！——因为害怕被那个试图营救她的水手看到裸体，拒绝脱掉衣服，最终不幸淹死了。而在吉奥诺（Giono）所著的《屋顶上的轻骑兵》[2]（*Le Hussard sur le toit*）一书中，也出现过类似的场景。当贵族少妇泰于的波利娜（Pauline de Théus）染上了霍乱时，英俊的安杰洛（Angelo）想用酒精擦拭的方式替她治疗，但她马上表示了拒绝："他感到一股凉意沿着腿部上升。他掀起了她的裙子。这时，他的手被一只冰凉的手握住了。'您别管我。我情愿

---

1 由贝纳丹·德·圣比埃尔所著的法国爱情小说，出版于1788年。"维吉妮"一名与法语中"贞洁"（virginité）一词拼法相近。——译者注

2 《屋顶上的轻骑兵》是法国作家让·吉奥诺的代表作，出版于1951年。——译者注

就这么死去。’波利娜说。”但安杰诺认为她必须立刻接受治疗，于是他没有理会她的拒绝，执意脱下了她的衣物，整夜为她擦拭身子，最终救活了她。尽管两位主人公深爱着对方，但他们永远不会互相表白爱意，等到他们第二天醒来，这是怎样一副崇高的情景啊！波利娜以“你”称呼了安杰诺……但安杰诺一想到自己曾见过波利娜的裸体，甚至还为她清理了满是脏污的身子，就不禁脸红，于是仍坚持使用正式的“您”来称呼对方。这种称呼方式为尊重重塑了必要的距离感，也不至于让治疗时无法避免的亲密接触显得过于亲热。尽管照料的行为与情色之举之间的界限并不很牢固，但我们还是有必要为它们划出一道相对清晰的界线。

阿：病人的羞耻心在旁人的注视下岌岌可危，而且触碰之举可能也会伤害到它，住进医院的身体同时也是一具被检查、被摆弄甚至被粗暴对待的身体，因为它被客体化了。人的身体在医院中变成了“一具”身体，而不再是属于我自己的身体。

菲亚特：您说得很有道理。在法式爱情当中，有个非常绝妙的词语很值得称道，那就是“分寸”(tact)。“有分寸”指的是触碰了却又似乎没有触及。“分寸”既不是粗暴的抓取，也不是色情的爱抚。它介于两者之间，对于这一点，我认为您对注视与触摸所做的类比非常恰当，因为人们有时会用目光去触摸，有时又会用双手去注视。而在这两种情况下，一边是粗暴且具有羞辱性的物化（羞怯感的根源），另一边是委婉且尊重羞耻心的、有分寸的目光或双手。在二者之间，我们必须创造出一整套有助于辨别的系统，或者说是一套调色板、颜色表或标本集，以防止羞耻心变质为羞怯感。

我们可以说，羞耻心是一种半明半暗的美德，而人就是为了生活在半明半暗之中而生的。伦勃朗（Rembrandt）那些突出明暗对比的画作总能深深触动我们的心，甚至让观众自发地想要生活在画作所描绘的世界之中。这是为什么呢？因为人既不是为了生活在完全的光明当中而生，也不是为了生活在完全的黑暗之中。假若某人在黑暗中待得太久，在隐修院内禁闭得太久，在莫利亚克式的大宅里的那些闭锁的房间中封闭了太长时间（莫里亚克[1]［Mauriac］对资产阶级世界进行了无比生动的描写，这一阶层需要严守的戒律是一种过分矜持的假正经，欲望——尤其是女性的欲望——则受到限制与否认，人们被迫将欲望隐于心底，将它当作可耻的东西藏匿起来：只有在人最私密的内心深处，亲密的欲望才不完全被视为罪恶），假若我们长期以来都在这样的黑暗中被闭锁、被否决，在这样一座

1　弗朗索瓦·莫里亚克（1885—1970），法国作家，1952年获得诺贝尔文学奖。——译者注

隐修院内闭门不出，那我们自然会向往光明，期待被认可，渴望沐浴在他人的目光下——简而言之，渴望外在的事物！

空气在太过封闭的屋子里无法流通，令人难以喘息。在那些大家庭的住宅当中，所有东西都是密闭的，甚至上了锁，所有脏衣服都被洗得一尘不染，一切都保持着沉默。换句话说，屋里的一切都散发着长期封闭后的霉味！（尝试为“长期封闭后的霉味”下定义是非常有趣的……诗人们会对玫瑰花香、麝香或茉莉花香大书特书……但这种霉味……或许可以将它想象成从疏于清洗的腋窝散发出的霉臭，或是存放食物过久的储藏室的味道……）

如果我们自始至终都被困在后厨或大宅深处的小房间里，就如同某些文明中的妇女被迫服从的戒律一样（那些教条打着羞耻心的旗号，剥夺了妇女迈出家门的权利——或者强制她们在外出时遮蔽自己的身体，造成身体并未外出的假象），那我们必然无法忍受如此程度的封闭，并期盼得到他人的注视，渴望光明。因为正如巴舍拉[1]（Bachelard）所说，自我只有在他人的恩典下才会觉醒，但在完全的光明中停留过久也让人难以忍受。这种情况下，我们会希望能得到一些阴影。

实话说，我对乌托邦始终抱有极大的怀疑。在乌托邦

1　加斯东·巴舍拉（1884—1962），法国哲学家。其最重要的著作是关于诗学及科学哲学。——译者注

的构想之下，特别是在发明这个词的托马斯·莫尔[1]（Thomas More）的乌托邦语境中，万事万物都是澄清透明的：一切羞耻心也都应该被摒弃。昆德拉在《被背叛的遗嘱》（*Les Testaments trahis*）一书中，非常精准地抨击了被布勒东[2]（Breton）视为珍宝的超现实主义幻梦，即“玻璃房子”——一座没有窗帘的房子，居住于此的人在所有人的视线之下生活。在我看来，只有当一个生命体能使自己的一部分躲过旁人的目光时，它才能被真正视为人。生活在这样的水晶宫殿里，就意味着生活在康帕内拉[3]的太阳城，傅立叶[4]（Fourier）的法伦斯泰尔（Phalanstère）或是边沁[5]（Bentham）的圆形监狱中，甚至是在托洛茨基[6]（Trotski）所梦想的共产主义社会里。正如托洛茨基所预言的那样，这里的一切都将是公开的、暴露在外的，人们不再需要钥匙或锁了。但如果要我待在那儿，恐怕我很快就忍无可忍地溜走了！我要逃到一处

1 托马斯·莫尔（1478—1535），英格兰政治家、作家、社会哲学家与空想社会主义者。1516年用拉丁文写成的《乌托邦》对社会主义思想的发展有很大影响。——译者注

2 安德烈·布勒东（1896—1966），法国作家及诗人，超现实主义的创始人。——译者注

3 托马索·康帕内拉（1568—1639），意大利哲学家、神学家、占星学家和诗人。在其著作《太阳城》中描绘了一个废除私有制的社会，启发了空想社会主义的理论与实践。——译者注

4 夏尔·傅立叶（1772—1837），法国哲学家、经济学家、空想社会主义者。法伦斯泰尔是他幻想要建立的社会基层组织。——译者注

5 杰里米·边沁（1748—1832），英国哲学家、法学家和社会改革家。圆形监狱是他提出的一种监狱的设计方式。——译者注

6 列夫·达维多维奇·托洛茨基（1879—1940），工农红军、第四国际的主要缔造者，无产阶级革命家、军事家、理论家。——译者注

秘密的、隐藏的、私人的、亲密的地方，隐秘之所：那位于最深处的空间，无人知晓，让外人无处可寻，以便让自己藏身在阴影之下，躲避太阳神阿波罗那令一切秘密无处遁形的光芒。

在托马斯·莫尔的《乌托邦》(*L'Utopie*) 中，未来世界人类的夫妇必须在众人的注视下向对方展示自己的裸体，这样，他们婚姻的合法性才可以得到城邦的承认。我的上帝，这种事多么可怕啊！羞耻心总是以一种保护者的姿态显现出来，以防止那些最为私密的事物受到侵害。如果隐秘之物被揭露，它就会丧失生机；如果被客体化，它就会干枯凋谢；如果被太多客体化的目光所打量，它就会受到亵渎。

我对调光器与卤素灯怀有很深的敬意。如您所知，我对医学伦理方面有所涉猎，所以有时会被带去医院。我在那儿目睹到的一些场景，让我对医护人员充满钦佩和感激，因为他们其实是在明暗之间寻找一种恰当的平衡。医生的本职工作明显会威胁到人的羞耻心，对他们来说，这种寻找的过程难道不也是一种责任吗？正如我对您说的，契机很重要！要认准时机把灯光调亮：这对思想比较开放的病人来说并不困难，因为他马上就能理解客体化的必要性，但对于另一些人来说，裸体出现是一幕戏剧化的场景，于是这一过程就缓慢得多了。这也能为我们在第一章中所谈论的关于“女士”话题提供新的见解。

没错，半明半暗的地方才是我们真正所处的位置，因为人类可不是植物。您一定还记得《哲学全书》(*Encyclopédie*)中的那段优美的文字：黑格尔说，光线是“植物的外在身份”，而且植物是“所有生物中最缺乏内在身份的”。阿代尔，我们俩都不像已故的让-马里·佩尔特(Jean-Marie Pelt)那样了解植物，所以我可以保证，即使对大丽花的块茎进行再长时间的观察，我们也无法猜出这个块茎会长成仙人掌大丽花还是蜂窝型大丽花，会长成红色还是黄色。但这是因为大丽花害怕失去自己的隐私吗？并非如此！因为这个块茎上还是存在一些细微的迹象，即便它尚未完全成型，也能让人看出未来的模样。用不了多久，您就会发现这些迹象所预示的一切都会成真。植物似乎没有丝毫的羞耻心，光线剥开了曾被包裹在内的东西，揭示了曾被遮挡严实的东西，使曾属于内部的东西向外部显露。花花草草不会隐藏任何东西，也没有保留一丁点秘密。从另一方面来说，植物将它们的性器官一览无余地呈现在我们面前，尤其是那些美丽的兰花，这难道不是一种客观的不庄重感吗？简而言之，大丽花是无法拥有内在性的，因为一切本来存在于其内部的东西，都必然会向外部显露出来。

但人与大丽花之间还是有着天壤之别的。请原谅我稍微夸大了自己的言论，我希望大家牢记谈话中提到的两个至关重要的区别：一方面是羞耻心和埃斯卡特弗格的个性之间的区别，另一方面是人和大丽花之间的区别。用更严肃点的方式说，我认为人的存在至少拥有四个层次的深度：首先是人自己展示出的存在，其次是人为了自己而有所保留的存在，接下来是人保留在自己内部的存在，最后是自愿被保留在人内部的存在。让我们向精神分析学中的无意识致敬。而人之所以是有羞耻心的生物，正是因为从一个深度到另一个的转变途径往往无法确定。

尽管我们之前对弗洛伊德关于羞耻心的论述公开表示了自己的保留态度，但这位精神分析学家提出的那种对无意识表现所做的“抵抗”，确实与羞耻心之间存在着某种好似表亲关系的相似性，我们哪能忽视它呢？这两种情况下，我们都难以完成从光到影、从内部到外部、从私密到公开的转变，这一转变令人既渴望又害怕。但简单来说，这种相似性只能止步于表亲关系，上升不到亲生姐妹关系，更没法达到双胞胎关系的地步……

我之所以把人称作“具有羞耻心的生命体”，是因为人会在对光与对影的渴望之间不断摇摆，在被看见的和躲藏起来的欲望之间游移不定。更进一步说，人会纠结于到底该为拥有这具身体感到喜悦呢，还是觉得羞怯。羞耻心是一种摇摆不定、模棱两可、犹豫不决的不确定感，它在某种程度上阐明了人的本质，但无论是二元论哲学（通常会蔑视肉体的存在，认为它与灵魂不相称）还是一元论哲学（甚至都没有发现灵魂与肉体的问题）都没能很好地解释这一点。我想找到一种具有生命力的哲学，用它向羞耻心致敬，并帮我解释清楚人们在面对“灵魂化为肉体”这一命题前表现出的踌躇。为什么这种变化有时令我们羞怯，有时却能带来快乐？它是羞怯感的来源吗？毋庸置疑，因为任何一个诚实的人都会承认，有时他会萌生出一股冲动，想像亚维拉的德兰[1]（Thérèse d'Avila）那样喊出：“主啊，您为什么要给我这些毫无意义又讨人厌的东西？”我明明梦想成为一名年轻演员，可您为什么要赐予我普钦内拉[2]（Polichinelle）或西哈诺[3]（Cyrano）的身体？要知道，在剧院舞台的幕布之后，扮演普钦内拉的演员可以脱去他的驼背，扮演西哈诺的演员则可以摘下他的鼻子；走出电影制片厂，费南代尔就可以去掉纳伊斯[4]（Naïs）的驼背，德帕迪约（Depardieu）就可以摘下让·德·弗

---

1 亚维拉的德兰，又称耶稣的圣德兰（1515—1582），西班牙神秘主义者、罗马天主教圣人、加尔默罗会修女、反宗教改革作家。——译者注

2 戏剧中的鸡胸驼背的滑稽丑角。——译者注

3 埃德蒙·罗斯丹所作的喜剧《大鼻子情圣》中的角色，长着一只丑陋的大鼻子。——译者注

4 费南代尔在由马瑟·巴纽执导的电影《纳伊斯·米库兰》中饰演一名罗锅。——译者注

洛莱特[1]（Jean de Florette）的驼背。但在现实中，我永远不可能把我的丑鼻子摘掉……因此，我时不时会羞愧于自己的身体。

但值得庆幸的是，肉体也可能成为快乐的源泉！假如幸运的话，灵魂会将肉体作为一种财富去承担起来。您之前也使用了“承担”这个词……我其实也与您一样，相信人类最重要的问题之一就是如何承担自己的身体性，而这种承担从来都不是与生俱来的。事实上，羞耻心的意义就在于这种“从来都不是与生俱来的”特质。

野兽的羞耻心？德里达在他的猫面前一丝不挂

阿：您刚才提到植物不具备羞耻心。那么您是否认为羞耻心是人类的专属，或者说是一种人类的特权，植物和除人类之外的其他动物都不曾触及它？

菲亚特：甚至连天使都不具备这一特质……是的，我相信这是人类独有的特权，但同时也是人类遭受的诅咒，相对于恬不知耻的人来说，知羞知耻的人的生活要复杂得

1　德帕迪约在据马瑟·巴纽小说改编的电影《男人的野心》中饰演的让也是一名驼背者。——译者注

多，因为后者活在一种犹豫不决的焦虑当中：他既想被看到，又想隐藏起来；他为自己的身体感到羞怯，却同时又为它而自豪。他的生命是这样的复杂，以至于他有时会用一种既羡慕又遗憾的眼光看待自然界的其他生命，别的植物和动物；他羡慕它们，因为动植物生存在一种幸福的“悠然自得”之中。

诚然，如果我们承认羞耻心是精神因肉体而产生的羞愧感，那么让羞耻心成为人类专属特权的看法就很有吸引力了。为了感受羞耻心，人必须同时拥有精神和肉体，拥有一个模糊的、意义含混的本质，成为一个不纯洁的存在、一名双重间谍，或者引用尼采对人的评价，成为一个“肉体化的不和谐存在”。

正是出于这个原因，传统观念会认为天使和野兽都是不知羞耻的。如果说羞耻心是精神因肉体而产生的羞愧，那么天使是无法懂得它的，因为虽然天使拥有知羞知耻的精神，但不具备可以引发羞耻感的肉体；野兽也同样无法懂得羞耻心，因为虽然野兽拥有能引发羞耻感的肉体，却不具备能够产生这一感受的精神。

显然，这种看法的前提是假设野兽不具有思想、天使不具有肉体，但我认为不应该轻率地如此断言。因此在我看来，天使和野兽都会时不时与羞耻心发生短暂的亲密接触。

阿：我注意到，您谈论野兽和天使的方式是相同的，仿佛这两者的存在都是确定无疑的。

菲亚特：啊！关于这一点！……野兽的存在无可置疑，但天使是否存在还有待商榷。但是我之所以用相同的方式谈起它们，那是因为，没错，我确实认同帕斯卡倡导的传统看法，将人视为介于天使和野兽之间的物种。

我谈论它们的目的，正是更好地谈论人类，建立起一种更为严肃的人类学。我提到了野兽，虽然它们的存在事实并不值得怀疑，但它们的存在形式是无法确定的。我也提到了天使，它们的存在形式，甚至是否存在都值得怀疑。帕斯卡说过："人既不是天使，也不是野兽，不幸的是，想成为天使的人却变成了野兽。"当然了，他从未说过想成为野兽的人就能变成天使，但他在《思想录》(*Pensée*)一书中的另一处写道："人有他自己的来来去去。"这一观点受到了蒙田的人类学的影响，蒙田希望人是反复无常的多样性存在。

我认为"人在神性和兽性之间来来往往"这个说法简直太精彩了。为什么呢？因为我们身上显然存在着一部分兽性（出于羞耻心，我无法为读者提供太多详细的证据）；但同样也存在着纯洁的神性。

天使是什么？人们有时会将天使视为纯洁的精神。但是，那些文艺复兴时期以及反宗教改革时期的绘画和雕像，创作目的都在于严正反驳这种说法，不是吗？威尼斯画家们向人们展示了，无论是智天使还是炽天使都拥有一具肉体，而且这些画家还在闲暇之余称颂了一番天使们极富肉感的臀部之美……

阿：但这些肉体往往被描绘成尚未经历青春期时的模样，也就是说，是无性别的身体……

菲亚特：那当然了！天使确实拥有了肉体，但是这个身体该是什么样的呢？它应该是一个轻盈的、纯洁的、无性别的身体。所以，画家们以青春期到来之前的身体为创作模板也是非常合理的。天使们因此拥有了一个轻盈而敏捷的身体。这也印证了“天使的行动速度和思维活动一样快”的传统观念。也就是说，天使的行动疾如闪电！宇宙中最快的信息交换方式之一，就是神经元以突触的形式互联。您也许会反驳说，思维是否迅速取决于是谁在思考，但即使是思维最为迟缓之人，思考的速度也是很快的。所以说，天使们仍然能够维持纯洁的肉体。但是，为什么他们并不是一丝不挂的呢？他们没吃过分辨善恶树的果实，但为什么还像我们一样，在腰间围着葡萄树叶或无花果叶呢？

阿：有时他们只是简简单单地在腰间围一块布……

菲亚特：的确，一块简单的布。但是为什么会有这块布的存在呢？我认为，天使胯间的那块布与亚当和夏娃用来遮住隐私部位的布是出于截然不同的目的的。这件挂在天使身上的衣物，并不是为了遮挡布料之下某些引人羞怯的东西而存在的。我猜它可能是为了藏住天使的性别之谜……他们的身体被剥夺了所谓第二性征，这些性征会在青春期出现。但天使没有乳房，也不长胡须……文艺复兴时期的画家们赋予了天使肉体，他们的身体与男性只在最关键的器官上有所不同，被光荣地剥夺了能令人脸红、令人产生羞耻感的一切机会。

所以，没错，天使可能拥有一个身体，但这是一个敏捷的、精神层面上的、半透明的、纯洁的、闪闪发光的躯体。如果人们将身体理解为一种不透明的、沉重的概念，那么天使的身体几乎都算不上肉体。他既没有不透明性，也没有呆滞感，更没有丝毫的沉重感；人们无法想象天使会患上甲状腺肿大、长老茧和鸡眼、得偷针眼、长牛皮癣、犯痔疮或生粉刺……您也许会说我提到的这些都是病状，是疾病。即使不考虑这些病症，人们也同样无法想象天使需要处理不合时宜的出汗、恶臭的排泄物和动物的体毛。因此在我看来，天使是可能懂得羞耻心的戏剧性的。因为他们除了拥有精神之外，还拥有一个肉体，但他们对自己的肉体拥有完全的主动掌控权，能够将羞耻心很好地掩护起来，避免出现使其退化为羞怯的戏剧化场景。

阿：那么对于身上长毛，且感受过身体疾病的乐趣的野兽而言，情况又是如何的呢？首先，还是要定义一下我们所谈论的动物种类。面对他者的目光，黑猩猩与蚯蚓的反应是截然不同的。

菲亚特：您说得很有道理。我认为像雅克·德里达[1]（Jacques Derrida）和伊丽莎白·德·丰特奈[2]（Elisabeth de Fontenay）这样的作家已经成功地使人们关注到这一点了。我们作为哲学家——退一步说，我们作为试图成为哲学家的人——在谈论普通动物时，往往对其他那些毛茸茸的、长羽毛的或是满身鳞片的动物朋友缺乏足够的敏感度。打个比方，我们在思考诸如意识、工作和羞耻心等概念时，理论上讲应该把蚯蚓和黑猩猩、牡蛎和狐狸相提并论。但我实在无法想象牡蛎会有羞耻心，也无法想象蚯蚓会害羞，即使它们总是一丝不挂地出现；同时，在我看来，那些进化程度较高的动物说不定真的可以触及羞耻心的奥秘。一般

1 雅克·德里达（1930—2004），法国解构主义大师、当代最重要和最受争议的哲学家之一。——译者注

2 伊丽莎白·德·丰特奈（1934—），法国哲学家、评论作者。——译者注

情况下，人们会否认动物具有羞耻心，如果说羞耻心是精神因肉体而产生的羞怯感，那么动物是不可能与这种感情有半点关系的，因为正如我们前面所说的那样，它们仅仅拥有能引发羞耻感的肉体，却不具备能够产生这一感受的精神。

但要说动物没有思想，这样的论断是不是过于草率了呢？

阿：笛卡儿就是这样将动物比作单纯的机器的。

菲亚特：正是如此。坦白和您说，笛卡儿将精神和灵魂混为一谈的做法我是无法接受的。出于这一观念，他将无法进行思考的生命视为单纯的机器。可是“动物”(animal) 这个词本身的拼写，难道不是在暗指动物中也存在着类似于灵魂 (anima) 的东西吗？诚然，我无法断定动物确实拥有思考能力，或者具备像我们一样的思想（传统观念认为精神是思想的中枢）。但即便它们没有思维能力，至少它们能摆出若有所思的模样。我非常钦佩克里斯提昂·博班 (Christian Bobin) 和让-克劳德·拜利 (Jean-Claude Bailly) 等作家——他们更接近文学家而非哲学家——所创作的那些关于动物的文章。博班写道：“在奶牛滴溜溜转动的眼珠里，我看到了一种震撼人心的宽恕。动物们是不会说话的神学家。”而笛卡儿主义者只会高声呼喊：“人类中心主义！开炮！”

这种呼吁迅速传播开来，呼声一下就大得过分了……睿智的让-克劳德·拜利写道："动物们被抛入了一个向它们敞开大门的空间，对它们来说，这儿是一座奇异且充满不安的剧院，它们在当中嗅嗅闻闻、繁殖后代、侧耳倾听、东猜猜西碰碰，一切都环绕在它们周围，而这一场所为我们人类留下的入口往往微小得过分。"

关于动物的羞耻心思想，我们确实无法再谈论更多了，只好对此做出一些不太牢靠的猜想，一些不堪一击的假设。因为我们必须真正变成狐狸、猫或者牡蛎才能知道它们究竟是怎样想的。但如果真到那个地步的话，我们就不再是人类了，那么事情也很难再有任何进展了！

在我看来，动物中存在着一种"沉思的特质"，但它显然不会产生哲学家们所定义的思想。动物们的思想几乎处于一种酝酿之中的状态：思想在显露中消失，或在消失中显露，思想才刚刚出现，也许就消失在了遗忘的长夜中。但正是在这些时刻，我们应该给予动物怀疑的特权。我认为这些时刻非常值得关注，因为动物似乎在此刻表现出了一种以其本身为对象的羞耻心。

阿：动物是否拥有精神是一个很难回答的问题。但应该没有谁会怀疑某些动物确实拥有注视的能力吧？就拿这只母猫来说吧，它从我们开始讨论时就一直在听我们说话。它在桌子上徘徊，有时会躺在你的笔记本上，有时在我的书上伸懒腰，当它没有完全无视我们的时候，它的视线会在我们的身上停留很长时间。雅克·德里达在一篇杰出的文章中描述了这样一件事：有一天，当他意识到自己正一丝不挂地站在他的猫面前时，竟情不自禁地为自己的赤裸而感到羞愧。用他的话说，就是羞耻心的冲动。他知道动物“在看着他，却又没有真正地注视他”，但他仍然做出了在人类面前才会有的行为：“我很难压制住这种羞耻心的冲动，很难抑制住自己对这种失礼行为的担心，这种失礼的感受来自发现自己是赤裸的，自己的性器官正完全裸露在一只猫的面前，它一动不动地看着你，只是看着而已。一个赤裸的动物在另一个动物面前的失礼，从这点来说，人们可以称之为一种动物场景（Animalséance）。”

动物场景……这个新造出的名词的奇特之处在于，它完全颠覆了拟人论：德里达并没有说动物是与自己一样的人，但他承认在那只猫的目光下，自己被动物化了。

菲亚特：这段文字确实相当精彩，德里达在此处提出了一系列的假设。他首先假设，自己在被猫科动物伙伴看到裸体时所产生的不适感起源于人类中心主义，即人类对动物的投射。德里达感到局促不安，是因为他的猫的视线与人类的目光十分相似，让他觉得这是一道人类的目光。但我们的作者很快就否定了这个假设，因为他注意到猫的目光并不是人的目光。接着，他就创造出了动物场景的概念，认为一个人在动物面前赤身裸体是非常失礼的行为。

通过这段文字，我们能做出这样的假设，即每个动物也许都被羞耻心的光环所包围着，被一种因自己的肉体而体会到的尴尬所环绕，有些猫会在被人注视着排便的时候显出很窘迫的模样。您一定还记得里尔克[1]（Rilke）创作的那首美妙至极的诗歌《豹》（*La Panthère*）。里尔克看着那头被关在巴黎植物园里的豹子：他说那只豹是“没有宇宙的”，它因为自己的目光“总会落到铁栅栏之上”而感到疲惫，诗人看到它的“眼帘”“无声地撩起，一幅图像浸透了它”……还有夏尔[2]（Char）创作的这段有力的文字：“那些眼睁睁地看着狮子在笼中遭受痛苦之人，注定会在狮子的记忆里腐烂。”人类看到犀牛时，会被它古怪的样貌逗乐，但犀牛知道自己正被盯着看时，人类这种将其客体化的目光便在它身上引起了一种尴尬的感觉，我们很难不将这种感受视为羞耻心的表亲……一般情况下，人们说动物

1　莱纳·玛利亚·里尔克（1875—1926），著名奥地利德语诗人，对19世纪末的诗歌体裁和风格以及欧洲颓废派文学都有深厚的影响。——译者注

2　勒内·夏尔（1907—1988），20世纪法国最重要的诗人、超现实主义诗歌的代表人物之一。——译者注

无法体验羞耻心，是因为它们要想产生这种感情，就必须意识到自己身体的存在。但动物是不可能度过镜子阶段的……

阿：但是有些黑猩猩的表现似乎并不符合这一说法。

菲亚特：那当然了。我们已经了解到有些动物是可以度过镜像阶段的。我的意思是说，这些动物经历了这一阶段，但之后又回到了原始状态，有点像谷克多[1](Cocteau)拍的一些电影。我再详细解释一下，在一间实验室里住着几只黑猩猩，我们将它们置于麻醉状态，并在它们额头上画上一个小红点。接着，我们把这些黑猩猩放在一个四周墙壁都是镜子的房间里，再将它们唤醒。于是我们发现，一些黑猩猩会试图把镜子里映出的红点擦除，但另一些黑猩猩则会尝试擦掉它们额头上的红点……因此，这意味着黑猩猩们确实产生了自身意识，认识到了自己身体的存在。从某种意义上说，它们已经度过了“镜子阶段”，对这一阶段的跨越事实上孕育着某种羞耻心的可能性。

因此，如果断言羞耻心完全是人类的专属特征，那么实在过于草率了！

《圣经》中不存在动物也吃了分辨善恶树上的果子的

1 让·谷克多（1889—1963），法国诗人、小说家、剧作家，编剧和导演。——译者注相关记载。相反，它们对生命树的果实十分痴迷，觉得只吃那上面的果实就足够了，甚至没有想过要品尝其他树上的果实。这就是为什么它们通常会将自己的身体维持在自然状态，即它们从自然界获得的那个原原本本的身体：对海狸来说，不可能会出现什么脱毛的风气，促使它们在某些时期把毛留长，在另一些时期又把毛脱光……动物既不会穿衣服，也不会对自己的身体做任何加工，这些都能证明动物对自己的身体是没有意识的。

但我认为这种看法也并不完全正确：一些动物用它们的牙齿或喙轻轻一划，就可以开始品尝分辨善恶树上的果实了。因此，我们是否可以认为它们像亚当和夏娃一样，“从此意识到自己是一丝不挂的”，于是也走上了追寻羞耻心的伟大冒险？我无法对此下定论……但我可以假设，它们有时会踏上类似的小冒险；在某些动物身上，也许会出现由自身肉体引起的局促不安的感情。

这也并不意味着我们要把动物欲望里那些出于本能的策略与人类的羞耻心混为一谈：因为玩游戏的本能无疑存在于许多动物身上。一些女性会故意在男性的追求面前采取回避姿态，难道这不是为了进一步激起对方的情欲吗？因此我认为，存在着这样一种动物性的献媚（顺便一提，“卖弄风情”［coquet］这个词其实来源于动物界，展示了一种放弃和拒绝之间的更迭）。但即便动物经常卖弄风情——因为天性使得它们如此——可它们几乎不会展现出羞耻心。羞耻心的灵魂就是一种出于本能对自身展现的局促不安。我认为，这种感情在动物身上表现为一种意外的、薄如蝉翼的、无关紧要且浅薄的东西，而在人类身上，则表现为某种重要的、深刻的、必要且位于核心地带的东西。

我们再回到天使的话题上。在我看来，急于否认天使身上可能有类似羞耻心的东西也过于草率了：在天使们纯洁光滑的额头上，也存在着出现阴影的隐患。路西法在堕落为黑暗王子前曾是最美丽的天使，他的经历难道还不足以证明这一点吗？

我们通过假设某些动物和天使身上也存在着羞耻心的征兆，使得羞耻心不再是专属于人类的特质，也成了天使和野兽的特质。羞耻心那模棱两可的、意义含混的、双重的、不纯的、不和谐且多变的性质使它以一种特殊的方式出现在公众的视野之中。

阿：德里达的文本让我们对人和动物之间的微妙差别进行了区分。我还想到了让·谷克多的电影《美女与野兽》（*La Belle et la Bête*，1946），其中兽性的特质（或者应该称其为动物性或是畸形？）也包含了震撼人心的人性。野兽在美人双眸的注视下，不仅感到了羞耻心的存在，甚至觉得非常羞怯。

菲亚特：您说的显然是一个童话故事。谷克多电影中的野兽尽管看起来与狮子或豹子模样相似，但与普通的动物完全不是一回事儿。如您所知，影片中的野兽原本也是一个男人，他被某种魔法，或者说某种诅咒所害，除了野兽那副丑陋的模样以外，他无法向所爱的女子展示任何其他特征。您一定还记得他为了掩盖自己的野兽特征所用的各种手段吧，兽性对他来说是一种刻骨铭心的耻辱。因此，他用王冠、华美的衣服、香水和珠宝精心打扮，竭力展现他极尽优雅的礼仪："美人，您冷吗？"……"美人，您饿吗？"……仿佛他要凭借讲究的言谈举止和衣着打扮，把羞怯感转化为纯粹的羞耻心一样。

但在某些情形中，这个变成野兽的男人也无法向美人掩饰他的兽性。

您也许还记得谷克多影片当中出现的三个非同寻常的场景：在第一个场景中，美人无意中撞见了野兽正在用舌头舔水喝。因为野兽不知该如何喝水，它只能舔食！（可以想象，那些处于阿尔茨海默病晚期的病人，在丢失了饮水的能力之后，甚至忘了因自己只能舔食而尴尬之后，他们那些不自知的无礼举动会让他们的亲人觉得窘迫甚至羞愧）。

这个成为野兽的男人无法掩饰兽性的第二个场景是，当美人正看着一只优雅的母鹿在城堡的美丽花园中奔跑时，陷入嗜血冲动的野兽一下扑到母鹿身上，用爪子和牙撕开它的肋部，就这样杀死了它并吞食殆尽。当野兽转过身来时，发现美人正在身后看着自己，但它已经来不及擦拭那张血迹斑斑的嘴了，因此感到非常羞愧。

接下来的第三个场景尤其奇特，美人在她的房间里听到了什么声音，于是打开房门，却看到野兽正狼吞虎咽地吃着一块肋排，美人问它："您在我门外做什么？"野兽回答道："对不起……"美人接着问："您为什么要向我道歉呢？"野兽回答："我为我是一头野兽而感到抱歉。"

这个回答多么动人啊。我由此联想起了一位住在临终关怀病房里的女士，她对给她换药的年轻护理人员说："哦，对不起，请原谅我！""您为什么要对我说对不起呢？""我现在跟动物没什么两样了，您还要照料我，真是对不住。"……

影片里的美人看着野兽，但野兽不想被他人注视，因为对方其实是用直视一件物品的目光去凝视它的。野兽遮住了自己的面孔（或者说遮住了它的头或大嘴，变成野兽后，怎样称呼它的面孔也成了个问题），并喊道："您不要这样看着我！我无法承受您的目光，您的视线让我受尽折磨！请您关上门吧！关上您的门！"……然后影片中响起了乔治·奥里克（Georges Auric）的音乐（这部电影真是不折不扣的杰作啊……），接着观众会看到一些影片特效，烟雾开始从野兽的身体里冒出来。

谷克多在此处向我们暗示的是，有些目光会像阳光融化冰雪一样融化羞耻心。美人的目光使野兽的羞耻心化为羞怯感，不冷不热的羞耻心蜕变成了尖锐又炙热的羞怯。

但我们还应该注意到，在影片末尾，美人会用另一种目光注视野兽：这是一道饱含爱与尊重的视线吗？我不能断定。但我知道这种全新的目光会带来一些小奇迹，野兽滑稽的扮相渐渐消失，取而代之的是打扮成英俊王子的让·马莱（Jean Marais）。多么帅气的男人啊！

美女的目光对野兽身上产生了一定影响。要我说，我们每个人的目光都可以在某种程度上对他人引发同样的效果，只要对方本质上确实是一个有羞耻心的人。因为即便天使或动物的确具有羞耻心，我仍然认为它们是非本质的、薄如蝉翼的、偶然性的，而人类的羞耻心则相反，是源自本体的、至关重要的、必要的、永恒存在的。人有展现自己的需求，但又会受羞耻心所碍；即便在能够被看见时，人也有隐匿自身的意愿，总想在将自身外显的同时维持一些内在性，在光明中维护一份黑暗，在日光下保住一片阴影：这就是人的独特之处！

可关键问题是，人并不能仅凭主观意愿决定维护过程的走向，旁人的影响力也是巨大的……我再次重申，美人的目光对野兽产生的影响，就和我们每个人的目光对他人造成的影响一样：运气好的话，这种对自身肉体产生羞耻心就能作为潜在的尴尬被成功克服，并不是说要让人因为拥有身体而自满，而是说要承担起对它的责任，就像您之前说的，承担起自己的身体性；但运气不好的话，羞耻心就会堕为羞怯感。

由此可知，羞耻心确实是一种脆弱的美德。正如我们在谈话开始时所说的那样，它不够坚固，但也因此显得无比珍贵：它是一种变幻莫测、摇摆不定、犹豫不决的美德……

2.0时代的羞耻心

阿：我们完全可以从历史与地理的角度为羞耻心撰写一部著作了，这样也能展示数个世纪以来不同国家当中人们与身体的关系的演变历程。但是，羞耻心真的可以被涵盖在这些客观标准下的文字中吗？

菲亚特：从地理学视角分析羞耻心显然是可行的，因为正如我们之前所说，日本人对羞耻的定义就与我们截然不同，羞耻心的历史维度也同样明显。但我既不是历史学家，也不是地理学家，更不是人类学家或人种学家，所以也无法为这个问题提供更多论据支持了。

羞耻和无礼的标准因空间和时间而异。用帕斯卡的方式说，就是：“一切与知羞知耻或不知羞耻有关的事物，都会随着气候的变化而改变其性质。同样的行为，也许在比利牛斯山这一边是有羞耻心的举动，但到了山那一边，就成了无耻的。纬度高三度就能将一切礼节标准尽数颠覆。”因此，我决不否认羞耻心和无礼的标准是具有相对性的，但我认为羞耻的情感是具有普遍性的。

我的意思是，羞耻的情感不是教育的产物，恰恰相反，不如说教育是羞耻的情感的产物。人类对自己身体的意识（比如使其客体化的可能性），那模糊的、混杂的、双重的、无法确定的本性（在神性和兽性之间来来去去），激发了每个人对自己肉体的潜在尴尬。当这种窘迫之情外显在身体上时，就会表现为通红的脸庞、汗湿的双手、躲躲闪闪的目光和畏缩不前的躯体。这些现象在我看来都是普遍存在的。如果针对道德相对性进行的评判转变成了一种相对主义的断言，那么这一过程始终是不合理的，因为相对主义的断言可以使羞耻心成为一种纯粹理性的结构。但羞耻心的形态其实和色彩一样多样缤纷，就好比人们必须穿上传说中能一步跨七里的靴子，跑上很远的路才能把苹果绿变成紫色一样，意大利人和日本人羞耻心标准的差别，就和两种色彩之间的差异一样大。但是，人们为什么能固执地强调颜色之间的差异，却轻易忽略了无论何种色彩都有“光”这一共同的起源呢？单色光经过棱镜的衍射，才产生了不同颜色的彩虹。出于同样的道理，为什么如此顽固地强调礼节规范之间的差异，却轻易忽略了它们的共同起源，即每个人在展示自身时都会遇到的一些困难？并不是因为“孩子不是生来就知羞耻，而是逐渐变得有羞耻心的”，所以才必须将羞耻心看作教育的纯粹产物。萨德说，不知羞耻是人的天性，但我觉得他似乎犯了一个错误，忘记了亚里士多德发现的那一真理。据亚里士多德所说，人是天生的城邦政治动物，在城邦（polis）之中生活属于他天性的一部分。然而，城邦中生活的唯一作用就是将礼节规范强加于人，阻碍人展示自身，揭露人身上的羞耻情感。

我们应牢记一点，对亚里士多德来说，生命体的本质就在于它希望达到的目标。但有时目标的达到也并非一蹴而就的！在达到目标前的这段时间，人类最真实的本质被逐步揭示出来，用亚里士多德的话来说，就是从能力到行动的演变过程。但是，正如成体大丽花比块茎更能展现其身为大丽花的特性一样，有羞耻心的少女也会比不知羞耻的新生女婴更能体现人性。关于这一点，用我们自己的话说就是：如果从时间顺序上看，能力的出现先于行为；如果从逻辑上看，行为的出现先于能力。

简而言之，我的意思是说，认为羞耻心完全是教育产物的想法是错误的。要想系统地解释语言或羞耻心，总会遇到一定的限制，因为此种解释必须建立在二者确实已经出现了的基础之上。人们可以教会孩子们一切，但接纳的能力除外。历史和地理上的变化会改变羞耻心的表现形式，但这种变化无法为其建立起完整的体系。

阿：如今有些人认为社交网络的唯一用途就在于敦促人们炫耀自己，他们不容置疑地批判现代社会完全失掉了羞耻心，那么您对于这类人又有怎样的见解呢？

菲亚特：他们的观点并不完全错误！从羞耻心过度突然转变为缺乏羞耻心，也许我们的步子确实迈得太大了。在不久之前的外省小城镇里，羞耻心还深深萦绕在每个人的脑海中——让我们回想一下先前提到的那位女士——以至于人们常常变得过分拘谨或过于腼腆。

接下来，在五月的大好春光中，一阵凉爽的风吹过世界。怀揣秘密者的身体是那样拘束畏缩，以至于他灵魂的马儿不得不甩动身子，抖落满身尘埃。我们不再认为这部分的情感是“可耻”的，这又何尝不是一种幸运呢？在所爱之人的怀抱中采摘甜蜜的爱情果实，根本没有什么可羞耻的！

但也许您说的也没错，从过于拘谨转变为某种恬不知耻，我们的步子确实迈得太大了。这一变化在很大程度上也归功于全新的通信和信息技术手段。它们可以使一切都被公之于众，使人们再也无法轻易将某事遗忘，或将某事保密，人们失去了保持神秘、隐藏自己的权利。于是，一个新时代就凭借着种种新技术建立起来了，敏感的羞耻心在其中并不太受欢迎……戴高乐将军（Le général de Gaulle）是唯一一个从未被圣西尔军校（Saint-Cyr）的战友们在淋浴间看过裸体的士兵，因为他总是赶在其他人之前起床，避免和过多赤裸的身体不必要地挤在一起。

也许他已经料想到了自己的光明前途，准备着成为法国的象征了，因为他很清楚，没有秘密就没有权力。弗朗索瓦·密特朗（François Mitterrand）也拥有数量众多的秘密，他将秘密比作一张威尼斯写字桌，这种家具有很多隐藏的抽屉，连它的主人都搞不清抽屉的具体数目。但是现如今，苹果手机、平板电脑和社交网络使一切秘密都无法被长时间保守，无论是安娜[1]（Anne）的天生智力障碍、玛扎琳娜[2]（Mazarine）的存在还是戴高乐和密特朗都隐瞒了的前列腺癌。

是的，技术手段的进步令对私生活的保护变得更为困难，对此我并不觉得高兴……在曾经的中产阶级沙龙里，

1　此处指戴高乐的女儿安娜·戴高乐。——译者注

2　此处指密特朗的私生女玛扎琳娜·潘若。——译者注

人人都有必要“举止文雅合规矩”；而当今社会却让人“放开自我”。但无论在哪种情况之下，令人动容的羞耻心都不曾拥有一席之地，即便这种风度使人在亲密接触时仍保持一定距离，在显露自身的同时有所保留。

我提到了一些国家元首的名字：从戴高乐到萨科齐[1](Sarkozy)的状况的过渡，不正揭示了这种从羞耻心过度到缺乏羞耻心、从过度神秘到没有秘密的过程吗？

阿：在对当代社会的批评当中，所谓“技术手段”真是个极为便利的借口……新技术到底促进了不知羞耻的情感的诞生，还是使某种一直存在于人类身上的不知羞耻的特性暴露了出来，并激化了它呢？

菲亚特：这个问题的答案无法确定，但对于尼古拉·萨科齐与弗朗索瓦·奥朗德[2](François Hollande)来说，由于技术的发展，他们确实比戴高乐或弗朗索瓦·密特朗更难做个有羞耻心的人。

顺着您的问题继续深入，即便我们有必要将技术进步斥为当代社会某种无耻行为的催化剂，但也不应该对人身上那些最为无耻的个性视而不见。技术手段可能会迫使

1 尼古拉·萨科齐于2007年当选法国第23任总统。——译者注

2 弗朗索瓦·奥朗德于2012年当选法国第24任总统。——译者注

人们说出“祝你好运，爸爸”[1]，或是“对卡拉，我是认真的”[2]……或者可以说，这种情形是技术手段和性格之类的因素相互作用的结果。我似乎就无耻的性格这一话题谈论了太多，是不是有些离题了？将事情本体论化的行为总是错误的，我们所谈及的人物也会对自己不时做出的无礼举动表示歉意，我们不应该忽略这点。

但我们不能忘记，“人人皆难免犯错，但若执迷不悟则是邪恶的”（Errare humanum est，perseverare diabolicum）：我认为拉布吕耶尔会乐于描绘一番前总统对从前失礼行为表现出的悔意。扬科列维奇教导我们，要警惕用华丽言辞吐露的悔过，警惕夸夸其谈的自责。因此，所谓对从前过错的自夸自擂的悔意，不如说是想大张旗鼓地宣扬自己的悔意。真正的悔恨应该是埋在隐秘的良心当中的，或是悄悄倾诉给密友的。

以过于公开的方式表达对自己失礼行为的歉意，这种举动本身仍然是一种不知耻的行为。忏悔应当是严肃的，自责应当是静心的冥思，因此过于声势浩大的忏悔行为并不合常理。正如拉罗什福科[3]（La Rochefoucauld）所说的那样：

1 萨科齐的儿子路易用这句话祝福父亲在人民运动联盟的竞选中获胜。——译者注

2 萨科齐用这句话承认自己与卡拉·布吕尼（Carla Bruni）的恋爱关系。——译者注

3 弗朗索瓦·德·拉罗什福科（1613—1680），法国箴言作家。1665年出版《道德箴言录》，其内容质疑人类一切高贵行为背后的动机。——译者注

“我们付钱的唯一目的，仅仅是借到新的贷款。”（出自《道德箴言录》［*Maxime*］第223条）

但是，回到您的问题上来，我并不认为是技术和媒体的力量促成了这一令人震惊的场面。我们这位“性情中人”离开了他在内政部的合作者参加竞选，为了让这一伟大的时刻成为不朽，他选择当着一大群应声而来的摄像机和麦克风的面，将此事昭告天下：“就这样吧，我就要离开你们了……这是多么特别的一刻啊，因为我不得不等了这么多年才能……十分害羞地向你们坦白……我爱你们！”（这段话中三次沉默的时机都经过了十分周密的考量，所以无法让人相信他说这些话是出于真心的……）正如我们在谈话开始时所说的那样，若某人称自己有羞耻心，那么他往往就是个无耻之人。

这并不意味着政治家就比善于说教的道德家更难当了。来吧！让我们快点抛开那种说教者不知羞耻的姿态吧，他们总爱一味谴责别人的恶习，却对自己的毛病只字不提。正如拉罗什福科所说：“如果我们自己毫无骄傲之心，我们就不会抱怨别人的骄傲。”（出自《道德箴言录》第34条）道德家们虽然总是大声嚷嚷自己的观点，但他们却缺乏包容心……

真正的道德家是不会盲目说教的，因为他们不会把自己排除在阐释之外；还因为他们不仅指责别人的不道德，同样也谴责自己的不道德；更因为他们清楚地知道，应当严于律己，宽以待人。真正的道德家们不仅谴责别人的错误，同时也能承认自己的错误。

因此，我们也不要过分指责某位总统的无礼行为了，否则会有让自己也沦为无耻之人的风险……

另外，我注意到，他的继任者也未能成功守住其生活中的某些秘密。就他的情况而言，是技术和媒体的新环境阻碍了他对私生活的保护。仿佛这种环境通过其构成本身，挑动起了一系列侵害行为，而目标正是我们所珍视的羞耻心。

因此我有时会觉得，自己其实有点像一个黑夜里的孤儿。我赞美半明半暗的环境：我在年轻时，曾经历过黑暗以压倒性的优势战胜光明的年代；而在我如今生活的时代里，光明或许正以压倒性的优势战胜黑暗。想坚持采取不偏不倚的态度，就如同努力在狭窄的山脊上长久生存一样困难！但我认为人类总是懂得重塑羞耻心的。接下来，我将试着披露某些事实，并以它们为例说明我的观点。您可能会感到些许惊讶，因为这些事实或许会对羞耻心有所冒犯……但是，任何想要成为哲学家的人，都应该像安徒生童话中的孩子一样，不惧于做唯一一个指出“国王什么都没穿”的人。真理之中存在着一种不庄重的特性，众所周知，它“赤身裸体地从井里爬了出来”[1]（被译为“真理”的希腊语单词“alètheia”，其首要意思是“毫无遮掩”）。那么，就让我们揭开真相吧——但不要做得过火，也没必要过于固执地坚持。

在我们如今的时代，男人不再能轻易与一位素未谋面的女子结婚了，女人也不再穿开衩内裤了，她们也不必非得穿戴规整才能前往浴场了。或许情况是在一步步变好的！

阿：也不一定吧，如今仍有些妇女被迫穿着蒙面罩袍才能前往浴场。

菲亚特：这真是太糟糕了！您指出的问题确实是存在的。我们的时代并不是单一的，部分妇女确实得到了幸福的解放，但仍有部分妇女被卷土重来的封闭思想所压迫。

但西方的大趋势仍是逐渐开放的，性越来越多地被放在明面上谈论了。如今的青少年更经常从色情影片中学习性知识，而非将《包法利夫人》视为参考教材。难道不是吗？许多年轻女孩为了不让自己显得过于幼稚或笨拙，都觉得自己有义务消灭一切羞耻心，应当大方地展示出自己的全部，并认为一切做法都可被接受。短短几年间，口交

1 来自一则寓言故事。真理与谎言同去洗澡，谎言穿上真理的衣服逃走，真理不屑于穿谎言的衣服，于是赤裸面对他人。法国画家让－莱昂·杰罗姆（Jean-Léon Gérôme）1896年以此为主题创作了画作《真理从井里出来》。——译者注

不就从一种僭越之举转变为可提供的服务吗？全身脱毛不就由一种越轨行为演变为一种义务吗？但是不可避免的是，禁令的废除使得违反禁令带来的快感也逐渐消失了。正如巴塔耶明确指出的那样，性活动丧失了原本所具有的“罪恶感”，这一现象又将为一切色情主义敲响丧钟。

基于您和巴门尼德的观点，我们思考起了体毛的本质。对此我认为，阴毛同时具有揭露作用和保护作用：说它具有揭露作用，正如我们此前所说，是因为它作为一种“第二性征”承认了身体的性用途，坦白了天性对身体产生的支配作用。简而言之，它指明了身体动物化的迹象。但阴毛又是具有保护作用的，因为它隐藏起了性器官，用一片知耻的阴影将它覆盖起来，防止它不雅地暴露在大庭广众之下。

我记得在《总体与无限》(*Totalité et Infini*)一书中，列维纳斯曾说过，即便是赤身裸体的女人也仍然穿着由羞耻心制成的外衣。正是凭借这种略微挤压大腿、稍微弯曲肩膀所构成的阴影，她推后了自己被客体化的时刻，使自己不会马上暴露在光线之下。而当这些维护隐私的策略不得不让位于赤裸裸的自我呈现时，我们怎能不将阴毛视为羞耻心的隐喻，怎能不在其中发现具有保守意味、使事情不至于露骨的阴沉暗影？因此，脱毛的风气中存在着一种对羞耻心的攻击、对隐私的冒犯。卫生主义和透明主义所采取的那种可悲的意识形态，也正是这种流行的动机。

然而，我并不想让谈话终止于这段悲哀的话语。正如列维纳斯所说："被揭露的隐私并没有因为它被揭露的事实而失去神秘性。秘密被私下发现，并不代表它被公开揭露了。"此外，列维纳斯还谈到了"女性永不可侵犯的童贞"，这是在暗示羞耻心这一过时的、跟不上潮流的美德仍有光明的未来，因为它是人类本质的一部分。即使在彼此接近时，人类仍会保留着一些远离对方的特质。失去了羞耻心，人性就不再能被称为人性了。羞耻心是一种爱与崇高的敬畏（对他人的敬畏和对自身的恐惧）相结合的产物，它展现了我们生而为人的种种困境和乐趣。

因此我相信，年轻人总是能重塑羞耻心的。他们或许会采取其他方式生活，但一旦他们明白羞耻心并不是欲望的对立面，而是可以刺激欲望的调味品，我敢打赌，就像巴桑[1]（Brassens）所说的那样，年轻人将再一次邀请埃多斯俯身于“厄洛斯、阿佛洛狄忒和同伴”的摇篮上。

但正如我们一开始所说的那样，羞耻心是一种脆弱且宝贵的美德，不应该冒着失去它的风险对其进行过度赞扬。所以，亲爱的阿代尔，您不认为现在是时候停止我们的谈话了吗？

1 乔治·巴桑（1921—1981），法国著名诗人、文艺理论家、画家、作曲家、歌唱家。——译者注

译者书评

谈及哲学，似乎总让人心底有点发怵，它让人联想到的是无数宏大艰深的名词，我们常误以为它就是与平凡日常隔着千山万水的宏大艰深本身。而这本书让人意识到，哲学实际上是一道桥梁，它联结着日常和宏大。这本书的形式是日常的，不过是一些对谈而已，涉及的内容却包罗万象，尽管只有“区区五个”议题，而这五个议题像经纬线一般承载起对哲学绵密的思考和想象。但在这篇短小冒昧的序言中，我无意进入对这五个议题具体内容的探讨，一是想着，也许如果读者能够与它们径直相遇、并引发思考，是一种更为适宜的方式；二是觉得，译者也许应当只是沉默的摆渡者，尽力背负着原文，并将其完好地送到读者面前。但事实上，无论译者如何努力使自己消音遁形，与之脉脉相通的译文终会带有译者的个人色彩，有些遗憾也恳请读者谅解。

如果要谈一谈翻译这本书的缘起，首先可能是因为曾译过的一本访谈录文集，个人认为，对谈这种形式所带来的不假思索的碰撞有时候会比因深思熟虑而稍显佶屈聱牙的文本更加真实动人。对谈者们从某个主题切入，肯定对方或是表示犹疑，在这样推拉之间，对话内容一点点延伸，从哲学延展到文学、政治、神话、电影，乃至是儿歌，像在湖面投入一颗石子，波纹慢慢荡开，这涟漪有时颤抖，有时倏忽不见，但这种永恒又脆弱的美却尤为触人心怀。其次是因为作为一名常常“被困惑和焦虑淹没”的人文学科的青年学者，我偏狭地认为与哲学相遇，也许能够获得一根“阿里阿德涅之线”，以引领我走出某种结构性力量所构建的宫殿。事实上，哲学也许只是一种观察方式，以我们身居的这个世界之广阔庞杂，之转瞬即变，无论是黑格尔、康德、斯宾诺莎、还是尼采，又或是更加如雷贯耳的名字，都无法给出一个确切的答案。但是尽管如此，私以为哲学还是有一种宽慰的作用，生活中总有一些被人遗忘或忽视的细节，它们让我们有时候觉得“异样”，但不知究竟问题在哪，而哲学将它们拣拾起来，放大并深究，于是你知道，也许几千年前的人类就已经体验过这种“异样”，一种我与祖辈，与世界的共通感便由此生出来。

正如开篇序言所说，对话的唯一目的就是启发思考，邀请人们质疑熟悉的和有待发现的一切，那么从某种程度上来说，这本书中所有既定的思考也都应当属于这“一切”。如果说世界是一本大书，希望这本小书所呈现的世界能够让您有兴趣阅读、思考、体验世界这本大书。

杨华

2023年4月于法国波尔多

译者书评II

在翻译本书的过程中，我常常自问："我究竟对哲学了解多少？"

我曾抱着宏图大志买来大部头原版书尝试攻读，也曾试图混入法国的哲学课堂，最后只收获了"我也许不太适合学哲学"的结论。通常来说，哲学总是一门严肃的、高高在上的学科，可当人们将它架上神坛的同时，是否也为其设立了过高的接受门槛呢？这些天，与《哲学之路》的相遇让哲学这位貌似高不可及的偶像走下了神坛，和我来了一场短暂却愉快的对话。

本书作为一档在法国大受欢迎的播客节目的文字版，非常适合哲学知识的普及。主持人和几位嘉宾的对话围绕"势利""羞耻心"等核心话题一步步展开探讨，每个大话题下再分为几个小单元。嘉宾们庞大的知识储备量和深厚的哲学功底无疑是谈话质量的保证，他们看似漫无边际的谈论中总有灵光乍现，三言两语点明事物与现象的本质，又懂得适时地戛然而止，为读者留下了一定的想象空间。书中对话体的呈现形式让你仿佛身处温暖的客厅，听两位朋友在耳边侃侃而谈，他们随时引经据典，却又处处不失诙谐。通过一个个生动的例子，让你对看似枯燥高深的概念生出些亲近感，让你突然发现原来哲学也可以很有意思，也让你明白为何这档播客节目会大受欢迎，甚至萌生再多听几期的冲动。

无论笛卡儿、尼采或海德格尔的核心观点为何，无论西方哲学史的演变历程为何，千百年来，哲学家们所探讨的问题总是围绕着与人相关的各种议题发生的。那么，我们不妨跟着本书中几位嘉宾所讨论的话题回归到人性之中，基于一些贴合日常生活的小问题，一圈圈向外延伸，看由这些切入口能挖掘出多么深刻的看法，看古往今来的大师们对同样的问题有怎样的不同见解，再看自己能否对他们的文字产生穿越时空的共鸣。经过如此一番探讨和思考，当你在今后遇到类似的场景时，或许会露出会心的笑容。

本书中嘉宾的讨论不仅与西方哲学史有关，还涉及社会学、文学、艺术等多个领域，嘉宾们在提及某些概念时也许并不会多做解释，但这些不经意间抖落的包袱，又何尝不是激起读者自发学习兴趣的催化剂？若你对这些领域本就有所涉猎，那一定能在本书中发现意外惊喜了，说不定还能找到新的灵感呢。

总之，我非常荣幸地参与到本书的翻译工作当中，也特别希望与你共享阅读哲学的快乐。愿你在捧起本书时，能享受与种种有趣的哲学话题接触时的美妙感受。

殷楚薇

2022年2月4日于南京

图书在版编目（CIP）数据

哲学之路 /（法）阿代尔·范·雷斯等著；杨华，殷楚薇译．—上海：上海三联书店，2023.9
ISBN 978-7-5426-8123-2

Ⅰ．①哲… Ⅱ．①阿… ②杨… ③殷… Ⅲ．①哲学－研究 Ⅳ．① B0

中国国家版本馆 CIP 数据核字 (2023) 第 090113 号

哲学之路

著　　者　[法]阿代尔·范·雷斯　等
译　　者　杨　华　殷楚薇
总 策 划　李　娟
策划编辑　李文彬
责任编辑　宋寅悦
营销编辑　张　妍
装帧设计　潘振宇
监　　制　姚　军
责任校对　王凌霄

出版发行　上海三联书店
（200030）中国上海市漕溪北路331号A座6楼
邮　　箱　sdxsanlian@sina.com
邮购电话　021-22895540
印　　刷　北京盛通印刷股份有限公司

版　　次　2023年9月第1版
印　　次　2023年9月第1次印刷
开　　本　787mm×1092mm　1/32
字　　数　260千字
印　　张　14.75
书　　号　ISBN 978-7-5426-8123-2/B·847
定　　价　85.00元

敬启读者，如发现本书有印装质量问题，请与印刷厂联系 15901363985

人啊，认识你自己！